将軍権力と近世国家

藤 本 仁 文 著

塙 書 房 刊

目次

目次

第二部　将軍と領主制・官僚制

将軍権力と近世国家

序章

一、本書の課題

本書は、徳川将軍が全国各地の大名に命じる領知宛行・安堵、転封（領知替）、参勤交代、軍役（幕府課役）[1]が本来持つ意味・機能を明らかにし、将軍権力を中核にして形成された日本近世国家の特質を解明するものである。またその分析を通して、幕藩領主の権力構造の特質および江戸幕府官僚制機構の形成・確立過程を明らかにする。その際に、①将軍を頂点とする統一的知行体系の形成・確立、②幕府官僚制機構の形成・確立、③幕府が実施する全国政策、の三つを個々別々ではなく三位一体のものとして分析し、その構造的連関を明らかにする点に特色がある。

かつて藤野保『幕藩体制史の研究―権力構造の確立と展開―』[2]は、徳川氏の大名時代から幕府権力の確立期までの権力構造を総体的に捉えるために、徳川氏の大名政策、特に改易・転封による領主的土地所有の編成に関する実証的分析を行った。藤野氏は寛文・延宝期に外様・家門大名を中心にして領国へ定着するようになり、さらに元禄―享保期に全国各地で一斉に譜代大名も定着することを明らかにした。また一方で、北島正元『江戸幕府の権力構造』[3]は、幕府の職制や機構の整備過程を検討し、寛文・延宝期に確立した幕府の権力構造が、元禄―享保期に最終的に完成していくことを明らかにした。以降の日本近世史研究は、両氏の研究成果を踏まえつつ多く

の事実を明らかにしてきたが、それぞれが別々に深められその成果が蓄積されていくという問題を抱えることになった。本書では、藤野氏が明らかにした領主的土地所有の編成過程と、北島氏が明らかにした幕府の職制・機構の整備過程の両者を相互一体のものとして統一的に捉え、元禄—享保期に幕藩体制が最終的な完成を迎える過程を明らかにする。

本書では右の問題関心に基づき、徳川将軍権力の特質解明を分析の中核に据える。本書の前提となる研究成果としては朝尾直弘『将軍権力の創出』[4]があり、朝尾氏は将軍権力の生成から展開までを主体としての権力の側から考察を行った。本書では朝尾氏の成果を踏まえつつ、徳川将軍権力の特質解明を行う。一七世紀半ばから一八世紀半ばという比較的完成・安定した時期を分析対象として、徳川将軍権力に注目するのは、現段階の日本近世史研究が一九八〇年代以降明らかにしてきた日本近世が持つ多様性・地域性を踏まえつつ、改めて幕藩体制にみられる集権的性格と分権的性格の構造的連関の解明を行うことを課題として抱えていると考えるからである。このため本書は、各分野で研究成果を蓄積した現段階の日本近世史像に適合する、徳川将軍権力の特質解明を目的としている。

以上を踏まえて、本書では具体的には以下の二つを課題としたい。第一の課題は、将軍が命じる領知宛行・安堵、転封（領知替）、参勤交代、軍役（幕府課役）によって、幕政と藩政、全国支配と地域支配が有機的な連関・連動性を持ち、国家としての一体性が生み出されていた点を解明することである。これらは江戸幕府の大名統制策として従来は理解されてきたが、大名統制策としての性格を持つ一方で、幕藩領主の共同利害を維持し、幕藩体制全体を成り立たせるためには必要不可欠であったことを明らかにする。第二の課題は、領主制と官僚制、軍事と行政、封建的主従関係と全国統治権が未分離な構造をとって将軍に直結していた、日本近世における政治体

制の特質を解明することである。領主的土地所有の編成過程と幕府の職制・機構の整備過程の両者を相互一体のものと理解する点についてはすでに触れたが、本書では幕藩領主制と江戸幕府官僚制機構の両者が徳川将軍を中核に編成されていた点に注目し、日本近世における将軍権力の特質を明らかにする。

この点に関しては、『将軍権力の創出』に加えて、高木昭作『日本近世国家史の研究』[5]が本書の前提として重要な研究成果となる。特に高木氏は近世初期の国奉行に関する具体像を明らかにし、「幕藩制形成にあたって、国家の掌握が論理的に平行し、それを前提として太閤検地に基づく全国諸領主のヒエラルヒーへの編成が完成するところに、日本封建制の政治的特質を考えたいのである」、あるいは「近世社会においては、領主的土地所有に基づく農民支配と国家的な人民支配とが分かちがたくからみ合っており、大名の所領支配にも、領主としての側面のほかに、国奉行と同様に国家の支配・行政機構の一部として国政を担当し、人民を支配するという側面があったのではないだろうか[6]」という重要な問題提起を行っている。本書では、将軍権力を分析の中心に据えながら高木氏が注目した課題の解明を行う。このため書名を『将軍権力と近世国家』としている。

分析対象とするのは、すでに述べた通り一七世紀半ばから一八世紀半ばであるが、当該期は、元禄―享保期という時期を挟んで歴史的評価が定まっていない時期である。朝尾氏がかつて日本近世史研究の問題点として、「前期の研究と中後期の研究の断絶、対話の不成立」「前期の研究と中後期の研究は断絶の度を深め、ちょうど、分断された爬虫類の、あたまと胴がそれぞれべつの運動を開始したような状況を呈するに至った。いわば、まとまった近世史像を、描きだすことができなくなっている」と指摘しているが[7]、この問題はつまるところ日本近世の中で、当該期がどのような位置付けを持つか明らかになっていないことに要因があると考えられる。現段階においてもこの問題は手つかずのまま残されており、近世前期を分析して得られた成果と中後期を分析して得られ

た成果を比較した際に見解の違いが生まれ、日本近世の全体像もまた不鮮明なものとなっている。本書では政治史研究や権力構造分析の観点からこの課題の克服を行う。

二、本書の研究視角と方法

本書ではすでに述べた通り、徳川将軍が命じる領知宛行・安堵、転封（領知替）、参勤交代、軍役（幕府課役）の歴史的評価の再検討を行う。かつて安良城盛昭氏が、「幕藩体制社会における封建的土地所有者の編成原理が、「将軍―大名―家臣」という封建的ヒエラルヒーにおいて、より上位者の圧倒的優位として出現している事態を具体的に明かにしつつ、この編成原理に基づいて発生する「転封」「改易」が、幕藩体制社会の体制的成立の初発より、同時的に併存する諸大名領の発展段階差に、どの様な影響を及ぼすかを明らかにする課題である」と述べ[8]、この問題提起を踏まえて佐々木潤之介氏が軍役論を提起し、封建的土地所有は将軍に帰属するという結論を導いた[9]。しかし、幕藩領主の根幹は大名であることを明らかにした藤井讓治氏、大名留守居組合の役割や国持大名の独自性を明らかにした笠谷和比古氏らの研究成果によってこの見解は否定され[10]、さらに町・村共同体が持つ自律性を組み込みつつ、日本近世成立を論じた朝尾・水本邦彦氏らの研究成果によって[11]、幕藩体制そのものの理解も大きく変わることになった。徳川将軍の専制性・圧倒的強大性が否定されたばかりでなく、権力に公共性を認めるようになった点、支配者・被支配者の間における合意・契約によって近世成立を考えるようになった点が最も大きな転換であるといえ、かつての理解は一八〇度塗り替えられることになった。大名・藩が持つ独自性や地域公権としての性格に注目が集まり、さらに社会史や地域社会論の隆盛によって、地域分権型の日本近世史

像が実証的に明らかにされることになった。

右のような研究史を踏まえると、今日の研究段階からいえば、佐々木氏らが注目した徳川将軍の専制性・圧倒的強大性はそのままでは成り立ちがたいといえる。しかし、全国の大名すべてに領知宛行・転封・改易・参勤交代などを命じる強力な権限を持つ徳川将軍権力の特質は何なのか、あるいは近代国家・社会成立のために徳川将軍権力の何を否定しなければならなかったのかを解明することなしに、日本史の中で近世という固有の歴史段階を位置付けることはできないであろう。従来の研究視角・成果を踏まえつつも、分権的性格を強く持つ中世という時代とどう異なる位置付けにあるのか、あるいは近代国家・社会とどういう連続面・断絶面を持つのかという問題について、約言すれば幕藩体制が持つ集権的性格と分権的性格の相互関連性に関する解明が、より一層重要な課題として残されたままであるといえる。

本書では右のような日本近世史研究の課題を踏まえ、具体的には朝尾・藤井氏らによる公儀に関する先行研究を踏まえつつ[12]、将軍が命じる領知宛行・安堵、転封（領知替）、参勤交代、軍役（幕府課役）が幕藩領主の共同利害を維持し、幕藩体制全体を成り立たせるために不可欠なものであったことを明らかにする。その際には、朝尾氏が「幕藩領主制が個別領主では農民支配をなしえず、個別領主制の自律的発展を抑制し、公儀による集団所有として自己を確立したことによって、近世の領主・農民関係はこのような集団と集団との、領域を単位とした一定の約定を含んで成立することになった[13]」と述べて、公儀が持つ集団性・集団規制性や集団保障体制としての性格を論じたことに改めて注目したい。本書ではこの公儀が持つ特質を踏まえて、将軍が命じる領知宛行・安堵、転封（領知替）、参勤交代、軍役（幕府課役）が大名統制策としての側面を持ちつつ、同時に個別領主による私的利害追求を規制することで公的権力としての性格を担保し、また幕藩領主間で分業関係・機能分担あるいは相互

扶助・組織的対応を生み出すことで、幕藩領主権力全体として安定的・効率的支配を行うためには不可欠であったことを明らかにする。なお本書では改易については直接分析を行っていないが、改易が幕府による一方的な大名取りつぶし政策ではなく、公開原則を持ち有力大名の了解のもとなされたことを明らかにした笠谷氏の研究成果[14]が重要であると考えている。公儀が持つ集団性・集団規制性からいえば、改易は公儀の法度に違反した構成員を正式な手続きに基づいて処罰したり除名する自浄作用・機能として位置付けられ、公儀として自己を存立させ再生産を続けていくためには不可欠なものだからである。

以上の問題関心に基づいて、将軍が命じる領知宛行・安堵、転封（領知替）、改易、参勤交代、軍役（幕府課役）は、それぞれが個々別々に機能するものではなく、幕藩領主の共同利害を維持するという共通した、また一貫した理念のもとで、すべてが連動してはじめて本来の意味・機能があったことを明らかにする[15]。

三、本書の構成

以上の点を踏まえ、本書では序章・終章のほか、第一部「将軍と大名」、第二部「将軍と領主制・官僚制」として、それぞれ四本の論文を収めた。その概要は以下の通りである。

第一部「将軍と大名」は、将軍と大名の軍事的主従関係に注目して、幕藩領主の権力構造および徳川将軍権力の特質を論じる。特に徳川将軍が命じる領知宛行・安堵、転封（領知替）、参勤交代、軍役（幕府課役）は、幕藩領主の共同利害を維持し、幕藩体制全体を成り立たせるための手段として機能していたことを明らかにする。またその分析を通して、全国各地の大名の役割・存在意義を明らかにするとともに、彼らを全国各地に配置する将

軍権力独自の権能について解明する。

第一章「近世京都大名火消の基礎的考察」は、元禄三年（一六九〇）から制度化が始まり、享保七年（一七二二）に最終的に確立する京都大名火消の分析を通して、上方において大名が担う役割・存在意義の解明を行う。従来の江戸幕府上方支配研究の問題点は大名の役割・存在意義を明らかにしても、そこからさらに将軍権力が持つ独自の権能を組み込んだ分析になっていない点にあり、本章ではこの課題の克服を行う。また本章では本書全体に関わる論点を提起する。

第二章「近世中後期上方における譜代大名の軍事的役割―郡山藩を事例に―」は、大和国郡山藩が京都のみならず、隣接する奈良の軍事的防衛を担当していたことを明らかにする。またこの任務が、第一章で分析した京都大名火消とは異なる特質を持つことを明らかにし、将軍の領知宛行に基づく領知固有の公役であることを論じる。

第三章「幕府上方支配と譜代大名転封―享保九年柳沢氏転封を事例に―」は、大和国郡山藩本多氏の享保八年改易後に甲府から郡山へ転封となった柳沢氏を事例に、将軍が命じる転封（領知替）によって、上方の支配構造が維持されていたことを明らかにする。また上方のみならず、将軍が命じる領知宛行・転封によって全国各地の支配構造に連動性・連関性が生み出されていたことを明らかにする。

第四章「徳川将軍権力と参勤交代制」は、参勤交代制が幕政と藩政、全国支配と地域支配を繋ぎ、幕藩体制全体を安定的に維持するために不可欠なものであったことを明らかにする。またこれを秩序・仕組みとして成り立たせていた将軍権力独自の権能を分析し、同時に宝暦―天明期に将軍を頂点とする権力構造が解体に向かう過程を明らかにする。

第二部「将軍と領主制・官僚制」では、従来は別々に考察されてきた領主制と官僚制の両者が未分離な構造を

取りつつ将軍を中核に編成されていたこと、元禄—享保期にこの両者が分離し始め、一方では全国各地で転封を繰り返していた大名が定着し、他方で江戸を中心とした幕府官僚制機構が確立することを明らかにする。特に従来注目されたことはないが、第一部の成果を踏まえて、軍役（幕府課役）の原理原則や性格が転換していくことにより、幕府官僚制機構が確立することを明らかにする点に特色がある。また一七世紀においては、戦乱の余波を残しつつ各地域が著しい地域差を抱えていたが、元禄—享保期にかけてその地域差は解消され全国各地が均質化し、国家的規模での政治的一体性が生み出されていくことを論じる。

第一章「近世上方支配の再編」は、上方における甚しい領主交代の激減および全国各地における譜代大名の転封の激減という、当該期に起こる二つの変化の関連性・連動性に注目して、上方支配の再編と全国支配再編との関連性を論じる。またこの再編によって、江戸幕府官僚制がその構成主体を全国に広げて昇進ルートを整え機構として確立する過程を論じる。

第二章「近世都市消防制度の成立」は、元禄—享保期における都市の消防制度を事例に、将軍が大名・旗本に軍役（幕府課役）を命じて行政需要に対応していくあり方から、幕領・私領・寺社領を問わず、幕府が直接町人・百姓に負担を求め社会に介入していくあり方へ転換することを明らかにする。またその分析を通して、江戸幕府が軍事政権から行政権力へと転換していく過程を明らかにするとともに、日本近世における権力と社会の関係の転換を論じる。

第三章「江戸幕府軍事戦略の転換—上方幕府直轄都市と譜代藩—」は、一七世紀において西国有事を想定して上方を前衛、関東を後衛と位置付ける幕府の軍事戦略があり、この軍事戦略を維持するため将軍による転封（領知替）が行われていたことを論じる。また元禄—享保期にこの軍事戦略が転換し、全国各地で転封を繰り返して

いた譜代大名が一斉に定着していくこと、また大名が定着し各所領が固定化したことによって新しい支配構造が生み出されていくことを論じる。

第四章「徳川将軍領知宛行と全国支配権」は、徳川将軍領知宛行の特質を分析して将軍が有した全国支配権の具体像を明らかにする。在地領主制を止揚し、将軍権力が中核となって再編成した公儀領主制が日本近世の政治体制の特質であること、この将軍権力が中核となって地域性・多様性を内包しながら国家的一体性が生み出されていたことを論じる。

【注】

（1）本書は一七世紀半ばから一八世紀半ばまでを主たる分析対象としているため、軍役と幕府課役を同じ意味で使用している。軍役は諸大名が将軍に対して果たす奉公義務として、自己の家臣団＝軍団を構成し、その領知石高に応じた一定数量の従軍人数・騎馬・鉄砲・鑓・弓などを提供するものである。このような直接の戦闘を想定した戦時動員としての意味・機能を持つ軍役から派生して出てくる奉公が時代を経るにつれて増加していくことになり、特に本書が分析対象とする時期においては、河川普請、寺社普請などが軍役と同一原理で諸大名に命じられることになる。さらに本書では大坂城代・京都所司代・老中などの役職就任も、この河川普請などと同一の原理で命じられていくことに注目し、従来とは異なる視角でもって幕府官僚制機構成立過程を明らかにする点に特色がある。軍役と幕府課役の両者を厳密に区別して分析する必要性もあるが、逆に両者の共通性に注目し分析してはじめて、一七世紀半ばから一八世紀半ばまでに起きている歴史的事実を解明し論じることができるため、軍役（幕府課役）と記述している。

（2）藤野保『幕藩体制史の研究―権力構造の確立と展開―』（吉川弘文館、一九六一）、同『新訂幕藩体制史の研究―権力構造の確立と展開―』（吉川弘文館、一九七五）。

(3) 北島正元『江戸幕府の権力構造』(岩波書店、一九六四)。
(4) 朝尾直弘『将軍権力の創出』(岩波書店、一九九四、以下前掲朝尾著)。
(5) 高木昭作『日本近世国家史の研究』(岩波書店、一九九〇、以下前掲高木著)。
(6) 高木昭作「幕藩初期の国奉行制」(前掲高木著、初出は一九七六)一〇二頁、同「幕藩初期の身分と国役」(前掲高木著、初出は一九七六)一三三・一三四頁。
(7) 朝尾直弘「近世の政治と経済(Ⅰ)」(『朝尾直弘著作集』第八巻(岩波書店、二〇〇四)、初出は一九六九)四三・四四頁。
(8) 安良城盛昭『幕藩体制社会の成立と構造』(御茶の水書房、一九五九)一七六頁。
(9) 佐々木潤之介「幕藩制の構造的特質」(『歴史学研究』二四五、一九六〇)。
(10) 藤井讓治「幕藩制領主論」(同『幕藩領主の権力構造』(岩波書店、二〇〇二)、初出は一九七四)、笠谷和比古『近世武家社会の政治構造』(吉川弘文館、一九九三、以下前掲笠谷著)、同「「国持大名」論考」(同『武家政治の源流と展開―近世武家社会研究論考―』(清文堂出版、二〇一一)、初出は一九九四)等参照。
(11) 朝尾直弘「近世の身分制と賤民」(『朝尾直弘著作集』第七巻(岩波書店、二〇〇四)、初出は一九八一)、同「「公儀」と幕藩領主制」(前掲朝尾著、初出は一九八五)、水本邦彦『近世の村社会と国家』(東京大学出版会、一九八七)、同『近世の郷村自治と行政』(東京大学出版会、一九九三)等参照。
(12) 前掲朝尾著、藤井讓治「「公儀」国家の形成」(前掲藤井著、初出は一九九四)。
(13) 前掲朝尾著三五一頁。
(14) 笠谷和比古「大名改易論」(前掲笠谷著、初出は一九九〇・一九九一)。
(15) 史料引用に関しては、刊本から引用する場合においても旧漢字から当用漢字に改めた。また句読点に関しても極力引用元の刊本に従ったが、一部私見を反映させている。

第一部　将軍と大名

第一章　近世京都大名火消の基礎的考察

はじめに

本章は、元禄三年（一六九〇）に制度化され享保七年（一七二二）に確立する京都大名火消の分析を通して、近世上方支配において大名が担った役割を明らかにするものである。近世の上方八ヶ国は、幕府領・旗本領・大名領、さらには禁裏御料・公家領・寺社領などが分散錯綜し、さらにその領主も頻繁に交代するため、一円的な支配が行われる金沢藩前田氏や鹿児島藩島津氏などの外様領国とは異なる特質を持っていた。その研究史は安岡重明氏の非領国論や八木哲浩氏の幕府領国論以来、豊富な研究蓄積を有する(1)。その到達点のひとつが藪田貫氏の支配国論であり(2)、上方八ヶ国では京都・大坂町奉行所などが国郡制の枠組みに基づき個別の所領を越えて広域支配を行っていたことが明らかにされた。しかし、この安岡氏の非領国論や藪田氏の支配国論を継承した研究視角・成果の中では、尼崎藩や郡山藩などの大名もその他の領主同様に町奉行所などから個別領主権を侵害される存在として描かれることになる。その結果として、八木氏による、尼崎藩などは他の個別領主と比較して幕府広域支配権の浸透度が低く、独自の経済政策が展開されていたという批判が残されることになる(3)。

右のような研究史の流れに対して、水本邦彦氏が新しい視角を提示しながら重要な問題提起を行った。水本氏は、村に領主とは全く関係のない他藩の侍が日常的に入ってくる事実に注目し、畿内近国の大名が土砂留と呼ば

れる砂防工事を他領にまで踏み込んで担当していることを明らかにし、「特定大名群の当該地域統治に果たす独自の、積極的な役割への注目」の必要性を指摘した[4]。岩城卓二氏は、この視点を発展的に継承して尼崎・岸和田藩による大坂守衛を分析し、軍事力の面から畿内近国における大名の存在意義を明らかにした[5]。さらに、経済拠点としてのみならず、「軍事拠点としての畿内・近国と、その中心に位置する大坂という視角[6]」から当該地域の支配構造の解明を行い、尼崎・岸和田藩をその中に位置付けた。水本・岩城両氏の研究成果によって従来の評価が一転し、大名の役割を解明しない限り、近世上方の支配構造の解明や幕藩体制における上方の位置付けができなくなったと言えるだろう。

本章では水本・岩城両氏の研究視角・成果を批判的に継承しつつ、具体的には以下の二つの課題を設定する。

第一の課題は、すでに上方支配における大名の積極的な位置付けを行うための論点として指摘されている京都大名火消に関して、その制度的事実を解明することである。京都における大名火消は、元禄三年に畿内近国小藩で勤める京都火消御番として開始され、その後二度の制度改革を経て、享保七年に膳所・淀・亀山・郡山藩の四藩で勤める京都火消役として確立する制度である。この京都大名火消については、樋爪修・安国良一・針谷武志・横田冬彦氏によって[7]、部分的には明らかにされているものの、その制度全体を包括的に分析したものは存在せず、基本的事項についても未解明な点が多く検討の余地を残している。このため当該制度の基礎的考察を行うことを第一の課題とする。

第二の課題は、京都大名火消の分析を通して、将軍と老中の役割・権限を組み込んで江戸幕府による上方支配の特質の一端を明らかにすることである。従来の上方支配研究においては、幕府と言えば京都所司代・大坂城代や京都・大坂町奉行などを指し、将軍や老中などに触れることはなかった。しかし、この京都大名火消は江戸の

門番・火番、佐賀・福岡藩が勤める長崎警固役などと同様に、将軍から命じられる軍役（幕府課役）に該当するものであると考えられる。このため、従来の上方支配研究では見過ごされてきた将軍・老中の役割や権限を組み込んで、その制度的事実を解明することを第二の課題とする。

なお、京都大名火消の語は総称として用いることとする。史料上では「京都火消」と記述されることが多いが、担当大名や任務等が異なり、また同時期に二つの大名火消が併存している場合もあり、制度的に区別する必要もある。よって、すでに先行研究で使用されている、元禄三年成立の京都火消御番、宝永六年（一七〇九）成立の京都常火消と禁裏御所方火消、享保七年成立の京都火消役の名称を使用することにする。また、本章は史料の残存状況などから、享保七年以降の譜代四藩が勤める京都火消役を分析の中心とする。

第一節　京都大名火消の成立と変遷

本節では、享保七年（一七二二）の京都火消役設立に至るまでの京都大名火消の成立と変遷について、前掲の樋爪・横田両氏の分析を踏まえ、新たに明らかにした点を補足しながら概観しておく。

まず、元禄三年（一六九〇）までは、京都における大名火消は制度としては存在していなかったと考えられる。淀・高槻・膳所藩が承応二年（一六五三）―延宝四年（一六七六）までの数度の火災に城下から出動し、消火活動を行っている。また、延宝期の御所造営を担当した岡山藩は造営中も度重なる火災にみまわれ、消火活動にもあたっている。[8] このためかとも思われるが、延宝二―五年の御所造営中に膳所藩は火消番を勤めた。以上のように、元禄三年までは大火時に周辺の譜代藩が駈け付けるか、または特定期間中は臨時に火消番に任命される、という

ものである。

元禄三年には京都火消御番が設けられる。これは丹波・大和・近江の外様小藩が、九月から翌年三月までの冬季に順番に京都に詰める、というものである。柳本藩は元禄五・一三年に当番を勤めているが、いずれも老中連署奉書によって任命され、所司代の指示を仰いで勤めるように申し付けられた。[9] 綾部藩も同様であり、元禄六年に月番老中戸田忠真から「京都火消御役儀被仰付候段、御奉書ヲ以被仰出[10]」ている。また、二条御蔵から当番を勤める大名に三百人扶持が、「火消屋敷留守居小嶋清兵衛」に役料として五石弐人扶持が、それぞれ支給された。[11] 火消屋敷とは大名火消が拠点とした屋敷と考えられ、元禄三年の勘定所の支出項目にその建設費が記載されている。[12]

この制度は宝永三年（一七〇六）に一旦廃止されて京都所司代の兼務となるが、同五年五月の京都大火、禁裏延焼により、翌六年に大幅な制度改革が行われて二つの大名火消が設けられる。一つは京都火消御番を通年化して三月と九月を交代時期とし、二藩が半年間ずつ勤める京都常（定）火消である。京都火消御番を勤めた藩に加えて摂津国西代・麻田藩、河内国狭山藩も勤めた。正徳元年（一七一一）九月―翌二月、享保元年九月―翌二月の当番の柳本藩、享保四年九月―翌二月の当番の綾部藩はいずれも老中奉書によって任命された。[13] なお、この京都常火消は京都町火消とも呼ばれ、町方を担当するものである。

正徳五年三月―九月、小室藩が常火消の当番を勤めた際の状況を簡単に見ておく。[14] 小室藩は二月二九日に麻田藩より当番を引き継ぎ、河原町三本木の火消屋敷[15]に入り、所司代に挨拶と伺いを行っている。その伺いの一つに、「養源院・知恩院・南禅寺此三ヶ所ハ、洛外なから近辺火事之節自分も相越候段先役ゟ申伝候、いかか可致と承候へハ、前々之通可有心得旨被仰候」とあり、担当範囲の洛中に加えて、洛外ではあるものの養源院・知恩院・

南禅寺近辺の火災時の出動も任務とされていた。また、「前々より火消御役義相勤候衆中、　禁裏　法皇御庭見分仕来候」ため、禁裏付の案内で紫宸殿・清涼殿などを見分している。これは「万一非常之節之為」であり、後述する禁裏御所方火消が設けられているにもかかわらず、御所の消防に関しても常火消の任務であった。二条城の消防に関しては、「二条城辺万一非常之節のため、兼而土井豊前（利良）殿へ判鑑札さし遣置」と入城の際に必要な判鑑が大番頭に提出されている。また、御蔵奉行から「今月・来月分の扶持方米」として三百人扶持の二ヶ月分に相当する米八七石を受け取り、以降も同様に支給された。

当番交代に関して、小室藩は江戸留守居より後任に大溝藩が任命されたことの通達を受けたため、江戸への交代の御礼と参勤交代の時節伺について規定通り所司代に指示を仰いだ。記述されている先例が興味深いので見ておこう。西代・園部両藩が交代のため、所司代松平信庸に対し江戸への御礼と伺いについて指示を仰いだが、所司代からの指示は「未江戸ゟ御左右無之候間、江戸へ之勤ハ少々被差控候様ニ」というものであった。四・五日後に「代り被仰付候義、御継飛脚ニて申来候」ため、先日尋ねがあった江戸への御礼と伺いについて指示がなされた。以上の事例から、大名火消の任命は江戸での老中奉書により行われ、所司代はその報告を受けるのみであるといえる。

この常火消と併存する形で、御所を担当とする禁裏御所方火消が新たに制度化される。これは淀・膳所・郡山・亀山の譜代四藩が任命され、江戸参勤していない二藩が半年交代で勤めるというものである。当番の藩は、郡山藩の場合に騎馬一〇騎、足軽六〇人を、他三藩の場合には騎馬八騎、足軽五〇人を、そしてこれに応じた人数の中間をそれぞれ京都屋敷に常置させることを申し付けられた。また、屋敷については所司代松平信庸に尋ねるように申し付けているこ(16)とから、老中によってこの申渡しがなされたと推測できる。

さらに、享保七年二月に大名火消制度は再び改定される。老中水野忠之に禁裏御所方火消四藩の江戸留守居が呼ばれ、洛中の火消も担当することが申渡された[17]。この制度改革により、これまで洛中の火消を担当していた常火消は廃止され、ここに淀・膳所・郡山・亀山の譜代四藩で、京都の火消を勤める京都火消役が成立する。以上のように、京都大名火消制度は元禄三年に開始され、宝永三・六年の制度改革を経て、享保七年の京都火消役成立をもって確立する。また後に、この四藩の内で免除される藩が存在した場合は、高槻・篠山藩が代行するようになる。

本節では享保七年までの京都大名火消の成立と変遷を見てきたが、本制度の任命が老中奉書、また制度改革が老中の申渡によってなされていることを新たに明らかにした。この点は本制度を分析する際、江戸の将軍・老中が掌握している権限と、京都所司代が持つ権限とを明確に区別すべきことを示唆している。従来の研究では、この区別は全くなされてこなかったが、次節以下で明らかにするように両者を区別する視点を導入してはじめて本制度の特質に迫りうると思われる。次節ではこの視点を含みつつ、享保七年成立の京都火消役を分析していく。

第二節　将軍・老中と京都火消役

本節では京都火消役の任命等の制度的手続きを分析し、本制度が幕藩体制においていかなる位置付けにあるかを明らかにする。

（一）将軍による任命

享保七年（一七二二）に四藩で開始された京都火消役であるが、後述するように様々な理由で免除され、代行として高槻・篠山藩が任命される。本項ではこの火消役の任命について分析する。

享保八年の郡山藩主本多氏断絶後、翌九年に柳沢氏が郡山に入封し、同一四年一一月二一日に老中酒井忠音から「京都火消被　仰付候、来戌三月ゟ亥三月迄可被相勤候、稲葉美濃守（正任・淀藩主）・本多主膳正（康敏・膳所藩主）・青山因幡守（俊春・亀山藩主）・永井飛騨守（直期・高槻藩主）申談可相勤候」という書付を渡される。[18] 郡山藩主柳沢吉里は、翌一五年三月より一年間京都火消を勤めること、淀・膳所・亀山・高槻の四藩主と相談して勤めることを申渡された。柳沢氏が同年三月より初めて京詰の月番を勤めたことは『月堂見聞集』によっても確認できる。[19] ただ「来戌三月ゟ亥三月迄」と期間を限定した任命であること、同一七年には当番を勤めていないこと、次項で分析する他藩と組み合わされた参勤交代が同一九年に開始されていることを考慮すると、この時の郡山藩の任命は試験的なものであったと考えられる。同一九年六月一五日に、郡山藩は左の老中連署奉書で京都火消役に任命されるとともに、参勤交代についても指示がなされた。

【史料1[20]】

京都火消為稲葉佐渡守（正親・淀藩主）代、其方江被仰付、向後本多主膳正与在所可為交代旨被　仰出候、右之趣被得其意相談可有勤仕候、今年之儀者主膳正参府候様ニ相達候事候、恐々謹言

六月十三日　　松平伊賀守

信祝

（中略）

松平甲斐守（柳沢吉里）殿

これ以降は奉書ではなく月番老中から渡される書付となるが、「京都火消被仰付候」という上意文言を含む形式であり、将軍の意向を伝えるという点では変わりはない。また免除も同様で、例えば寛政四年（一七九二）、郡山藩は「京都火消、当分御免被成候、為代永井日向守（直進・高槻藩主）被仰付候間、可被得其意候」という文言を含む書付を月番老中松平信明から渡された[21]。

以上のように京都火消役の任命権は将軍が掌握しており、老中奉書、後に簡略化されて将軍の意向を伝える老中書付によってなされた。また延享二年（一七四五）に郡山藩主柳沢吉里が死去し、信鴻が家督を相続するが、翌年六月一五日に老中堀田正亮より、「京都火消之儀、如父甲斐守時被　仰付候間、本多主膳正（康敏・膳所藩主）被相談可有勤仕候」という書付が渡された[22]。こうした藩主代替りごとの書付がいかに重要であったかは、次の事例からも指摘できる。享保一五年六月二〇日の京都大火の際に淀藩は出動しなかった。その理由は「越中守（稲葉正親・淀藩主）殿此間家督相続、いまだ京都の火事に出馬可致との申渡し無之[23]」ためであり、新藩主稲葉正親が家督相続直後で京都火消役の任命を将軍から受けていなかったためであった。

（二）京都火消役の参勤交代

近年、藤井譲治氏が参勤交代制の位置付けを行う新たな視点として、軍事力の配置という問題に注目した[24]。藤井氏は、寛永二〇年（一六四三）以降に島原の乱への対応の反省から、各地の大名の参勤交代が組み合わされる体制が作られていくことを指摘した。これは、例えば高田藩松平氏と金沢藩前田氏が交互に参勤することを命じられたように、一方の藩主が在府中には必ずもう一方の藩主は在国していることを原則とするものである。特定の地域に大名が一人もいないという事態を避け、軍事的空白を作らない体制ができあがるわけであるが、畿内近

国の実態についてもすでに詳細な分析がなされている。[25]まず、尼崎藩と岸和田藩では参勤交代が組み合わされており、すなわち尼崎藩帰国後に岸和田藩が国許を出発し翌年はその逆であり、これが繰り返される体制であった。また、参勤時節伺後と国許を出立する直前および帰国後は互いの藩は勿論、所司代や幕府上方役人、近隣大名にもその旨を通知していた。京都火消役では二藩ずつが組み合わされており、他の二藩主の帰国を待って在国二藩主が出立したことが指摘されているが、[26]その組み合わせは論者によって一致せず検討の余地を残している。ここでは幕府から二藩主の組み合わせを指示する老中奉書が毎年出されていた点に注目したい。

【史料1】では郡山藩の火消役任命とともに膳所藩主本多氏と「在所可為交代旨」、また当年は本多氏が参府するように申し付けられている。つまり、膳所藩主と新たに任命された郡山藩主の参勤交代が組み合わされており、京都火消役と参勤交代制が不可分の関係にあったことがわかる。以下では、郡山藩を素材に参勤交代の手続きを分析するが、[27]重要なものは二月の参勤時節伺いと九月の帰国もしくは国許発駕である。まず二月の伺いに対しては、例えば安永六年（一七七七）には左の奉書が郡山藩の使者に渡された。

【史料2】[28]

御状令披見候、　公方様、　大納言様、益御機嫌能被成御座、恐悦旨尤候、将亦、参勤時分之儀、以使者被相伺候、松平紀伊守（信直・亀山藩主）被下御暇、在所到着以後可有参府候、恐々謹言

二月廿五日　　田沼主殿頭

意次

（中略）

松平甲斐守（柳沢保光）　殿

この年であれば、亀山藩主松平氏と郡山藩主柳沢氏の参勤交代を組み合わせる老中連署奉書が出されていたことになる。この後に請書を提出して所司代と京都火消役の各藩に通知した。この一連の手続きは、享保一九年以降毎回行われている。郡山藩は亀山藩と組み合わされている場合が多いが、年によっては膳所・淀・篠山藩と組み合わされている奉書が出されており、状況に応じて老中奉書により変更された。先述した組み合わせについての不一致は、ある一時期を取り上げたために起こったものであるといえる。また郡山藩に関して、火消役免除中の天明三年（一七八三）二月の奉書は「六月中可有参勤候[29]」とあるだけで、組み合わせからは除外されている。次に帰国の際は、京都所司代・大坂城代・京都町奉行・伏見奉行・上方目付・京都火消役の諸藩・岸和田藩・尼崎藩に国許到着の報告を行った[30]。また国許発駕の際は、相手の藩から国許到着の報告を受け、出発の旨を老中・所司代に通知した[31]。以上のような参勤交代制は享保二年まで遡りうるものであり[32]、少なくとも禁裏御所方火消以降はこの手続きを踏んでいたと考えられる。

最後に京都所司代との関わりについて述べておく。延享四年の膳所藩主死去時に、所司代は「青山因幡守（忠朝）と代り合、仰出されしかとも、主膳正（本多康敏）死去に就てハ、伺いなくてはすむ間敷[33]」と老中に指示を仰ぐよう述べ、郡山藩は老中酒井忠恭へ参勤すべきかどうかの伺書を提出した。老中からはそのまま在国して亀山藩と交代で火消役を勤め、参府時節は来春伺うよう指示する連署奉書が出された。

（三）老中への伺い・報告

任命・参勤交代は将軍の意向を老中が伝達する形をとったが、その他の制度的諸事項は老中の専管事項となる。例えば、柳沢氏の郡山入封時には、老中安藤重行が後述する大火の際の城下から京都への出動について指示を

行った[34]。以下では、老中への伺い・報告について分析を行う。

先述したように京都火消役は藩主在国を原則としていたが、この原則は一八世紀末に形骸化し始める。文化五年（一八〇八）閏六月一三日、郡山藩は老中牧野忠精に、「御発駕御延引御願書」とともに「京都火消家来持御伺書」と呼ばれる伺書を提出した[35]。それは持病を理由に発駕延引を願うとともに、期日通りに帰国できないため「京都火消之儀、私在所到着仕候迄、松平紀伊守（信志・亀山藩主）交代之積を以、本多下総守（康禎・膳所藩主）申談、先私家来計差出」勤めてよいかを伺う書付である。この種の伺書は天明六年（一七八六）六月一二日に郡山藩より月番老中牧野貞長に提出され[36]、「願之通、先家来計差出申合相勤候様可被致候」という附紙がなされ返却されたものを初見とする。文化期以降には「京都火消家来持伺書」という名称も定着し、月番老中へ頻繁に提出され許可を受けることとなる。以上のように天明期以降は藩主の病気による帰国延引が日常茶飯事となり、交代が期日通りにはなされなくなる。実質的に藩主在国や藩主自身の出馬などは期待できないため、「京都火消家来持」が常態化し老中の決裁を仰いだ。

伺いの他に当番引継や消火活動の報告も月番老中に行う。享保一五年三月一三日に郡山藩が朔日に火消当番を受け取った旨を老中松平乗邑に報告したように、この後も帰国後最初の月番の請取は老中へ報告し、また最後の引渡しは国許発駕の報告とともに行った[37]。また後述するように、大火時には各城下からも火消部隊が出動することになるが、淀藩では「江戸表江被仰遣御用番江御届入申候[38]」と規定されている。この規定は正徳元年（一七一一）淀入封の戸田氏からの申伝えであったといい、禁裏御所方火消以来の規定であると考えられる。また、寛政六年一二月六日、郡山藩は老中戸田氏教へ月番時の活動を報告した[39]。それは京都河原町上生洲町より出火、「類焼共家数四軒焼失仕候」という程度の火災であるが、「御場所柄之儀ニ付」と御所近辺であることが報告の理由

である。この他、文政二年（一八一九）正月二五日に四条中之町芝居小屋から出火、一八三軒焼失の火災では「洛外之儀ニは御座候得共」と担当範囲外ではあるものの、その被害の甚大さ故に老中青山忠裕に報告した(40)。こうした月番の出動報告は寛政期以降に散見するが、「西陣焼け」とも呼ばれ西陣を中心に一三四町・三七八九軒を焼失させたといわれる享保一五年の大火の際には(41)、これほどの被害でありながらも老中に報告していない。それは御所や二条城へ火がかかっていないからであり、「若し築地之内江掛り候火事之節者格別之由」(42)であるという。つまり寛政期以前には、御所・二条城に被害がない限り月番時の出動は報告しなかったのに対し、以降は特に両近辺に関しては小規模な火災であっても老中に報告することとなったようである。天明大火の際の対応により、幕府が「武威をもってたつ政権としてその資質を問われ(43)」る状態となったことを考慮するならば、大火を画期に月番の活動についても把握するという老中の権限拡大が見られたとしても不思議ではないだろう。

以上のように、任命、参勤交代についての権限は将軍が掌握し、その他の制度的諸事項は老中の専管事項であったといえる。本制度に関して、「民政機構における奉行所の「国分け」とは異なる次元の地域論理が存在する」という横田氏の指摘(44)は、このような将軍と大名の関係に注目すると説明が可能となる。なお、この大名火消の性格は幕末期に顕在化する。ペリー来航後の嘉永六年（一八五三）一二月晦日、老中阿部正弘等連署書翰が所司代脇坂安宅に宛てて出された(45)。書翰では「禁裏　御所方守護之義者、御自分江為御任被置候事ニ而、非常之節者、京都火消之人数差出、警衛可致哉ニ付、　御安心被　思召候得共」と、この段階では禁裏御所の守衛が将軍より京都所司代に委任される形を取っており、軍事力の主力が京都大名火消であったことがわかる。この防衛体制では手薄であるため、「増警固をも可被　仰付」こととなる。ただ、「其表之模様聢与難相分、何之向江被仰付候ハヽ、急速之場合ニ臨、差図等茂行届可然哉」、あるいは「平常出火之節、人数差出候ニ不及、異変有之候砌、

早速出張いたし、御自分差図を得相勤候様、被　仰出候而者、如何可有之哉、一体其表御守衛向之義ニ付而ハ、其地之規定茂可有之欤」という理由で、防衛案を提出するよう求められる。ここで問題となっているのは任命等は江戸で将軍・老中が行うが、その実際の活動は所司代の指揮下に入るため、実際の最高指揮官である所司代の意向が反映されねば防衛上重大な欠陥を抱えるということにあった。本節で明らかにしたことを踏まえれば、京都火消を担当する大名は将軍より任命を受け、京都を防衛する軍役を果たしていたこと、同時に所司代にはこれらの大名に対する軍事統率権が将軍より委任されていたことが指摘できよう。

第三節　月番における体制

（一）任務と担当範囲

近世京都の武家の消防体制に関しては、すでに樋爪・安国両氏が明らかにしているが[46]、例えば天明大火時には延焼地域を放置して二条城の類焼防止を優先する指示がなされたように、御所・二条城周辺に重点が置かれていた。本項では京都火消役の性格付けを行うために両氏の成果を踏まえつつ、その任務と担当範囲を明らかにして消防制度全体の中での位置付けを明らかにする。主として使用する史料は、膳所藩士が文政期頃に月番の任務規定や先例を書き留めた「京都火消方覚」である[47]。いわば、京都火消役のマニュアルであるが、淀・亀山藩にも同様の史料が残されているので[48]、これらで補足しながら分析することにする。

「京都火消方覚」の中に、「一、御四方様御留守居申合奉伺候書付写之、宝暦二年申五月御所司代酒井讃岐守

（忠用）様へ奉伺候趣、其後松平右京大夫（輝高・所司代）様御在役之時伺別義無之、今以此通取扱相違無之間左之通」で始まり、一四ヶ条が記された後、「右之通今度相改申合、其外之義者前々より申合候通相違無御座候、以上」とあり、最後に四藩の京留守居役の名が記されている箇所がある。淀・亀山藩の史料にもほぼ同様の記述が存在し、①宝暦二年（一七五二）五月に京都火消役四藩の京留守居役が月番における勤方の規定を申合せたこと、②この申合せの内容について所司代に伺いを済ませていること、③以後はこの規定に基づいて当番を勤めていたこと、の三点が指摘できる。

なお、膳所藩の史料には享保七年（一七二二）に、同八年に入封してきた淀藩稲葉氏の史料には翌九年に、所司代松平忠周から渡されたという覚が残されている。(49) いずれも五ヶ条からなる簡略なもので、当初はこれに基づいて勤めていたと考えられる。しかし、制度開始後三〇年を経た段階では、実際に勤める中で明確になってきた問題や新たな状況などに対応しなければならなかったのだろう。この規定は宝暦二年に四藩の京留守居役が申合せを行い、実際に勤める藩側の意見を盛り込む形で成立したといえるだろう。

続いて、この申合せのそれぞれの箇条について分析する。まず、御土居の東側については享保末年にできる二条新地について詳細に規定してあるものの、基本的には洛中を担当範囲としている。洛外についての規定では、京都常火消と同様に南禅寺・知恩院・養源院近辺出火の際は出動するが、基本的に洛外には出ず「洛中境迄罷出候共、見切候而引取可申事」が原則であった。実際の消火活動の事例を見てみよう。文化一四年（一八一七）亀山藩が当番の際には五条通の南、七本松通の東にあたり、御土居のすぐ外側に位置する朱雀近辺が出火した際には、(50) 一番手が御土居際まで、二番手が丹波口まで出動した。ただし、亀山藩は「朱雀者懸場所ニ而者無之ニ付控居」て、所司代配下・町奉行配下・大工頭中井らによって消火活動が行われた。なお、所司代は御所・二条城

近辺出火の場合のみ出馬するため、この場合には当然出馬はなく、与力を中心とする配下の者たちだけが出動した。町奉行が出馬していない理由はわからない。消火後、所司代配下の纏奉行に引き取る旨を通知し、「一・二番手共引取申候上、懸場所ニ而も無之付不致防火候故、御届も不仕候也」としている。この規定に関しては、さらに「洛中堺ニ而見切罷在候内、町御奉行様抔御駈付、火消人数参不申義、御尋」の場合は、洛外へは「禁裏御所方・二条辺程遠く罷成候故、人数差遣し不申段」を返答するようにと規定している。ただし、「其上御指図御座候者、違背被相成申間敷ニ付、宮様被成御座候処ニ候者、品ニ今一番手人数差遣可申候哉」と宮門跡近辺出火であれば、町奉行の判断を優先すべきことも規定している。

御所・二条城近辺の出火の場合は人数を分けることとしている。細かく述べれば、「御築地五六町程之出火ニ候者、御人数二手ニ分、先手者火元江罷越、跡手者火事方角之惣御門江相詰候事」とあるように、一番手が火元へ駈け付けて消火し、二番手は出火の方角の門に詰めて類焼を防ぐことになっていた。二条城の場合も同様で、「二條御城近辺出火ニ而御人数相分候者、東之御門へ相詰候筈ニ候」と二条在番との関係であらかじめ詰める門が決められていたようである。このように御所と二条城は重点的に防衛することになっていたのに対し、傾城町・非人小屋・穢多村などは消火対象外であった。

当番交代の手続きを済ませた後であっても、出火場所へ出動することになっている。ただし、これは「洛中五條ゟ上江、今出川辺迄」の出火の場合であり、五条より南の地域および洛外へは出動せず、大火の場合のみ出動することとなっている。また、下京の場合は出動したとしても、「煙一通之義ニ而、所も下辺指候ハヽ、大切之場所ニ而も無御座候ハヽ、乗返し」と注意を払いつつも引き取ることとする規定もある。これらは、御所・二条城への類焼を防ぐために、特に洛中北部に重点を置いた規定であろう。また、所司代手勢や町火消との火事場の

取り合いが絶えなかったが、町方の火災では「御四方御人数先へ駆付防火最中ニ候共、消口明渡申候様」、あるいは「品ニ〻場所を替候而防候様[51]」と所司代から指示されており、京都消防制度の中でも特に京都火消役の消防対象は御所・二条城に偏っていた。

以上の分析から、京都火消役の任務と担当範囲をまとめておく。まず、担当範囲とその優先順位は①五条より北部、特に御所と二条城、②五条より南部、③洛外にある南禅寺・知恩院・養源院の三寺院、の順であると考えられる。そして、任務の最優先事項は御所・二条城を火災から守ることであり、京都火消役は御所・二条城の防火・消防のために存在したといえる。

（二）人員規模と構成

京都火消役は藩主在国の二藩が一ヶ月交代で半年間ずつ当番を勤め、人員規模は禁裏御所方火消と同数である[52]。郡山藩は「壬生の屋敷、士十一騎・役掛の平士相応・足軽八十人・中間相応に出し置、惣人数三百人余」、淀藩は「京詰惣人数御やとひ末々迄惣合弐百九拾六人」、膳所藩の場合は一番手一一〇人、二番手一四五人、総人数二五〇人程度であり、いずれの藩も時期的差異があると思われるが、二五〇―三〇〇人前後で当番を勤めていた[53]。享保六年一〇月の江戸での軍役人数の規定[54]は京都火消役の月番の人数とほぼ同数であり、おおまかに言えば、江戸城の門番・火番を勤める規模の人員が京詰の当番を勤めたといえるだろう。その構成については、郡山藩の場合には騎馬・平士・足軽・中間・又者から構成されているが、この中間・又者の中には鳶が含まれていると考えられる。騎馬・平士がこの部隊の中核であり、特に騎馬は番頭などを勤め全体を指揮した。この指揮の下で実際の消火活動などを行ったのが足軽・鳶である。膳所藩の場合、京都で雇った鳶二〇人と城下から連れてきた鳶三

〇人の合計五〇人を抱えていた[55]。中間も領内の町や村が負担したり[56]、京都で雇ったりしたと考えられるが、彼らは提灯持を行ったり、必要な物資を運んだりした。このようにして構成された火消部隊は、さらに一・二番手に分けられた。

月番時の各藩共通の役職については、まず京留守居は所司代・町奉行らと藩を結ぶ要職であり、当番交代時の引き継ぎを行うとともに、日常的にも所司代らの意向を藩に伝達していた[57]。また、他の火消役の藩留守居と頻繁に連絡を取り、前項で見たような申合せを行っている。番頭は一・二番手、それぞれの指揮監督を行う役職であり、いわば現場における責任者である。なお、郡山藩の場合は家老が部隊全体を統轄し、淀藩では「拾騎之内組頭一人家老格出京人数下知仕候事」と家老格の者が、膳所藩では二番手番頭がこれを担当しており[58]、この点は若干藩によって差異がある。月番の具体的な活動としては藩邸に控え、火見櫓から煙が見えた場合にすぐに出動して消火にあたることであった。この他に日常的に見廻りを行い、防火などにも努めていた[59]。

(三)　高槻藩・篠山藩の任命

京都火消役は明治三年（一八七〇）に廃止されるまでに幾度かの制度的改変を経ている。本項では、最も大きな改変である、高槻・篠山藩の任命について分析する。先述したように、享保八年郡山藩主本多氏断絶の後、同一五年柳沢氏が月番を勤めるまで高槻藩が代行した。すでに指摘がある藩主の幕閣就任[60]以外にも、手伝普請、日光名代、御所造営中勤番などを理由に郡山藩らが免除された際には高槻藩が任命された[61]。ただし、その任期はいずれも二―四年であり、それらの藩が再び京都火消役に任命されると高槻藩は免除された。以上の点から、高槻藩は成立後まもなく、四藩のうち何らかの理由で免除となる藩を代行する藩として位置付けられたといえる。

次に篠山藩についてであるが、篠山藩主松平氏は寛延元年（一七四八）に亀山藩主青山氏と所領替えを行った。つまり、寛延元年以降の篠山藩主は青山氏、亀山藩主は松平氏ということになる。『形原松平家譜』[62]には、享保七年一一月に月番を勤め、同一五年の大火では京都へ出動したことが記述されているが、他の史料では確認できていない。亀山藩との所領入替えとあわせて考えるならば、何らかの形で京都火消に関わっていた可能性が高い。明確な形で京都火消役に任命されている初見は安永元年（一七七二）である。老中板倉勝清が三月一八日郡山藩留守居に渡した書付[63]では、淀藩との参勤交代の組み合わせを命じるとともに、篠山藩主青山氏の京都火消役任命が通知された。前年の明和八年（一七七一）九・一〇月に膳所・淀藩主の相次ぐ死去により、郡山藩への参勤に関する老中の指示が二転三転する事態が起きており[64]、こうした不測の事態に対応するために、篠山藩が代行する藩として新たに位置付けられたと推測できる。二〇年前までは、実際に亀山藩主として勤めていたわけであるから大きな問題はなかったのであろう。この後も天明七年（一七八七）に寺社奉行に任命された淀藩の代行として勤め、少なくとも寛政四年（一七九二）までは勤めていることが確認できるが[65]、この他では見出しえていない。他の史料においても高槻藩に比べて火消役を勤めた形跡は少なく、高槻藩に次ぐ代行の藩として位置付けられていたと考えられる。京都から遠距離であるため、やむをえない事情がない限り任命は極力避けられていたのであろう。

四藩の中で火消役免除の藩がある場合には高槻・篠山藩が代行したが、この他でも火消役四藩の中で頻繁に京詰当番を代行しあっていた。例えば、藩主死去時は代行したり、藩主帰国延引の場合はそのまま在国して当番を続けたが[66]、これらはいずれも老中の指示によった。また、正妻の忌中などの場合は、もう一方の藩が月番をずらして代行した[67]。

以上のように、四藩のうち在国二藩が半年間月番交代で当番を勤めるという形で始まった京都火消役であるが、勤められない場合は他藩が代行し、さらに高槻・篠山藩が代行を命じられるなど、融通性を持ちつつ運営されていた。しかし、一八世紀末以降はこの体制でも対応しきれなくなっていく。すなわち、先述した「京火消家来持」の状態であり、藩主在国の原則は放棄され、許可を得られれば家来だけで勤めるものとなっていく。近世後期の京都火消役は藩主が後景に退き、名実ともに藩家臣団によって担われていくのである。

第四節　幕府上方役人と京都火消役

（一）所司代・町奉行・上方目付・禁裏付

樋爪・安国両氏が明らかにしている通り、通常の火災では月番の町奉行や京都火消役の火消衆が出動し、これに場所柄や火災の規模に応じて、所司代、非番の町奉行、京都代官小堀、大工頭中井、高瀬川支配の角倉が出動し、また上方目付が在京している場合は目付二人も出動していた。(68) 以上の指摘に若干の補足を行うと、例えば文化一四年（一八一七）閏一一月七日の四条河原の小屋からの出火では(69)「御所司代御人数斗、両町御奉行御人数斗、御出馬無之候」とあり、時期的差異も存在するかと思われるが、所司代・町奉行自身の出馬はなくとも与力・同心らだけで出動している場合もある。本項では京都火消役と直接関係する、所司代・町奉行・上方目付・禁裏付にしぼって、その関係を考察する。

（1）京都所司代

京都消防制度の最高責任者である。京都火消役は任命・参勤交代・当番変更などの制度的中核に関しては将軍・老中の権限の下にあるが、実際の活動は所司代の支配下に入る。当番の藩は所司代に対し、朔日の当番引継時に挨拶を行い、また出動ごとにその報告を行った[70]。所司代が出馬した場合は彼の指示を仰ぐことになるのは勿論であるが、所司代・町奉行ともに出馬がない場合は、先述したように所司代配下の指示を受けた。また、先述した宝暦二年申合の洛外への出動に関する規定について所司代が指示しているように、火消役の具体的な活動規定に関する決定および改定は所司代の権限であった。

（2）京都町奉行

所司代とともに京都消防制度の中核である。当番の藩は出動の報告を所司代だけでなく、町奉行に対しても行った[71]。洛外への出動の指示については先述したが、この他に城下から出動した場合、部隊は火元近所に行き、所司代へ派遣した使者の帰りを待つことになっていたが、「火元ニ町御奉行被成御座候者、御所司様へ相窺申候先使之者未帰候、罷帰候迄扣可申哉、伺申候段申上候ハヽ、御差図可被成候事[72]」とあり、町奉行が現場にいる場合は彼の指示が優先された。月番の町奉行は町人足や雇人足を指揮して消防活動にあたるため、洛中においては基本的には地域や火災規模にかかわらず出馬したと考えられるのに対し、所司代の出馬は御所・二条城近辺出火に限定されていた。このため、実際に火元で陣頭指揮にあたるのは町奉行が圧倒的に多かったはずであり、以上の規定はこのことによるものと考えられる。また、寛延三年（一七五〇）の二条城焼失時の対応では所司代の指示と町奉行の指示が食い違い混乱を招いた。町奉行が火消役に関する指揮権を一定程度有しており、所司代の下

に完全に一元化されていなかったといえるだろう。また、天明大火時は所司代不在のため京都町奉行と在京目付が消防活動の全体を指揮した。

（3）上方目付

上方目付は常時在京していたわけではないが、在京中出火があれば火元に出動した。そして、当番の藩は火元で目付に出動の報告を行うことになっていた。(73)また天明大火後、当時の目付が郡山藩留守居に人数を出動させた刻限、防場所、指図の内容などを認め提出するように命じた。(74)以上のように、上方目付は火消役の活動の監査にあたっていたのは確実である。これに加えて、京都町奉行とともに消防活動の指揮を執った。

（4）禁裏付

京都火消役の任務の中心が、御所・二条城の防火・消防にあったことは先述した。ただし、こうした任務を負う譜代藩の藩士とはいえ無断で御所・二条城に入れるものではなく、例えば御所・二条城内に入る場合は許可証である「腰札」の着用が義務付けられ、また鑓を門外に置いて入らなければならないなど武装解除が義務付けられた。こうしたことを含めて、御所内に入る場合は禁裏付の指示を受けることになるが、彼らの権限はこれにとどまらない。天明大火時に禁裏付は天皇の避難所である聖護院において、城下から出動してくる郡山藩に対し指示をしている。(75)「禁裏御附水原摂津守（保明）殿差図ニ、御立退御場所聖護院宮相固メ罷在候処、御築地内御文庫蔵等防候様、御差図有之」と、まず一・二番手が禁裏付水原保明の指示を受けて築地内の文庫蔵を防ぎに行った。また、伏見に到着した三番手は禁裏付建部広般の指示を受けた。以上のような京都火消役に対する禁裏付の

指揮権は、御所・二条城を防衛するという火消役の性格に由来するものであると考えられる。ただし、所司代らの指揮権との関係がどのようなものであったかはわからない。

本項では所司代・町奉行・上方目付・禁裏付と京都火消役の関係を分析した。しかし、いずれも個々の関係にとどまるとともに二条在番との関係も不明である。個々の任務や出動範囲、また相互の関係などの事例蓄積とその総合的な構造把握については今後の課題としたい。

（二）四藩京留守居申合

京留守居については前節で簡単に触れたが、その他に所司代・町奉行より京都火消役の勤方についてしばしば尋ねを受けた[76]。数年間で入れ替わる所司代らにとって、京留守居らが蓄積した知識と経験は不可欠であった。ここでは、こうした縦の関係ではなく横の関係、すなわち火消役四藩の京留守居の繋がりに注目する。なぜなら、先述した宝暦二年（一七五二）の「御四方様御留守居申合」、およびこれに類する単語が史料上に頻出しており、この四藩京留守居申合は火消役を考える上で一つのキーワードになっているからである。宝暦期には先述した二年の他にも頻繁に申合せが行われている[77]。当該時期はおそらく制度開始後三〇年近く経過し、当番を勤める中で直面する問題に統一的見解を打ち出そうとした時期であったと考えられる。ここでは膳所藩士が作成した「火消方申合書抜[78]」から、公家への礼式に関する享和二年（一八〇二）七月の申合せを、例としてあげておく。

【史料3】

一、五摂家方・親王方ゟ外々江御縁組等ニ而御入有之、宮与唱候御方様江、火消方引取之節、下馬之儀申談候処、右者前々ゟ相定り有之候宮様方之外江者、下馬不仕通り行候様申合候、乍然向方ゟ是非下馬与申

掛候者、其意ニ随イ可申旨、心得申談置候事、此儀聢与相伺定置候様可然候得共、若哉、是迄如何相心得居候哉与御尋之節、返答如何ニ付、今新ニ相伺候義茂難致候間、御四方様切ニ而申合置候事

宝暦二年の申合せでは、幕府上方役人、公家などに出会った場合「歩行立之者、御駕脇へ下馬不仕候段、御断可申上事、但引取之節者、宮様方・親王家・五摂家・清花大臣之御方江下馬仕片寄可通候」(79)とあり、【史料3】ではこの内容についてさらに詳細に規定している。以前の申合せでは曖昧で広範囲になったことへの反省から、今後は規定のある宮様方の他には下馬せず、相手方から申し出があれば下馬するとしている。また、興味深いのは所司代に伺い出ずに「御四方様切ニ而申合置」という点であろう。基本的に申合せで決定した内容は所司代に伺いを立てた後に正式な規定となったが、この申合せでは四藩だけで決定事項としている。この他、纏、持鑓を伏せるかどうかについても申合せている。

他の議題を列挙すると、御土居の内ではあるが洛外となる紫竹村などへの出動について「是迄区々ニ相成候ニ付」申合せを行い、一番手が火元へ赴くように規定している。一藩だけが出動すると先例となり混乱を招くため、藩ごとに区々ではなく統一的基準を必要とした。また所司代への報告に関して、出動したがすでに消火済の場合、夜中の場合、出府中の場合などについての申合せがある。

京都火消役は享保七年（一七二二）から明治三年（一八七〇）まで存続する。よって、成立当初の規定と実態の乖離、あるいは想定していなかった問題が発生するのは当然であろう。四藩京留守居申合は、藩側が実際に直面する問題に対処するために、実態に即した取り決めを行い、現場（藩）の意向を制度化していくものであったといえるだろう。

第五節　城下からの出動

（一）制度的枠組みと実態

第三・四節では月番の体制を中心に述べてきたが、京都火消役の任務はこの半年間の京詰だけではない。各藩は大火であれば城下から出動することをもう一つの任務とし、場合によっては藩主の出馬を伴うこともあった。これはすでに指摘されていることではあるが[80]、なお未解明な点も多い。このため、まずその制度的枠組みと実態について見てみよう。【史料4】は淀藩の規定である。

【史料4[81]】

覚

一、京都御火消御当番月、京ニ火事有之、大火ニ成候者、淀ニ罷在候京詰持切御番頭、其外物頭・諸士・御足軽・町役ニ而罷出候人足等、相図之鐘撞候者、定之場所江早速相揃駈着可申事

一、右之御人数被遣候而も、弥大火ニ成候者、可被遊　御出馬事（後略）

【史料4】は月番時の淀からの出動規定である。またこれに加えて「非番月ニ而茂、京都大火之節者、人数遣候事[82]」という規定も存在する。結論を述べれば、当番、非番にかかわらず、京都が大火の場合に淀藩は城下から出動することになっていた。この規定は膳所・郡山・高槻藩にも存在する[83]。また、享和二年（一八〇二）一一月七日に郡山藩はこの城下からの出動に関する月番老中牧野忠精の尋ねに対して、「御免之内ニ而茂、御人数被指

出候」と回答しており、(84)少なくとも郡山藩など中核の四藩は火消役免除中でも出動した。実際の大火時の様子を見てみよう。享保大火では膳所・高槻・「丹波の国御大名方家中」が出馬した。(85)この「丹波の国御大名」は亀山・篠山を指していると考えられる。また、天明大火では正月当番の篠山藩、二月当番の亀山藩は藩主自身が、郡山・淀・膳所・高槻・園部藩が家臣を出動させた。(86)園部藩の出動経緯については不明であるが、安国氏が指摘するように応援部隊であったと考えられる。

以上のように京都が大火であれば、淀・膳所・亀山・郡山・高槻・篠山の六藩は基本的に城下から出動してきたと考えてよいであろう。引き続き、この出動がどれほど制度的枠組みを持っていたのか、あるいは藩政の中にいかに位置付けられるかを考察する。

【史料4】では、京都が大火の場合に合図の鐘が撞かれ、騎馬・足軽・中間らが所定の門へ集まることになっている。これは他の藩でも同様である。亀山藩では「京出水黒門出火旨注進有之処、当月京番控ニ付致支度(87)」とあるように「京番控」にあたる藩士がいた。さらに、在方で火災が発生した際に家臣たちが駈け付けることになるが、「京月番当番相残、其外火元罷越及差図候(88)」とあり、「京番控」あるいは「京月番当番」と呼ばれる部隊が設けられ、京都大火の報を受ければ即座に出動する態勢が整えられていた。城下町町人に関しても、延享三年（一七四六）五月に巡見使が亀山を訪れた際、町人が記した日記(89)には「一、廿二日御泊りニ付、何千人余茂人数入申候ニ付、京出火有之候得者人足不足ニ付、御泊り之節京出火有之候得者、郷中之人足百人早速参候様ニ郷方ゟ被仰付置候」とあり、同様である。このように、亀山藩は万一の京都への出動に備えて担当の藩士を、町においては人足を常置していた。また年未詳であるが、「卯年御物成請払御勘定目録(90)」という史料から亀山藩の財政の様相がわかる。支出項目に銀五〇貫七〇三匁一分八厘、米二石三斗六合八勺の「京都火消御勤番不時出火注進之

節御入用」とあるが、これは大火時の城下からの出動経費であり、内訳は京都までの往来費、京都屋敷の維持費等である。

以上のように、この城下からの出動は藩家臣団は勿論のこと藩領民の日常をも規定しており、京都火消役は完全に藩政の一部として存在したといえる。これらの藩は、いつ発生するかわからない火災のために常に京都に目を向けていなければならなかった。これに対して綾部藩では[91]、常火消廃止後の享保一〇年（一七二五）に留守居の代わりに徒士格の屋敷守が置かれ、さらに宝暦九年（一七五九）には京都屋敷の半分が売り払われる。この状況下で重要性を増していくのは京都町人が任命される藩の用聞・用達であり、大火の際は彼らからの注進を受けて、藩士一人を派遣する程度である。畿内近国の大名は、京都消防に関して大きく二極分化してしまっていると言えるだろう。

（二）人員規模と構成

本項では城下からの出動人員の規模と構成を分析する。まず月番の際は、郡山藩では「御詰月之節は、半鐘初打ニ而、三番手之面々、五軒屋敷之内江相揃可申候[92]」とあり、もともと一・二番手を京詰させているために三番手を郡山より出動させる。他藩も一・二番手を京詰させていたことは先述したが、【史料4】第一条目はこの三番手出動の規定と考えられ、二条目にあるように、この三番手でも対処できない大火であれば藩主自身が出馬した。次に天明大火時非番の郡山藩[93]は京留守居からの注進が到着したため、「兼而手合之通、一・二番手御人数、早速差出申候」と、一・二番手を郡山より出動させた。しかしこれでは鎮火できず、再度出動要請が届いたため新手の火消部隊を出動させたが、これは「三番手御人数家老共引纏伏見駅迄罷出候」とある三番手に該当する。

以上のように非番月であれば最初の注進で一・二番手を、これで鎮火しえない場合は三番手を派遣し、藩主在国中であれば藩主自身が出馬した。

享保一〇年二月二九日、郡山藩は所司代牧野英成に京都大火の際に城下から出動させる人員についての書付を提出した[94]。それによれば、一番手が騎馬一三騎、惣人数三一五人、二番手が騎馬九騎、惣人数二四三人、三番手が騎馬一〇騎、惣人数一四三人、合計騎馬三二騎、惣人数七〇〇人余であり、さらに藩主自身の出馬がある場合は、これに騎馬六騎、惣人数二九二人が加わる。淀藩の場合は[95]一番手は騎馬一〇騎、惣人数二〇四人、二番手は騎馬七騎、惣人数一八〇人、藩主出馬の際は騎馬一一騎、惣人数三〇三人であり、合計すると騎馬二八騎、惣人数六八七人となる。両藩の事例から、最大規模ならば騎馬三〇騎、惣人数七〇〇人近くが出動することになっていたといえるだろう。この他では享保大火の際に膳所藩は騎馬二〇騎を出動させており[96]、郡山・淀藩の規定の一・二番手が出動したと考えられる。非常時に三番手出動が確認できるのは郡山藩だけであり、京詰と同様に他藩より多数の人員を出動させることになっていたのかもしれない。

以上のように京都が大火であれば、京都火消役四藩、高槻・篠山藩のうち当番の藩からは騎馬一〇騎、惣人数一〇〇―二〇〇人の三番手、残り五藩から騎馬二〇騎、惣人数四〇〇―五〇〇人からなる一・二番手が出動した。さらに場合によっては三番手の出動や藩主自身の出馬もあり、最大規模ならばおおよそではあるが騎馬三〇騎、惣人数七〇〇人近くが各城下から出動したのである。すべての藩が出動したとすれば、通常の大火ならば騎馬一〇〇騎、惣人数二〇〇〇―二五〇〇人近く、最大規模であれば騎馬一五〇騎、惣人数三五〇〇人近くが京都に集結する体制であった。

（三）出動の契機

岩城氏は、大塩平八郎の乱の際に尼崎藩が藩独自の判断で出兵していることを指摘した[97]。本項ではこの指摘を参考としつつ、これまで分析してきた城下からの京都への出動が何を契機としていたかを考察する。

第一が、先述した天明大火時の郡山藩出動のように京留守居からの注進で出動する場合である。この注進が京留守居自身の判断によるものなのか、所司代の要請に基づくものなのかは、ここではひとまずおくことにする。

次の【史料5】は【史料4】の「覚」の続きである。

【史料5】[98]

一、禁裏又ハ二条御城近辺ニ出火候ハヽ、京都ゟ茂早速可致御注進候、於淀茂、右之場所与慥ニ見候者、京都ゟ御注進無之候而茂、可被遊御出馬事

附、風も無之静成様子ニ候ハヽ、可被成御見合事

右のように、淀藩では城下からでも御所・二条城近辺が火災であると確認できた場合は、たとえ京都から注進がなくても出動することとしている。以上の二つの場合を念頭に置きながら、享保一五年（一七三〇）六月二〇日の大火の出動状況を見てみよう[99]。

「右出火の節、余炎諸方に見え候に付、膳所より火消加勢として、騎馬廿人夫数不知、其外高槻・丹波の国御大名方家中出馬、蟻行連続して入京す」と、炎が城下に見えたためと思われるが膳所藩が出動している。また、高槻藩の京都到着が遅れたのであるが、その理由は「永井飛騨守（直期・高槻藩主）殿御在所へは、大火と見え不申候哉、京都より注進遅く候哉」であったという。高槻藩も京都からの注進とともに城下からでも大火と判断で

きれば出動したと考えられる。亀山藩では京都への入口にあたる老ノ坂に井上久膳という者がいた。彼は「紀伊守殿ゟ扶持給り帯刀いたし京都出火之注進等いたし候役之由[100]」であったという。先述した亀山藩の京都への出動に関する支出項目の内訳に、銀三〇六匁一厘、米二石三斗六合八勺の「火消御用ニ付井上久膳（其外被下幷諸色御入用）[101]」があり、ここでも彼の存在が確認できる。彼は京都からの注進を引き継ぐ役ではなく、老ノ坂から日常的に京都の情勢を監視し、異変が起きた場合には城下に注進する役であったのだろう。このような重要な任務であったために、扶持をもらい帯刀を許されたと考えられる。このように藩側の組織も整えられており、大火であると確認できれば、各藩は京都からの注進がなくとも藩独自の判断で駈け付けた。火災という一刻を争う事態に対処するためには藩側の独自の判断を不可欠としたのであろう。

引き続いて高槻・淀藩を見てみよう。高槻藩の入京は遅れ所司代から「飛騨守殿上京に候哉と御尋」があり、家臣らは追って入京すると返答し、藩邸で待つように指示を受ける。夜中になりようやく藩主永井直期が到着したが、家臣らは所司代の指示で藩主到着まで待ち防火・消火の担当箇所を受け取っていなかった。このように享保大火では高槻藩はほとんど役に立たず、「家中の面々遠慮被仰付候者多」かったという。淀藩は京留守居が注進したが家臣らの合議で出馬しなかった。これは先述したように、新藩主が代替わりの京都火消役任命を受けていなかったためである。

享保九年八月一九日、老中安藤重行は前月二四日に郡山藩より提出された伺書に対して、「京都万一大火之節者、松平伊賀守（忠周・所司代）へ被承之、指図次第郡山ゟ火消人数可指出哉之由被申聞候、彼地火事之節者、所司代江被承合不及候間、前々郡山城主之通、家来被指出之、火為防可被申事[102]」と返答しており、老中よりも所司代の要請なしに城下から出動することを指示されていた。おそらく留守居からの注進も所司代からの出動要請

ではなく、留守居自身の判断によっていたと考えられる。また享保大火時の各藩の出動状況と対応がバラバラであるのも、所司代を中心とした統一的な動員体制が存在せず、その出動が各藩の判断に委ねられていたことを物語っていよう。

さらに出動後から京都到着までについて分析する(103)。大火の報を受けて城下から出動するものの、その多くが鎮火の注進を受け引き返すことになる。郡山藩は長池宿、膳所藩は日ノ岡までに注進を受けた場合は引き返し、これを越えた後に注進を受けた場合はそのまま京都へ向かう。また御所・二条城出火の場合は、たとえ鎮火の注進があったとしてもそのまま京都へ向かう。到着後、郡山藩ならば東福寺辺か壬生屋敷で控え、京留守居の案内を受ける。留守居が何らかの理由でいなかった場合は所司代へ使者を遣わしその指示を待った。この規定を念頭に置きつつ、実際の出動から到着までの過程について注目したい事例がある。

亀山藩は宝暦一〇年（一七六〇）一二月九日に二条城中出火の注進を受け、奥平与三右衛門を中心に一・二番手を出動させた(104)。出動した部隊は老ノ坂の手前である王子村辺で鎮火の注進を受けたが、出火場所が二条城であったため、そのまま京都をめざした。老ノ坂を越えて樫原まで来たところ、二度目の注進が留守居羽城甚大夫より届いた。所司代不在のため甚大夫が町奉行小林春郷へ伺ったところ、「最早致消火候事故、御人数被差出ニ不及候間、引取候様御差図」であった。これに対して、与三右衛門は「右之通甚大夫ゟ申来候得共、先年御天守炎上節、松平豊後守（資訓・所司代）様御差図ニ而、消火ニ付御人数引取候処、又々跡御固被仰付候、此度も又御固ニ而も被仰付候様成義ニ而ハ有之間敷哉」という危惧を述べ、松島幸大夫に意見を求めた。松島は留守居である父親に従い京詰して見習いを経験しており、この時は京番二番手纏奉行を勤めていた。彼は「伊予守（小林春郷）様御差図ニ而御引取被成候事、右御不念ニ者相成不申候得共、御場所柄之儀、殊ニ、先年御天守炎上之節

之様成義も有之候得者、最早今少事ニ候間、京都迄罷越、尚又甚大夫江被仰談、再応伊与守様江御伺被成候而も不苦間敷哉」と、万一に備えて京都へ向かい、到着後に甚大夫をもって再び町奉行の指示を受けるよう返答している。この意見が採用され、部隊は京都に到着し朱雀で待機するが、結局は入京せずに亀山に帰ることになった。同月二四日、「去ル九日、二條城中出火ニ付、早速駈着御手配も宜候段、達　御聴太義ニ思召候」と、この時の判断が適切なものであったという評価を受けている。

以上のように膳所・淀・亀山・郡山の四藩、これに高槻・篠山を加えてよいと考えるが、この六藩の城下にも京都大火のための火消部隊が常置されており、その合計は京詰人員の一〇—一五倍近くにのぼる。京都が大火であればこの部隊が出動することとなるが、その出動から京都到着までは藩の判断に委ねられており、それは将軍の任命に基づいて京都火消役の任務を果たしていたためである。

（四）禁裏守護と京都の軍事的防衛

岩城氏は、尼崎・岸和田両藩が大坂で火災等異変が発生した場合に駈け付ける体制を「大坂城守衛を目的とする軍事行動だった(105)」と述べている。近世の大名火消が軍事的防衛に通ずることは予想でき、また本章の分析から京都大名火消は軍役であることは明らかである。本章でも触れたように、京都火消役は御所・二条城火災時にはそのまま警固にあたっており、大名火消の消防活動と御所・二条城防衛、および周辺の治安維持は密接に関連していたと言えるだろう。ここでは結論を急がずに、史料に即して京都大名火消の性格付けを行っておく。まず、安永四年（一七七五）作成の『官中秘策』は次のように述べている。

【史料6(106)】

一、火消淀城主　高槻城主　当時有之、郡山より
膳所城主　亀山城主
右四人二人ツヽ組合、参府帰城被仰付、右帰城之二人ゟ隔月京都屋敷へ家来斗り差出置、尤大火之時者自身も出馬、是出火斗りニあらす、禁裏守護之ため之由、依之武具幕弓鉄砲長柄等用意有之、人数者高十万石以上者十騎、足軽六十人余、七八万石者足軽五十人、何れも中間者准之

「出火斗りニあらす、禁裏守護之ため」であったという。これについて実態を見てみよう。淀・郡山藩は京都藩邸に弓、鉄砲、長柄などの武器を常置し、また武器を藩邸に送り補充している[107]。また、郡山藩の武具奉行の職務規定では「出火之節者中合之通、早速伏見江罷越、御武器御土蔵ゟ差出シ、御幸之宮前江揃置、持人之者江相渡」とあり、また「御武器持人、伏見ニ而御雇、御幸之宮前江出候様、兼而申付置候事」と郡山藩にとって伏見は武装準備の拠点であった[108]。藩邸にも当然武器は存在したが、本格的な戦闘に耐えうる武器は伏見に揃えられていたと考えられる。京都については軍事的要素を排除した都市であることは従来指摘されてきたが[109]、この点にも如実にその性格が示されている。

寛延三年（一七五〇）八月二六日の二条城焼失の際には郡山藩主自身が出馬するが[110]、伏見で鎮火の報を受け所司代から「途中まて御出懸の事、御上京関東御機嫌御伺ひ然るへき旨」という指示を受け、藩主は「武器等途中より返し、平日の供廻りにて」所司代に対面した。また、城下からの出動は月番老中に報告することは先述したが、「京都出火御出馬ニ而御領分を御越候得者」[111]という文言からは、この出動が軍事行動と認識されていたと考えられ、このため京都火消役の入京にも大きな制限が存在したのであろう。

こうした大名火消の性格は幕末期に明確な形で現れる[112]。先述したように、嘉永六年（一八五三）段階では京都

火消役は京都防衛の主力に位置付けられていたが、実際にプチャーチンの大坂来航時には京都の軍事的防衛にあたった。しかし、幕府が文久二年（一八六二）の京都守護職設置を皮切りとして京都の軍事的防衛に本腰を入れるに伴い、畿内近国の譜代藩によって構成される大名火消はその役割を後退させていくことになる。

以上のように、京都大名火消は火消を主要な任務としつつ、その他の非常事態・有事を想定した京都、特に御所・二条城の軍事的防衛という性格を有していた。享保七年成立の京都火消役を定義すれば、将軍の任命により京都周辺の譜代藩である膳所・淀・亀山・郡山四藩の内在国二藩が半年間月番交代で京詰当番を勤めるとともに、四藩に高槻・篠山藩を加えた六藩が日常的に周辺から京都を防衛する軍役体制であった、といえる。「郡山の城主は京都の守衛たるのところ(113)」とは具体的には本制度を指していたというべきであろう。

おわりに

本章では、元禄三年（一六九〇）に成立し享保七年（一七二二）に確立する京都大名火消に関して、その基礎的事実を明らかにしてきた。最後に本章で明らかにして点をまとめつつ、今後の課題を述べて結びとしたい。

第一に、享保七年に確立して以降、膳所・亀山・淀・郡山の四藩を中心に周辺の諸藩が、京都の火消・軍事的防衛を担当していたことを明らかにした。従来の研究では、朝廷との関係から二条在番、禁裏付という幕府直轄軍が京都の軍事的防衛を担い、大名の軍事力を極力排除していたことが指摘されてきた。しかし本章の分析から、幕府は直轄の常置軍に加えて周辺の諸藩の軍事力でもって京都の軍事的防衛を行っていたといえる。安岡氏の非領国論以来、当該地域に存在する大名領については、町奉行所による広域支配下でその領主権の脆弱さ、不完全

さが指摘されてきた。しかし視点を逆にしてみれば、三都の一つである京都の軍事的防衛は享保七年以前は譜代藩のみならず外様藩の軍事力、以降は譜代藩の軍事力によって成り立っていたといえる。水本・岩城両氏の研究視角・成果を継承しつつ、大名を組み込んだ近世上方の支配構造の解明が必要である。

第二に、本制度が上方で完結するものではなく、江戸の将軍から任命を受け、老中が管轄する制度であることを明らかにした。大名の役割・存在意義に注目した水本・岩城両氏においても、この点に関しては触れられてこなかった。従来の研究では、当該地域の大名は存在することが自明のこととされて分析がなされ、その結果、町奉行所の広域支配によってその個別領主権を侵害されるものとして考えられてきた。しかし、当該地域の大名は全国各地に領知を宛行われ、転封・参勤交代・軍役を命じられる大名の一員でもあるという点が重要である。京都所司代・大坂城代や京都・大坂町奉行らとは区別しつつ、将軍独自の権能、全国支配を担当する老中らの権限・役割を組み込んで、幕府上方支配の特質を解明する必要があるだろう。

【注】

（1）安岡重明「近畿における封建支配の性格―非領国に関する覚書―」（同『日本封建経済政策史論―経済統制と幕藩体制―』（有斐閣、一九五九）、初出は一九五八）、八木哲浩「大坂周辺の所領配置について」（『日本歴史』二三一、一九六七）、同「幕府領国と尼崎藩」（『地域史研究―尼崎市立地域研究史料館紀要―』一四―三、尼崎市立地域研究史料館、一九八五、以下前掲八木論文）、『尼崎市史』二（尼崎市役所、一九六八）、藪田貫『近世大坂地域の史的研究』（清文堂出版、二〇〇五、以下前掲藪田著）、水本邦彦『近世の郷村自治と行政』（東京大学出版会、一九九三、以下前掲水本著）、村田路人『近世広域支配の研究』（大阪大学出版会、一九九五）、岩城卓二『近世畿内・近国支配の構造』（柏書房、二〇〇六、以下前掲岩城著）、大宮守友『近世の畿内と奈良奉行』（清文堂出版、二〇〇九）、小倉宗『江戸幕府上方支配機構の研究』

（塙書房、二〇一一）、熊谷光子『畿内・近国の旗本知行と在地代官』（清文堂出版、二〇一三）等参照。

（2）前掲藪田著。

（3）前掲八木論文、『尼崎市史』二。

（4）水本邦彦「土砂留役人と農民」（同『近世の村社会と国家』（東京大学出版会、一九八七）、初出は一九八一）二六七頁、同「近世の奉行と領主—畿内・近国土砂留制度における—」（前掲水本著）。

（5）岩城卓二「幕府畿内・近国支配における譜代大名の役割—摂津国尼崎藩と和泉国岸和田藩を中心に—」（前掲岩城著、初出は一九九八、以下前掲岩城論文）。

（6）前掲岩城論文二七頁。

（7）樋爪修「江戸時代の京都大名火消—膳所藩を例として—」（『近江地方史研究』二七、一九九二、以下前掲樋爪論文）、安国良一「京都天明大火研究序説」（『日本史研究』四一二、一九九六、以下前掲安国論文）、針谷武志「軍都としての江戸とその終焉—参勤交代制と江戸勤番」（『関東近世史研究』四二、一九九八、以下前掲針谷論文）、横田冬彦「「非領国」における譜代大名」（『地域史研究—尼崎市立地域研究史料館紀要—』二九—二、尼崎市立地域研究史料館、二〇〇〇、以下前掲横田論文）。この他『京都の歴史』五（京都市史編さん所、一九七二）に若干記述がある。また特に郡山藩に関して、『国史大辞典』（吉川弘文館、一九八五）、『藩史大事典』五（雄山閣出版、一九八九）、『大和郡山市史』（柳沢文庫専門委員会、一九六六）、『奈良市史』通史編三（奈良市史編集審議会、一九八八）に若干の記述がある。本章のもととなった拙稿「近世京都大名火消の基礎的考察」（『史林』八八—二、二〇〇五）公表後、丸山俊明『京都の町家と火消衆—その働き、鬼神のごとし—』（昭和堂、二〇一一）が刊行された。

（8）「延宝弐寅ノ年ゟ同六午ノ年迄禁中新院御普請御手伝留帳」（岡山大学附属図書館池田家文庫所蔵）。史料の所在については、野村玄氏のご教示による。

（9）『柳本織田家記録』（秋永政孝編、一九七四）六八・七〇頁。

（10）「役所日記抜書」（『綾部市史』史料編、綾部市史編さん委員会、一九七七）一一〇頁。

(11)「元禄覚書」(『新撰京都叢書』一、臨川書店、一九八五)八五頁、「京都覚書」(『日本都市生活史料集成一』三都篇一、学習研究社、一九七七)二四〇・二四一頁。
(12) 大野瑞男「元禄期における幕府財政」(同『江戸幕府財政史論』(吉川弘文館、一九九六)、初出は一九八六)。
(13)『柳本織田家記録』八八・八九頁、「役所日記抜書」(『綾部市史』史料編)一四四頁、『月堂見聞集』中(『続日本随筆大成』別巻三近世風俗見聞集三(吉川弘文館、一九八二))一四八頁。
(14)「京都火消勤役中日記」(「佐治重宗氏所蔵文書」、滋賀県立図書館写真版)。史料の所在については、岩城氏のご教示による。以下の分析は特に注記しない限り本史料を使用した。
(15) 地図については、「大塚コレクション」(京都大学附属図書館所蔵)を使用した。本屋敷については、宝永六年作成の地図(『京都図総目録』番号四三—四六)では、記載があるものとないもの、さらに貼り紙で記載されているものが混在している。正徳五年の地図(番号五一・五二)では記載があり、享保八年の地図(番号五六)では「九条殿屋敷」と埋木がなされている。また、火消屋敷には火の見櫓も描かれている。
(16)『京都御役所向大概覚書』上(『清文堂史料叢書』第五刊、清文堂出版、一九七三)一一五頁。
(17) 前掲樋爪論文五頁、『享保通鑑』(近藤出版社、一九八四)一三〇頁。
(18)「福寿堂年録」享保一四年一一月二一日条。「福寿堂年録」および以下の分析で使用する「幽蘭台年録」は、柳沢文庫所蔵の郡山藩公式記録、「附記」は藩政日記である。
(19)『月堂見聞集』下(『続日本随筆大成』別巻四近世風俗見聞集四)一〇九頁。
(20)「福寿堂年録」享保一九年六月一五日条。
(21)『参勤交代年表』中三〇七頁。以下で使用する『参勤交代年表』上・中・下・続は、『柳沢史料集成』六・七・八・九(柳沢文庫保存会、一九九七—二〇〇二)として刊行されている。なお、本年表は前掲史料注(18)をもとに作成した、郡山藩の参勤交代に関する年表であり、また参考となる史料の翻刻を収録している。
(22)「幽蘭台年録」延享三年六月一五日条。

(23)『月堂見聞集』下一三三頁。
(24) 藤井讓治「平時の軍事力」(同編『日本の近世三　支配のしくみ』(中央公論社、一九九一))一一二—一一四頁。
(25) 前掲岩城論文一〇九—一一一頁、前掲針谷論文三六・三七頁、前掲横田論文六九頁。
(26) 岩城氏は高槻藩と亀山藩、膳所藩と郡山藩、針谷氏は淀藩と膳所藩、高槻藩か郡山藩と亀山藩の組み合わせを指摘している。
(27) 以下の郡山藩の参勤交代に関する記述は『参勤交代年表』による。
(28)『参勤交代年表』中一〇一頁。
(29)『参勤交代年表』中一六一頁。
(30)『参勤交代年表』中六七頁。
(31)『参勤交代年表』中七四頁。
(32)『享保通鑑』二七頁。
(33)『参勤交代年表』上二四七頁。
(34)「福寿堂年録」享保九年八月一九日条。
(35)『参勤交代年表』下四二一・四二二頁。
(36)『参勤交代年表』中二〇五—二〇七頁。
(37)「福寿堂年録」享保一五年三月一三日条、同享保二〇年四月晦日条。
(38)『淀領引継文書集』(淀温故会、一九九〇)一一九頁。
(39)『参勤交代年表』下一一七頁。
(40)『参勤交代年表』続二九七頁。
(41)『京都の歴史』六(京都市史編さん所、一九七三)六一—六三頁、『妙法院日次記』七(『史料纂集』九〇、続群書類従完成会、一九九〇)三七頁。

(42)「福寿堂年録」享保一五年六月二八日条。

(43) 前掲安国論文六一頁。

(44) 前掲横田論文六九頁。

(45)『大日本維新史料』第二編二、一頁。

(46) 前掲樋爪論文、前掲安国論文。以下の記述は特に注記しない限り両論文に拠る。

(47)「高橋正孝家文書」。大津市歴史博物館架蔵紙焼資料を使用した。本項の分析では特に注記しない限り本史料を使用した。

(48) 淀藩：「淀藩京都火消番記録」（京都大学大学院文学研究科図書館所蔵謄写本）、亀山藩：「京都火之御番諸事覚」（「及川家文書」二八八、京都府立京都学・歴彩館所蔵）、なお本史料は『資料館紀要』七（京都府立総合資料館、一九七九）に翻刻がなされている。

(49) 注(47)(48)史料。

(50)「京都火消詰覚書」（「及川家文書」二八七）。

(51)「京都火之御番諸事覚」（『資料館紀要』七）一三三頁。

(52) 前掲樋爪論文三・五頁。

(53)「福寿堂年録」享保一九年七月一五日条、「淀藩京都火消番記録」、「京都火消方覚」（「高橋正孝家文書」）。前掲樋爪論文の元治元年時一番手八九人、二番手一〇〇人という事例（九頁）は会津藩なども在京中であり、若干特異な事例と考える。

(54)『御触書寛保集成』八八九。

(55)「京都火消方覚」（「高橋正孝家文書」）。

(56)『膳所藩郡方日記』五（膳所藩史料を読む会、一九九三）四六頁、「淀藩京都火消番記録」、「京都火消方覚」（「高橋正孝家文書」）。

(57)『月堂見聞集』下二五七頁。
(58)「福寿堂年録」享保九年一〇月一一日条、『淀領引継文書集』一〇八頁、前掲樋爪論文九・一〇頁。
(59)『月堂見聞集』中三一八頁。
(60)前掲樋爪論文五頁、前掲針谷論文三七頁。
(61)『参勤交代年表』から、高槻藩は、郡山藩が宝暦二、安永九、天明元、寛政四年、膳所藩が寛政一二年、淀藩が享和二年免除の際に代行していることが確認できる。
(62)『亀岡市史』資料編二（亀岡市史編纂委員会、二〇〇二）一〇一頁。
(63)「幽蘭台年録」安永元年三月一八日条。
(64)『参勤交代年表』上九〇頁。
(65)『参勤交代年表』中三〇七頁。
(66)「京都詰古格書抜」（『公儀勤方集』、一九九六）五三頁、『参勤交代年表』上八九頁、中九七頁。
(67)「京都詰古格書抜」（『公儀勤方集』）六九頁。
(68)前掲樋爪論文、前掲安国論文。以下、特に注記しない限り両論文に拠る。
(69)「京都火消詰覚書」（「及川家文書」）。
(70)「火消方御触書之写」（「高橋正孝家文書」）。
(71)「火消方御触書之写」（「高橋正孝家文書」）。
(72)「諸事火消方覚」（「高橋正孝家文書」）。
(73)「京都火消詰覚書」（「及川家文書」）。
(74)『参勤交代年表』中二四四頁。
(75)『参勤交代年表』中二三九頁。
(76)「諸事火消方覚」（「高橋正孝家文書」）。

(77)「京都火之御番諸事覚」(『資料館紀要』七)。
(78)「高橋正孝家文書」。本項の分析では特に注記しない限り本史料を使用した。
(79)「京都火消方覚」(「高橋正孝家文書」)宝暦二申合第一四条。
(80)前掲樋爪論文、前掲安国論文五八頁、前掲針谷論文一二七頁。
(81)「淀藩京都火消番記録」。
(82)『淀領引継文書集』一一八頁。
(83)「諸事火消方覚」(「高橋正孝家文書」)、「京都・南都・大坂・小泉出火申合帳」(『公儀勤方集』)、「高槻藩掟書」(京都大学大学院文学研究科図書館所蔵謄写本)。
(84)『参勤交代年表』下二九五―二九六頁。
(85)『月堂見聞集』下一三三頁。
(86)前掲安国論文五八頁。
(87)「留守居勤書」(「松島家文書」一、京都府立京都学・歴彩館所蔵)。
(88)「御使番江申渡并同役申合之覚」(「及川家文書」二九一)。
(89)「御巡見迎送記」(『新修亀岡市史』資料編二)七四〇頁。
(90)『新修亀岡市史』資料編二、二一六頁。
(91)「役所日記抜書」(『綾部市史』史料編)一六七・二六八・三〇一・三七二頁。
(92)「京都・南都・大坂・小泉出火申合帳」(『公儀勤方集』)四一頁。
(93)『参勤交代年表』中二三七頁。
(94)「福寿堂年録」享保一〇年二月二九日条。
(95)『淀領引継文書集』一一八頁。
(96)『月堂見聞集』下一三三頁。

(97) 前掲岩城論文一一四―一一七頁。
(98) 「淀藩京都火消番記録」。
(99) 『月堂見聞集』下一三三頁。
(100) 「峰山藩主参勤交代道中記」(『新修亀岡市史』資料編二)七四一頁。
(101) 注(90)。
(102) 「福寿堂年録」享保九年八月一九日条。
(103) 「諸事火消方覚」(「高橋正孝家文書」)、「京都・南都・大坂・小泉出火申合帳」(『公儀勤方集』)、拙稿「大和国郡山藩の京都出動―木津川渡場・長池宿・伏見の機能に注目して―」(『京都府立大学文化遺産叢書』六(京都府立大学文学部歴史学科、二〇一三))。
(104) 「留守居勤書」(「松島家文書」)。
(105) 前掲岩城論文一一五頁。
(106) 『官中秘策』(『内閣文庫所蔵史籍叢刊』六、汲古書院、一九八一)九九七頁。
(107) 「淀藩京都火消番記録」、「京都詰古格書抜」(『公儀勤方集』)六八頁。
(108) 「福寿堂年録」享保九年一〇月一日条、「京都・南都・大坂・小泉出火申合帳」(『公儀勤方集』)三八頁。
(109) 鎌田道隆「幕末京都の政治都市化」(同『近世京都の都市と民衆』(思文閣出版、二〇〇〇、以下前掲鎌田論文)、初出は一九九二)三五三頁。
(110) 「幽蘭台年録」寛延三年八月二六日条。
(111) 『淀領引継文書集』一一八頁。
(112) 前掲鎌田論文三五二・三五三頁、『京都の歴史』七(京都市史編さん所、一九七四)四九頁。
(113) 『寛政重修諸家譜』一一、二二頁(本多忠村)。

第二章　近世中後期上方における譜代大名の軍事的役割

――郡山藩を事例に――

はじめに

本章は、郡山藩を事例に、近世中後期の上方における譜代大名の軍事的役割について明らかにするものである。従来、江戸幕府の上方支配に関しては、幕領・大名領・旗本領・寺社領などの所領が錯綜し、さらにたびたび領主が交代するという地域的特質を踏まえて、個別領主支配と京都・大坂町奉行所が行う広域支配の相互連関性の解明に議論が集中してきた[1]。近年、岩城卓二氏が従来の研究の問題点を克服するべく、経済拠点としてのみならず「軍事拠点としての畿内・近国と、その中心に位置する大坂という視角[2]」から、当該地域の支配構造の解明を行っている。さらにこの視角から、岩城氏は「畿内・近国大名の当該地域の全体的統治に果たす積極的役割という視角[3]」を提起した水本邦彦氏の指摘を踏まえて尼崎・岸和田藩による大坂城守衛を分析し、大坂周辺地域の譜代大名の軍事的役割を明らかにした[4]。

前章では岩城氏の研究成果を踏まえて、元禄三年（一六九〇）に成立し二度の制度改変を経て、享保七年（一七二二）に確立する京都大名火消の分析を行い、元禄三年以降の京都の軍事的防衛は二条在番・禁裏付という直轄軍のみならず、周辺の外様・譜代大名の軍事力が組み込まれて構成されていたことを明らかにした。これらの研

究成果によって、江戸幕府の上方支配を明らかにする際には軍事的側面と当該地域の大名の役割・存在意義という二つの視角を組み込んで分析すべき研究段階に到達したと言えよう。以上の研究史を踏まえて、本章では具体的に以下の二つの課題を明らかにする。

第一の課題は、幕藩体制における譜代大名固有の軍事的役割を明らかにすることである。かつて佐々木潤之介氏が、番方の強化、旗本の増員による幕府直轄軍事力の強化を前提として、慶安期に「譜代大名の幕府における軍事的意義は大きく後退し、それは外様大名のそれと変りないものにまで均質化する」と指摘した(5)。一方、岩城氏による尼崎・岸和田両藩の軍事的役割についての研究は、かつて大坂城周辺の所領配置・構成に注目して幕府領国論を展開した八木哲浩氏(6)の着眼点を重視し、所領配置から譜代大名固有の軍事的役割を解明しようとしている点にこれまでとは異なる特徴がある。また、近年では三宅正浩・小宮山敏和氏が、近世初期の戦時動員を想定した幕府による譜代大名の全国配置について明らかにしている(7)。

右の先行研究に対して、前章で分析した京都大名火消は、享保七年の制度確立後は郡山・膳所・淀・亀山の譜代四藩が勤めるものの、元禄三年から享保七年までの約三〇年間は外様大名が勤めたことは紛れもない事実であり、譜代大名固有のものとはいえない。譜代大名の役割や所領配置の重要性という議論を進展させるためには、尼崎・岸和田両藩による大坂城守衛とこの京都大名火消の質的違いを実証し、両者に異なる位置付けを与える必要があるだろう。本章では、郡山藩による奈良の軍事的防衛を素材としてその具体像を明らかにし、さらに京都大名火消との相違点を明確にして、譜代大名固有の軍事的役割を明らかにする。岩城氏が行った問題提起を上方内部にとどめずに幕藩体制全体の中に位置付け直すことにしたい。

第二の課題は、所領配置や役の任命・免除等に注目し、将軍と大名という主従関係を組み込んで、これら大名

の役割を上方支配の中に位置付けることである。当該地域に所在する大名に関して新たな位置付けを行った水本・岩城両氏は、当該地域の大名が京都・大坂町奉行所の行政・裁判管轄である「支配国」[8]に所在することを無意識のうちに前提としており、将軍あるいは老中との関係に触れるところがない。前章で京都大名火消を分析するに際して、将軍・老中が掌握する権限と京都所司代が持つ権限を明確に区別して論じる必要性を指摘し、所司代はこれら大名に対する軍事指揮権が将軍より委任されていたが、任命・免除や参勤交代の指示等はすべて将軍・老中が行ったことを明らかにした。両者が持つ権限の違いに注目しない限り、当該地域の大名の位置付け、ひいては支配構造そのものの解明には到達できないであろう。

こうした視点の欠落は、安岡重明氏による非領国論の提起[9]以来のものといえようが、これら大名は「支配国」に所領を持つ個別領主の一員であると同時に、全国に領知を宛行われる大名の一員でもある。大名である以上は第一に取り上げるべきは将軍・老中との関係であり、この関係を踏まえた上で京都所司代・大坂城代らとの関係性を明らかにする必要がある。やや結論めいたことを述べれば、所領配置という観点を重視するにあたり将軍による領知宛行に注目し、所司代・城代らでは代行できない将軍独自の権能を組み込んで上方の支配構造の解明を行う。

なお、前章でも明らかにしたが、近世の大名火消は日常的には消防活動を行うものの、その基本的性格は軍事的防衛を目的としたものである。京都大名火消に関しては、これを勤めた膳所藩主本多康完が「禁裏守護と申儀先祖より代々被仰渡候儀も無御座候得共、右体之勤向も御座候に付防火而已之心得ども無御座、御指図次第禁裏供奉并守護等之人数且武器等平生手当仕置候[10]」という認識を示している。これと同様に、大坂の防衛を担当した尼崎藩に関しては幕臣植崎九八郎が「別て大坂表警衛之儀若大火等之節は消防之心得ニて無御座、全非常之心得

ニて多人数指出候ニ付」[11]と述べており、江戸時代の大名火消は町人たちで構成される町火消とは違い名称は火消というものの、その本質は様々な軍事的危機に対応するための軍事動員であった。

第一節　郡山藩による奈良の軍事的防衛

郡山藩による京都・奈良の軍事的防衛に関しては、「禁裏守護の大任と京都火消・奈良火消の役目を負っていた」と『国史大辞典』にも記述されており[12]、存在自体は知られている。しかしその実態に関して、とりわけ郡山藩がどのような権限に基づいてこの役目を担っていたのか、ということに関しては未解明であるため、本節ではこの点を重視しつつ、郡山藩による奈良の軍事的防衛の具体像を明らかにする。さらに次節では本節での分析を踏まえて、前章で分析した京都火消との共通点・相違点に注目して、郡山藩による両都市の軍事的防衛の位置付けを考察する。

享保九年（一七二四）三月、甲府藩主柳沢吉里は本多氏断絶によって無主空白地となった郡山に転封を命じられ、同年八月一三日に郡山城へ入城した。さらに柳沢吉里は、同月一九日に老中安藤重行より京都大火の際に郡山より火消部隊を出動させるべき旨を申渡され、同時に奈良の防衛を命じる老中連署奉書が渡された。

【史料1】[13]

於南都自然人数等可入節者、従彼地奉行其方江可相達候間、前々郡山城主之通被心得可被相談候

八月十八日　　松平左近将監（乗邑）名判

安藤対馬守（重行）名判

水野和泉守（忠之）名判

松平甲斐守（柳沢吉里）殿

京都火消の任命が、ただ「京都火消被　仰付候[14]」という文言であることと異なり、「自然人数等可入節者」と特に消防に限定していないことが特徴である。『京都御役所向大概覚書』には「奈良奉行欠之節京都奉行所江相窺候事」という項が存在し、当時の郡山藩主本多忠常より京都町奉行所に「於南都人数入用之節、又者出火之刻」の出動について尋ねがなされている[15]。この奉書自体は火消役を命じているのではなく、奈良の軍事的防衛を命じている点が第一の特徴である。これに関連してもう一つの特徴は、この奉書が奈良奉行と「可被相談候」と共同して奈良の防衛を行うように命じていることである。将軍より奈良の防衛が郡山藩主に命じられ、その具体的な出動の権限は「従彼地奉行其方江可相達候間」と奈良奉行が掌握していた。

以上のことから、本節の冒頭で述べた「奈良火消の役目」という記述は将軍からの任免のあり方に注目すると正確な記述とはいいがたく、厳密には奈良奉行の出動要請に基づいて奈良を防衛するように命じられている。ただ実際には軍事的危機の可能性は低く、当時の差し迫った危機が大火であったため、老中からの具体的な指示は大火時の出動を想定したものであり、またこの出動に関して郡山藩側では「南都火消」と呼称していることから、郡山藩による奈良の防衛は京都火消と同様に火消を主要な任務としつつ、その他の軍事的危機に対応する軍事的防衛を目的としたものであった。

この京都と奈良への出動に関して、柳沢氏は「京都万一大火之節者、松平伊賀守（忠周・京都所司代）江相伺、御指図次第、従郡山火消人数指出可申哉」、「南都若出火之節及見候ハヽ、南都御奉行江承合、火消人数差出可申哉」という伺書を、七月二四日に老中安藤重行に提出していた[16]。この伺いに対しては、老中安藤より【史料1】

の奉書を渡されるとともに、「彼地（南都）出火之節茂、南都奉行江被承合不及候間、前々郡山城主之通可被心得候[17]」と必ずしも奈良奉行の出動要請・指示を待つ必要がないこと、具体的な出動の判断は「前々郡山城主之通」であることが老中によって確認された。なお、先述した『京都御役所向大概覚書』の中で記述されている本多忠常は元禄八年（一六九五）―正徳元年（一七一一）の郡山藩主であり、本多氏が京都町奉行所に提出した尋ねに対して返答した所司代松平信庸は元禄一五年―正徳四年在役であった[18]。このため遅くとも正徳元年には、郡山藩はこの役を勤めていたと考えられる。

柳沢吉里は郡山に入封して間もない享保九年一〇月一日に家臣団に対して「掟条目」を制定し、さらに「京都南都火之番御下知」、「京都南都出火之節御定覚」を制定している[19]。前者の「京都南都火之番御下知」では、家老・年寄・番頭・旗奉行・鑓奉行・大目付・目付・弓鉄砲頭・使番・騎馬ら、この火消役を勤める主要な役職の勤方を規定した。さらに後者の「京都南都出火之節御定覚」では、消火活動の際の具体的な規定がなされている。柳沢氏は翌一〇年二月二九日、所司代牧野英成へ、「京都南都出火の節指出すへき人馬の書附」を提出した[20]。この書付によれば、京都への出動は一・二・三番手からなる総勢七〇〇人近くが出動したが、奈良出火の際は一番手は騎馬一三騎・惣人数三一五人、二番手は騎馬九騎・惣人数二四二人、総計騎馬二二騎・惣人数五五八人が出動することになっている。なお、この郡山から京都と奈良それぞれへ出動する部隊は全く別の部隊である。寛延三年（一七五〇）八月の二条城焼失時は、鎮火後も二条城を守衛する目的で所司代から郡山・膳所・高槻・亀山の四藩に「四五拾人代り合、場所へ相詰め、人足差引すへきよし[21]」が申渡されたため、郡山藩は南都一番手を派遣した。つまり、すでに出動している京都火消の応援部隊として南都一番手が派遣されたことになり、両部隊は全く別部隊として常置されていた。

享保一一年五月三日、柳沢氏は奈良奉行交代のため左の老中連署奉書を渡された。

【史料2】[22]

南都奉行細井因幡守（安明）被　仰付候、自然於南都人数等可入節者其方江可申達候間、被得其意可被相談候、恐々謹言

五月二日

松平伊賀守
忠周
松平左近将監
乗邑
水野和泉守
忠之

松平甲斐守（柳沢吉里）殿

奈良奉行に丹羽長道の後任として新たに細井安明が任命されたために、柳沢吉里に対して出された奉書である。この老中奉書は以後も奈良奉行交代のたびに必ず出されている。一方京都火消の場合、所司代交代時にこうした奉書が出されることはない。これに関連して、京都火消は藩主代替わりの際に新藩主が新たに任命されるのに対し、奈良の防衛においては代替わりを機に新たに任命がなされることはない。この二つの相違点は京都火消と奈良の防衛を区別する上で不可欠であるため、次節でその位置付けを行うことにする。

この奈良奉行交代の際に郡山藩に渡される【史料2】の老中奉書は、大岡忠高が奈良奉行に就任した際に渡された貞享二年（一六八五）一〇月一四日付の奉書まで遡ることができる。[23] 京都大名火消は元禄三年に開始され、

享保七年に確立することとなるが、郡山藩による奈良の防衛はこれに先立って貞享期にはすでに制度化されていたことになり、大名による上方の直轄都市の防衛は貞享期に着手され、元禄―享保期に試行錯誤を経ながら制度として確立したと推測できる。[24]なお、土砂留管理制度がやはり貞享元年に開始され、担当大名・巡検郡に制度改変を伴いながら元禄後期にほぼ確立していることを考慮すれば、[25]従来明らかにされている元禄―享保期の江戸幕府による上方支配機構の再編は、[26]奉行・代官の役割のみならず大名の役割をも確定し制度化しているものと考えられる。

以上のように、郡山藩による奈良の防衛は日常的には京都大名火消と同様に消防活動を任務としていることがわかる。引き続き、郡山藩による出動と消火活動の規定を分析することで、その性格を明らかにしていく。[27]奈良出火の際は「所々御門ニ而、御定通三繁半鐘打」たれ、火消人数は支度を整え出動する。この半鐘は「南都出火之節者奈良口町より桜御門へ直ニ致注進候間、注進次第桜御門より半鐘打可申候」[28]と郡山藩城下町の北端部の奈良口町からの注進を受け次第、もしくは「奈良口町より注進無之已前、南都火事沙汰有之、御人数寄場江罷出候節者、大目附・御目付差図次第半鐘打可申候」[29]と注進がなくとも大目付・目付の判断で打ち始める。

また、早乗と呼ばれる先発の使者が「半鐘承次第、御纏より先ニ、随分急罷越候而、南都奉行所江御届」と奈良奉行所へ郡山城下から出動した旨を報告することになる。その際には、「其御地出火と相見江候ニ付、火消人数差遣申候、此段、御役人中江相伺候様、家老共申付候」と家老から申し付けられた口上を述べることになっている。[30]そして、この使者は「早速乗返、其旨弐番手へ注進可申候事」と二番手に奉行所役人の指示を持ち帰ることになる。出動した火消部隊は南都まで駆け付けた後、「西口迄罷越踏留可申候、尤、御奉行ゟ可致防火旨案内有之候者、早速御纏繰入、惣御人数火元へ罷越候事」と西口で待機して奈良奉行の指示を待つことになっていた。

ただし、「可及大火節者、火元見之者江直様御人数繰入候様、御奉行所ゟ申来り候得者、踏留ニ不及直様場所へ罷越候事」と火元で指示があれば待つことなく町方に入り消火活動を行うように規定されている。また、奈良奉行が何らかの理由で不在の場合があるが、その際には「差控ニ不及候、欠付消候様ニ」[31]と所司代松平信庸より指示を受けており、必ずしも奈良奉行の指示が必要というわけではなかった。

以上の分析から、奈良への出動は郡山藩側の判断に基づいて出動していると言える。【史料1】の老中奉書は奈良奉行が郡山藩へ出動要請を行い、この出動要請に基づいて郡山藩が奈良へ出動することとしていたが、老中は必ずしも奈良奉行の要請を待つ必要がなく、前藩主本多氏の通り出動することを確認した。この老中の許可に基づいて、さらに実際に郡山藩へ出動要請を行う権限を有する奈良奉行と動員対象となる柳沢氏の間で、出動要請なしに郡山城下から出動することとなっていたものと考えられる。

次に具体的な消火活動であるが、町奉行所と一乗院・大乗院境内近辺出火の際の規定が中心である。奉行所出火の際は奉行所役人の指示を受けて消火にあたることとし、一乗院・大乗院境内および近辺出火の際も役人の指示を受けることとされている。春日社内およびその近辺出火の際も、「御奉行より差図、又者両御門主より御頼候、或春日附社家より相頼候者」と奉行所役人の指示もしくは門跡・寺社側の要請があれば、即刻消火にあたるようになっている。これら寺社は防衛対象ではあるが、郡山藩は独自の判断で消火活動に取りかかることができたわけではなかった。また「右一件大切之場所故、兎角手抜無之様、心付見計専要也」と、この両門跡を中心とする興福寺・春日社は重要拠点であるという認識があった。これに対し「木辻町遊所ニ付掛り不申」と、奈良町の南端にあり遊所である木辻町は消火対象外とし、町奉行から指示があった場合のみ消火にあたることとしている。鎮火後、人数引取の際は奉行所へ引取の旨を通達することになっており、これに加えて一乗院・大乗院門跡

周辺が火災の場合は見回りを行い、口上を述べるように規定されている。また、大火の際は「両御門跡方角違」であったとしても両門跡への報告が義務付けられている。

郡山藩による奈良火消の任務・担当範囲についてはこれ以上詳細な分析を行う材料がないが、奈良奉行所と一乗院・大乗院境内を中心とする興福寺・春日社を防衛することを任務としていたと考えられる。この奈良火消の性格は京都火消の性格と同質である。京都火消は同じ洛中であっても等しく消防活動を行うのではなく、御所・二条城の防火・消火のために存在したため、その活動も両拠点に著しく片寄り、場合によっては延焼地域を放置して両拠点の防衛にあたった。また、洛外には養源院・知恩院・南禅寺近辺の火災の場合、もしくは町奉行らの指示があった場合のみ出動するが、この場合も「若御差図御坐候ハヽ、違背も相成申間鋪ニ付、宮様被成御座候所ニ候者、品ニより一番手人数差遣可申候哉[32]」と限定されていた。一方、傾城町・非人小屋・穢多村等は消火対象外であった。

これまで見てきた奈良火消に関する消火活動の規定は一九世紀初頭のものと考えられるが、成立時の京都大名火消の性格とほぼ一致し、これが大名火消そのものの特質であったと考えられる。すなわち近世の大名火消は火消というよりも、天皇・武家・公家・寺社などの領主階級の重要拠点を防衛することを任務とする制度であったといえるだろう。極端な言い方をすれば、大名火消は都市が焼けても、これらの重要拠点を防衛すればその任務を果たしたことになる。

江戸時代の奈良の火災と町火消に関しては『奈良市史』に詳述されており[33]、以下ではその概略を示しておく。宝永元年（一七〇四）四月一一日、奈良町西部にあたる芝辻村から出火し、火が東に進み油坂方面から東向町を経て水門村まで延焼した大火では、郡山藩が出動し油留木町や東向北町あたりで消火活動にあたった。東向北町

は興福寺築地に面した東向四町の一つ、油留木町の西は興福寺北面の悲田門があったことからすれば、郡山藩は興福寺の防火にあたっていたものと推測できる。この時は奉行屋敷長屋一〇軒、与力小屋六軒が焼けている。

この大火を契機にして奈良の町火消制度が整備されていく。翌宝永二年には奈良町三ヶ所に火の見櫓が設置されて近隣の町が火見番を勤め、同四年には奈良町全体から人足一〇〇人を出すこととなり、享保元年にはこの一〇〇人分の人足を銀納に改め、火消を専門とする鳶を組み込むこととなった。宝永五年には火災時における惣年寄・町代の役割が確定されている。しかし享保二年正月四日、興福寺講堂より出火、伽藍の大半が焼失し、同九年に一乗院・大乗院の両門跡が興福寺造立勧化の願書を幕府に提出、翌一〇年より再興の勧化が開始され、寛政元年（一七八九）にようやく落成している。享保二年以降も火災は発生しているが、奈良奉行所と興福寺・春日社に関しては甚大な被害はなかった。

以上のような性格を有し、家臣団によって構成される大名火消の他にも、郡山より奈良へ出動する火消部隊が存在した。享保一一年三月一一日、奈良の寺町からの出火の際には大名火消一番手のみならず、稲生次左衛門という人物が町人足を召連れて出動した[34]。稲生次左衛門は、享保九年の柳沢氏の分限帳では二五〇石取の家臣で、町奉行である[35]。これに関しては、「南都出火と相見候得は、奈良口町より注進次第、町奉行一人、御纏為持、与力・同心召連可罷出候、町人足は早速大橋江相揃可申候、且又、南都与力衆江、為使町同心二人差遣可申候[36]」という規定をあわせて考えると理解できる。つまり、この時は郡山城下の町奉行稲生次左衛門が奈良の火災に際して、大名家臣団で構成される火消部隊とは別に与力・同心・町人足を連れて出動したことになる。この出動に関しては、先述したように大名火消が重要拠点の防衛を主たる任務としたため、実際の消火活動のために町火消が必要とされ制度化されたものと考えられる。奈良は都市防災や軍事的危機への対応という面で郡山藩に大きく依

存し、郡山藩にとっては文字通り藩ぐるみで奈良を防衛する任務を近世を通じて担っていたといえるだろう。

第二節　郡山藩の軍役と公役

本節では、郡山藩が勤めた京都火消と前節で分析した奈良の防衛の相違点を明確にし、郡山藩による両都市の防衛を位置付けることとする。京都火消に関しては前章の分析によりながら、郡山藩に即して概略を示しておく。元禄三年（一六九〇）に外様小藩が任命され、三〇〇人前後が京都に詰めて月番を勤める京都火消御番が設立され、宝永三年（一七〇六）に一旦廃止されるものの、同五年の大火を機に翌六年京都常火消として復活した。この京都常火消は洛中を担当する大名火消として復活し、同時に御所を担当する膳所・淀・亀山・郡山の譜代四藩が勤める禁裏御所方火消が設立された。郡山藩は宝永六年に京都大名火消に組み込まれることとなったが、奈良の防衛と大きく異なる点は騎馬一〇騎・足軽六〇人を京都に常駐させるように命じられたことである。なお、他の膳所・淀・亀山藩は騎馬八騎・足軽五〇人を京都藩邸に置くように命じられている。この人員構成は寛永の軍役規定を基礎とした部隊ではなく、江戸城門番において一〇万石の譜代大名が任命される大手門番が馬上九騎、七万石の譜代大名が任命される内桜田門番が馬上七騎であることを考慮するとこれに準じたもので、一二万石の郡山藩は詰人数が若干多くなったと考えられる。さらに享保七年（一七二二）の制度改革により京都常火消は廃止され、禁裏御所方火消の四藩が洛中をも担当範囲とし制度的に確立した。しかし、翌八年郡山藩本多氏は断絶したため、郡山藩の代わりに高槻藩が勤めるようになった。

享保九年に郡山に入封した柳沢氏は、先述したように同年七月二四日に京都への出動に関する伺書を提出し、

翌八月一九日に老中安藤重行より、所司代からの要請なしで出動する旨の返答を受けた。京都大火の際は騎馬一三騎・惣人数三一五人、二番手は騎馬九騎・惣人数二四三人、三番手は騎馬一〇騎・惣人数一四三人、合計騎馬三二騎・惣人数七〇〇余が出動し、さらに藩主自身が出馬する場合はこれに騎馬六騎・惣人数二九二人が加わる。他三藩は一・二番手の出動のみであるが、郡山藩は三番手まで出動させることとなっており、月番同様に若干多くなっている。同一五年柳沢氏は京都大名火消に組み込まれ月番を勤めることとなるが、同年については試験的なものであったと考えられ、同一九年の老中連署奉書で膳所藩と参勤交代を組み合わせられて正式に組み込まれた。なお、この参勤交代の組合せは二月の参勤交代の時節伺いを行った際に渡される老中奉書をもってなされ、状況によって変わるが郡山藩の場合、近世を通じて基本的に亀山藩と参勤交代を組み合わされていた[38]。柳沢氏は壬生に所在する藩邸に前藩主本多氏が禁裏御所方火消を勤めた時と同様に、騎馬一〇騎、足軽六〇人、これに中間や鳶を加えた三〇〇人程度を詰めさせて当番を勤めた。

また、京都大名火消を担当する藩は藩主在国中の月番のみならず大火であれば、月番・非番にかかわらず城下から出動することを任務とした。郡山藩が城下から出動する際に京都まで遠距離という理由もあり、長池宿と伏見が重要な拠点となる。長池宿は京都と奈良の真ん中に位置する大和街道の宿場町であった[39]、御所・二条城出火の場合は、たとえ途中で鎮火の報を受けても京都まで向かうこととなるが、長池宿までに鎮火の報を受けた場合は引き返すことになる。伏見に到着後は京都留守居役の指示を受けて指定の場所へ行き、また警固にあたる場合は伏見において本格的な武装をした。京都到着後は将軍より京都大名火消の軍事指揮権を委任されている京都所司代の指揮下に入る。

以上の点を踏まえて、郡山藩による両都市の防衛を両者の相違点を踏まえながら位置付けておきたい。第一の

相違点は京都所司代・奈良奉行それぞれと郡山藩主の関係性に関してである。奈良の防衛は奈良奉行が交代した際に新たに任命がなされるのに対し、京都大名火消は所司代交代時に新たに任命がなされることはない。これは京都所司代と奈良奉行が有する軍事指揮権の違いによるものであると考えられる。内田九州男氏は、大坂城代には任地赴任の際に将軍の黒印状および老中の下知状が与えられており、黒印状では西国における非常事態に対して城代・定番の合議による決定権を与えられ、下知状ではその際に幕府および近国大名の船の使用や大坂城の武器弾薬の使用・提供を認められていることを指摘している。(40)一方京都町奉行の職掌に関して、「所司代御参府之節は、御朱印を預り奉り、且御教書も護持奉り、洛中事あらば、諸大名を招集て禁裏を守護す」という「京兆府尹記」の記述(41)からは、京都所司代には大坂城代と同様に将軍より諸大名の軍事動員を行う権限が与えられていたと考えられる。なおこの記述に関して安国良一氏が、天明大火時に京都所司代が不在であったため京都町奉行がその役割を代行したが、京都町奉行が単独で指揮している場合と上方目付の連署で指揮している場合があり、町奉行は所司代が有する軍事指揮権をそのまま引き継いだわけではないことを指摘している。(42)大名役である京都所司代と旗本役である京都町奉行が有する軍事指揮権には明確な差が存在したことになる。天明大火の際に朝廷から所司代不在に対する不満が噴出した点も、京都所司代のみが有した権限が存在したことを示唆している。以上の点から、将軍より京都大名火消の役を命じられた際には、すでに就任時に将軍より当該地域の大名に対する軍事指揮権を委任されている京都所司代のもとでこの役を勤めることとなる。

一方、奈良奉行が交代した場合には郡山藩主に【史料2】の奈良の防衛を確認する老中奉書が渡される。これは、郡山藩主に対して旗本役である奈良奉行の軍事指揮権を確認する必要があったためである。このため、郡山藩主には奈良奉行が交代する際に奈良の防衛に関して「可被相談候」と命じられるのである。この奉書によって、

郡山藩主は奈良においては旗本役である奈良奉行の指揮下に入ることとなる。

第二の相違点は任免の有無である。京都大名火消に関しては、例えば天明八年（一七八八）二月七日に郡山藩は東海道筋川々御普請手伝御用を命じられ、四月二一日に月番老中牧野貞長より「川々御手伝被相勤候付而は、京都火消相手代、当分御免も可被仰出候処、御人少ニ付、其沙汰無之候間可被得其意[43]」と通知されており、この時は「御人少」という状態であったため免除されなかったが、手伝普請等の他の役を勤めた場合は京都大名火消を免除されるのが原則であったことがわかる。これに対し、奈良の防衛は他の役を命じられても免除されることは一度もなかった。このことに関連して、京都大名火消は複数の藩で勤め免除・代行が可能であったが、奈良の防衛は他藩では代行することができず、免除が不可能な郡山藩固有の役であったということが大きな特徴である。奈良の防衛に関して柳沢氏に出された奉書は、入封時に奈良の防衛を命じられた【史料1】と奈良奉行交代時に出される【史料2】のみである。京都大名火消とは異なり代替わりの際の任命がないことは、この役が郡山藩に付属しているからであろう。

第三の相違点は実際の勤め方の違いである。京都大名火消は城下から出動するだけでなく、藩主在国中には他藩と一ヶ月交代で規定の人数の藩士が京都藩邸に常駐した。一方、奈良の防衛は藩士が奈良に常駐して月番を勤めるということはなく、万一の軍事的危機や大火が発生した場合のみ城下から出動することを任務とした。これまでも譜代大名が軍事的要衝に配置されているという指摘自体はあったが、郡山藩を事例に明らかにしたように幕府と藩の間においても、また藩内においても実際に軍事動員を行うためのシステムがあったことが重要である。京都大名火消に関しては、成立当初は河内・摂津などの外様小藩を含めて構成されていたことを考慮すると、城下から出動することを任務としたのではなく、常駐して月番を勤めることこそ任務であったと考えられる。安永

元年（一七七二）に四藩と高槻藩で勤めることが不可能になったため、遠距離にある篠山藩が京都大名火消に新たに組み込まれるようになったのも同様の理由から可能であった。郡山藩による奈良の防衛が城・城下町・所領と防衛対象が隣接していることを不可欠な前提として成立するのに対し、京都大名火消は必ずしもこうした性格を持たない。このため京都大名火消は上方に所領を持つものの、京都からは遠距離にある大名をも組み込んで構成されるという違いを持つのである。これは全国各地の大名が命じられる江戸の門番・火番、関東・東海地方の河川普請などにも共通する特徴である。

以上の相違点を踏まえると、京都大名火消は従来から知られている軍役であり、奈良の防衛は郡山という領知に付属する固有の公役[44]であったと考えられる。郡山藩による奈良の防衛は所領配置そのものが決定的意味を持つ軍事的防衛のあり方なのである。寛永一〇年（一六三三）の軍役令をもって外様大名と譜代大名は大名軍事力として一括される。しかし前者が一七世紀中頃には所領に定着するのに対し、後者は近世を通じて頻繁に転封を繰り返すという差異を持つのは、これまで明らかにされてきた役職の就退任に伴う行政的転封を基本[45]としながらも、一方で譜代大名がこうした固有の軍事的役割を持つことも一要因であった。江戸幕府は発生するかどうかわからない軍事的危機のために直轄軍や大名の軍隊を常駐させるのではなく、要地に隣接する位置に譜代藩を配置しその軍事動員を保障することによって軍事体制を築いていたのである。限られた軍事力を合理的に運用するためには、譜代大名にこのような任務・役割を与える必要があったのである。すなわち、江戸幕府の軍事力配備は主要城郭に幕府直轄軍を常駐させるだけでなく、譜代大名に独自の任務・役割を担わせ、さらにその時々の課題や状況に応じて領知宛行や転封を行うことにより成立していたのである。

こうした性格を持つ譜代藩に関しては、郡山藩と同様に小倉藩・庄内藩など少なくとも一〇万石以上の譜代藩

が該当すると考えられ、今後は全国的な検証が必要となろう。少なからずの譜代藩には、その領知に入封した大名は役職に就任しないということに関して原則に近いものが存在したのはよく知られている。[46]この譜代大名の役職就任とその領知の相関関係に関しては、宝暦九年（一七五九）唐津藩主土井利里が奏者番に就任したことによって、唐津藩領民が藩主の転封を予期し転封中止を求めて幕府に代表越訴した事件を分析した、宮崎克則氏の研究がある。[47]宮崎氏は唐津藩主が唐津に入封した状況と唐津より転封した状況を分析し、唐津藩には長崎監務の軍役が課されていたためその藩主が幕閣人事から除外されていたことを指摘している。郡山藩や唐津藩などが定府を必要とする役職に就任しないのは、これら譜代藩が領知において領外への軍事動員を中心とする軍役・公役を担い定府できなかったためである。

注目すべきことは郡山藩だけでなく、上方にはこうした性格を持つ譜代大名が重点的に配置されていたという事実である。荻生徂徠は『政談』の中で、「当時国大名の処替は例なき事とて、御譜代大名ばかりに所替を仰せ付けらるる事これまた片つりにて宜しからざる事也。所替の物入りはおよそ十年の痛みとなると昔より申し伝ゆる也。（中略）国持大名をば痛めずして、御譜代大名を痛むる事、何の道理とも弁えがたし」と譜代大名の転封を停止すべきであるという意見を示している。[48]さらに「姫路・兵庫・淀・郡山など、要枢の地也とて、幼少にては替る事も、古きかたばかりを守りたる分にて詮なき事也。幼少にても家老よくしまり、武義をも忘れずば所替をさせずともよかるべし」と、軍事的要衝に配置された譜代藩の藩主が幼少である場合は転封の対象となったことを指摘し、その事例として姫路・尼崎・淀・郡山藩という上方の譜代藩をあげている。また、次の【史料3】は宝永七年閏八月二四日付の二代前の前橋藩主で隠居中の酒井忠挙の老中宛書状である。すでに前橋藩主酒井親愛が城内二ヶ所が洪水で崩れ、また領内百姓が長年の支配に慣れ治政が困難な状態であることなどを理由に前橋

藩からの転封を願っており、【史料3】は忠挙が再度転封を願ったものである。

【史料3】[49]

兼而申上候通同氏（酒井）雅楽頭、何とソ所代被　仰付候様ニ仕度奉念願候、然共未若輩者之儀ニ候得者、場所結構成地江者曽而願無御座候、石川主殿頭殿（義孝・淀藩主）・青山播磨守殿（幸督・尼崎藩主）気分重有之候由、万一死去被申候ハヽ、淀・尼崎者御要界之地之由下々申候間、若年之衆者被差置間鋪候哉、左候ハヽ、所代等有之候ハヽ、左様之節三重代抔ニ被　仰付候様ニ仕度候、内々被掛御心可被下候、以上

酒井勘解由（酒井忠挙）

（後略）

なお、親愛は元禄七年生まれであるため、宝永七年段階では一六歳であった。前橋藩からの転封を願うものの、若年であることを理由にして、軍事的要衝である淀・尼崎藩への転封は避けるように願っている。徂徠の認識は、実際に転封の対象となる譜代大名自身の認識と一致するのである。譜代大名が上方に領知を宛行われることは、郡山藩による京都・奈良の防衛のような軍役・公役を担うことと同義であった。

郡山藩に関しては、柳沢氏入封以前は本多氏が藩主であったが、享保二年に「大和郡山城主本多唐之助（忠村）幼年に候得共、思召旨有之候ニ付、其侭被指置候間」、また享保七年に忠村が死去し跡目を弟忠烈が継ぐものの、「郡山之儀ハ、所柄ニも候間、追而引替被下ニ而可有之候」とあるように、郡山藩に幼年の藩主が続くことが問題とされていた[50]。これは「郡山の城主は京都の守衛たるのところ[51]」とあるように、これまで見てきた郡山藩の軍事的役割によるものであった。郡山藩には水野勝成・松平忠明・本多政勝ら幕府の有力武将が相次いで配され、その後延宝七年（一六七九）に明石より松平信之が、貞享二年（一六八五）松平氏転封後、本多忠勝の孫忠義を祖とする本多氏が宇都宮より入封した。なお、松平信之は貞享二年に老中に任命されて古河藩へ転封となっ

ており[52]、郡山藩には武人的性格を持つ大名か、あるいは役職に就任していない大名が入封することが原則であったと考えられる。

逆に関東に所領を持つ譜代大名に関しては、徂徠が「御老中になれば関八州の地に処替をするも詮なき事也」と述べ、実際に郡山藩主松平信之が老中就任後に古河藩へ転封になったり、前橋藩主が若年でも構わなかったことを考慮すると、上方の譜代大名が担ったような任務・役割を持たなかったことになる。従来、主として関東に領知を宛行われ、また幕府要職に就任する譜代大名の役割が注目されてきたが、これまでの分析で見てきた地方に領知を宛行われる譜代大名の役割・存在意義も同様に評価する必要があるだろう[53]。従来譜代大名に関して、江戸から離れた地方に封じられ、あるいは役職に就任しないことは「左遷」という評価がなされてきた[54]。こうした地方への転封を十把一絡にして「左遷」と評価することは、譜代大名の存在意義を過小評価するばかりか、幕藩体制の理解そのものを誤らせることになる。

また従来の研究では、軍役（幕府課役）の定義や原理原則が不明確なまま使用されて分析がなされてきた[55]。すでに述べたように京都大名火消は任免があり、これは江戸の門番・火番、関東・東海の河川普請も同様の特徴があるため、同じ性格を持つ幕府課役として定義付けられる。具体的な事例で見ると、郡山藩は京都大名火消を免除されて、宝暦一二年（一七六二）と天明元年（一七八一）にそれぞれ江戸城虎の門―山下門の堀浚の手伝普請、日光社参名代を命じられて勤め、また淀・亀山藩は延享四年（一七四七）以降京都大名火消を免除されて、寺社奉行や老中など定府が必要な役職に就任している[56]。一方、土砂留や尼崎・岸和田藩による大坂と堺の防衛も、郡山藩による奈良の防衛と同様に任免はなく、その領知に付属した固有の公役にあたる。郡山藩主ら一一大名は貞享元年の老中からの二つの「覚」によって、土砂留を所領のみならず近辺の幕領・私領まで家来を派遣して担当

することが命じられ[57]、その後はこの制度運用の権限を持つ京都・大坂町奉行所の下でこの公役を勤めた。こうした領知固有の公役は軍事面のみならず行政面にまで及ぶ多様なものであったと考えられる。この領知固有の公役は任免が明確でないため把握が困難ではあるものの、その解明は幕藩体制における大名の役割・存在意義、あるいは将軍による領知宛行の歴史的意義を解明するためには不可欠である。

以上のように元禄―享保期以降の上方は、幕府上方役人の指揮・監督のもと、当該地域に領知を持つ大名が軍役・公役を勤めることにより支配の一端が成り立っていたのである。この点に関しては、すでに横田冬彦氏が「幕府＝奉行所役人＝国家支配と個別領主の対抗関係に「非領国」の特質を見出すのではなく、幕府と諸領主が全体として「統合された領主権力」としての公儀権力を形成していること、その「統合」のあり方がこの地域ではどのような特質的な形態を取ったのか」という視角から、当該地域の譜代大名の新たな位置付けを行っている[58]。

なお、こうした上方の地域支配に不可欠な存在として関与する譜代大名に関しては、以下のようなおおまかな時期的変遷を展望しうるだろう。寛永―寛文期には郡山藩のように軍事的役割を担うだけでなく、江戸から相対的独自性を持ちつつ上方支配を担った合議機関である八人衆体制[59]を構成した、淀・高槻藩主の永井兄弟のように広範な権限を有する譜代大名が存在した。そして京都大名火消あるいは郡山藩による奈良の防衛、さらには土砂留制度に見られるように、貞享期を端緒としつつ元禄―享保期に、外様大名との間で平準化・均質化を伴いながら各大名が勤める軍役・公役も制度化されていくものと考えられる。また、近年村田路人氏が奉行・代官の役割・権限に注目しながら、この元禄―享保期の上方支配機構の再編の具体像を明らかにしており[60]、両者の相互連関性の解明が必要になろう。

以上の視角は上方という一地域に限定すべきではなく、全国的に検討すべき課題であると考えられる。軍事面

に関してはすでに触れたが、信濃国から上方に出る際の女手形を上田藩と松本藩が分掌発給したこと、伊勢桑名・亀山藩が同様な役務を担っていたことが指摘されており、全国各地の譜代大名が交通・流通支配に深く関与していたと考えられるからである。[61] 江戸において幕閣を構成して幕政に携わるのと同時に、地方において軍役・公役を担うことが譜代大名の役割であった。幕藩体制において徳川家中から譜代大名が創出され存続した理由はまさにここにある。今後はこうした視角から譜代大名のみならず外様大名をも組み込んで、幕藩体制における大名の位置付けの再検討を行う必要もあろう。

おわりに

本章では郡山藩を事例に、近世中後期の上方における譜代大名の軍事的役割について明らかにした。最後に本章で明らかにした点をまとめつつ、今後の課題を述べて結びとしたい。

第一に、譜代大名の所領配置が、幕府直轄軍の配置と並ぶ江戸幕府の軍事戦略における中心課題であったことを明らかにした。郡山藩を事例に明らかにしたように、これら譜代大名はその領知において要地守衛等の軍役・公役を勤め、将軍より入封時にその軍事動員を保障されていた。郡山藩柳沢氏のみならず、例えば小倉藩小笠原氏のように石高・格式ともに譜代大名の中核にありながら定府が必要な役職に就任しないのは、その領知において何らかの軍役・公役を担っていたためであると考えられる。大名の役割を再評価しつつ、同時にこれら大名を全国各地に配置する徳川将軍の領知宛行・転封の歴史的意義を改めて解明する必要がある。

第二に、領知に付属する固有の公役と位置付けられる大名の役割に注目し、江戸幕府上方支配の中で郡山藩が

果たす独自の役割について明らかにした。この領知に付属する固有の公役に関しては領知宛行・転封と不可分な関係にあり、その事例蓄積が必要である。一方で、京都大名火消等は軍役から派生して生まれてくる幕府課役と位置付けられる。軍役は近世初期では直接の戦闘や城郭普請を目的に大名に命じられたが、元禄―享保期に河川普請などの行政的諸課題を目的としたものへ転換していくことがすでに明らかにされている。(62) 従来注目されたことはないがこの軍役（幕府課役）に関しては、例えば郡山・淀・亀山藩らは京都大名火消を免除されて、江戸の門番・火番や関東・東海の河川普請を命じられ、あるいは寺社奉行・大坂城代などに任じられて役職就任していくことになる。軍役（幕府課役）の性格や原理原則の転換に注目しながら、軍事政権として発足した幕藩権力の転換や元禄―享保期の国家的再編の具体像を解明する必要がある。

【注】

（1）安岡重明「近畿における封建支配の性格―非領国に関する覚書―」（同『日本封建経済政策史論―経済統制と幕藩体制―』（有斐閣、一九五九）、初出は一九五八、以下前掲安岡論文）、八木哲浩「大坂周辺の所領配置について」（『日本歴史』二三一、一九六七、以下前掲八木論文）、同「幕府領国と尼崎藩」（『地域史研究―尼崎市立地域研究史料館紀要』一四―三、尼崎市立地域研究史料館、一九八五）、『尼崎市史』二（尼崎市役所、一九六八）第五章第一―六節、水本邦彦「畿内・近国社会と近世的国制」（同『近世の郷村自治と行政』（東京大学出版会、一九九三、以下前掲水本論文））、村田路人『近世広域支配の研究』（大阪大学出版会、一九九五）、熊谷光子「大坂町奉行所への諸届けと「村々」」（『日本史研究』四二一、一九九七）、同「畿内・近国の旗本知行所と在地代官」（同『畿内・近国の旗本知行と在地代官』（清文堂出版、二〇一三）、初出は一九九八）、藪田貫『近世大坂地域の史的研究』（清文堂出版、二〇〇五、以下前掲藪田著）等参照。

(2) 岩城卓二『近世畿内・近国支配の構造』(柏書房、二〇〇六、以下前掲岩城著) 二七頁。
(3) 水本邦彦「土砂留役人と農民」(同『近世の村社会と国家』(東京大学出版会、一九八七年)、初出は一九八一、以下前掲水本論文) 二六七頁。
(4) 岩城卓二「幕府畿内・近国支配における譜代大名の役割―摂津国尼崎藩と和泉国岸和田藩を中心に―」(前掲岩城著、初出は一九九八、以下前掲岩城論文)。
(5) 佐々木潤之介「幕藩関係における譜代大名の地位」(『幕藩制国家論』下(東京大学出版会、一九八四)、初出は一九六二) 四〇〇頁。
(6) 前掲八木論文。近年、山田洋一氏が上方に限定せずに「徳川領国」という視角から、江戸幕府による所領配置の特質の解明を行っている(同「近世「領国」「非領国」社会比較史論―京都府域関係古文書のアレンジメントの前提として―」(『資料館紀要』三三、京都府立総合資料館、二〇〇四)、同「近世「徳川領国」の所領構成における上方八ヶ国の特質について―京都府域関係古文書のアレンジメントの前提として(2)―」(『資料館紀要』三三、二〇〇五))。
(7) 三宅正浩「近世初期譜代大名論―軍事編成と所領配置―」(『日本史研究』五七五、二〇一〇)、小宮山敏和『譜代大名の創出と幕藩体制』(吉川弘文館、二〇一五)
(8) 藪田貫「「摂河支配国」論―日本近世における地域と構成―」(前掲藪田著、初出は一九八〇)。
(9) 前掲安岡論文。
(10) 「一話一言」(『日本随筆大成』別巻一(吉川弘文館、一九七八)) 三一三頁。
(11) 前掲岩城論文一一四頁、『尼崎市史』五(尼崎市役所、一九七四) 一八九頁。
(12) 「郡山藩」(『国史大辞典』吉川弘文館、一九八五)。『藩史大事典』五(雄山閣出版、一九八九)、『大和郡山市史』(柳沢文庫専門委員会、一九六六)にも同様の記述がある。なお以下の郡山藩に関する記述は特に注記しない限り、『国史大辞典』、『藩史大事典』、『大和郡山市史』による。
(13) 「福寿堂年録」享保九年八月一九日条。「恐々謹言」という書留文言は記載されておらず、書き写す際に省略されたも

のと考えられる。なお本章の分析では、郡山藩の公用記録にあたる、「福寿堂年録」、「幽蘭台年録」、「附記」（以上柳沢文庫所蔵）を使用する。本史料は各藩主の死去後に各種の日記をまとめ編纂したものであると考えられる。幕府より出された奉書やその他の書付、また郡山藩が幕府に提出した書付が書き留められており、幕府の諮問に対しては本史料が利用された。なお、以下で使用する『参勤交代年表』上・中・下・続は、『柳沢史料集成』六・七・八・九（柳沢文庫保存会、一九九七—二〇〇二）として刊行されているものである。本年表は「福寿堂年録」、「附記」などをもとに作成した、郡山藩の参勤交代に関する年表であり、参考となる史料の翻刻を収録している。

(14) 同前享保一四年一一月二一日条。

(15)『京都御役所向大概覚書』下（『清文堂史料叢書』第六刊、清文堂出版、一九七三）三八七頁。

(16)「福寿堂年録」享保九年七月二四日条。

(17) 注(13)。

(18) 注(15)。

(19)「福寿堂年録」享保九年一〇月一日条。

(20) 同前享保一〇年二月二九日条。

(21)「幽蘭台年録」寛延三年八月二六日条。

(22)「福寿堂年録」享保一一年五月三日条。

(23) 小倉宗氏のご教示による（「庁中漫録」二六（「玉井家文書」奈良県立図書情報館紙焼資料））。

(24) 元禄六年に神尾元知が奈良奉行に就任した際に、郡山藩主本多忠平に渡されたと考えられる奉書は【史料2】と同文言であり定型化されたものである。これに対し、貞享二年の奉書の文言は「一筆令啓候、自然於南都人数等可入節ハ其方へ可申達之旨、今度大岡弥右衛門ニ被　仰付候間、可被相談候、恐々謹言」と異なっている。この点からも同年をもって制度化された可能性は高いと考えられる（注(23)）。

(25) 前掲水本論文二四五—二五六頁。

(26) 村田路人氏が包括的な整理を行っている（同「幕府上方支配機構の再編」（大石学編『日本の時代史一六　享保改革と社会変容』、吉川弘文館、二〇〇三、以下前掲村田論文））。

(27) 「南都出火の節之事」（柳沢文庫所蔵）という表題を持つ帳面を主として使用し、他の史料で補足することとする。奈良火消を勤めた家臣の職務マニュアルにあたり、寛政～文政年間の状況が記述されており、文化期に作成されたものと考えられる。本節では特に注記しない限り本史料を使用した。

(28) 「郡山藩日記四」（京都大学大学院文学研究科図書館所蔵謄写本）。本史料は六部からなり、使用する史料の表題には「嘉永四亥年／御物頭火之番心得覚／五月写之」とある。奈良の他に京都や大坂への出動についての心得や先例が記述されている。

(29) 同前。

(30) 「京都・南都・大坂・小泉出火之節申合帳」（『公儀勤方集』（柳沢文庫保存会、一九九六））四二頁。本史料は大坂への出動に関する記述において、口上を述べる相手として「両町奉行小田切土佐守（直年）・松平石見守（貴弘）」と記述されているため、両名が在役中の天明七年（一七八七）―寛政二年（一七九〇）の状況を記録したと考えられる史料であり、奈良の記述に関してもほぼ同時期のものと考えられる。

(31) 注(15)。

(32) 「京都火之御番諸事覚」（『資料館紀要』七、京都府立総合資料館、一九七九）一二七頁。

(33) 『奈良市史』通史編三（奈良市史編集審議会、一九八八）二一〇―二一四、二八八―二九一、三六〇―三六三頁。

(34) 「福寿堂年録」享保一一年三月一一日条。

(35) 『分限帳類集』上（柳沢文庫保存会、一九九三）一〇三頁。

(36) 「京都・南都・大坂・小泉出火之節申合帳」（『公儀勤方集』）四四頁。

(37) 『御触書寛保集成』八三一。

(38) 享保一九年から文政八年（一八二五）の間に、膳所藩と享保一九年、寛延三年（一七五〇）に、淀藩と安永元年（一

七七二）、安永八年、天明六年（一七八六）、篠山藩と寛政元年（一七八九）、寛政三年に組み合わされている。これ以外はほぼ亀山藩と組み合わされていたと考えられる（『参勤交代年表』参照）。

(39)『城陽市史』一（城陽市史編さん委員会、二〇〇二）七一三頁、拙稿「大和国郡山藩の京都出動―木津川渡場・長池宿・伏見の機能に注目して―」（『京都府立大学文化遺産叢書』六号（京都府立大学文学部歴史学科、二〇一三））。

(40) 内田九州男「大塩事件と大坂城代」（『大塩研究』一三、一九八二）四五・四六頁。

(41)『古事類苑』官位部七二。ペリー来航後の嘉永六年（一八五三）一二月晦日付の所司代脇坂安宅宛老中書翰では、「禁裏　御所方守護之義者、御自分江為御任被置候事ニ而、非常之節者、京都火消之人数差出、警衛可致哉ニ付、御安心被　思召候得共」と禁裏御所の守衛が将軍より京都所司代に委任される形を取っており、軍事力の主力が京都大名火消であったことがわかる（『大日本維新史料』第二編二、一・二頁）。

(42) 安国良一「京都天明大火研究序説」（『日本史研究』四一二、一九九六）五九頁。

(43)『参勤交代年表』中二五七頁。

(44) 本章のもととなった拙稿「近世中後期上方における譜代大名の軍事的役割―郡山藩を事例に―」（『日本史研究』五三四、二〇〇七、以下前掲拙稿）公表後、「公役」という用語に関する批判がある。史料用語でもなく定義・概念も不明確であるという問題は筆者も理解しているが、京都大名火消、江戸の門番・火番、関東・東海の河川普請などとは質的に異なるものであることは明確であるため、現段階では「領知に付属した固有の公役」という用語を使用している。適切な用語に関しては、今後の課題としたい。

(45) 藤野保『新訂幕藩体制史の研究―権立構造の確立と展開―』（吉川弘文館、一九七五）。

(46) 横田冬彦氏が、上方の譜代大名に関して近世前期には役職に就任しない原則を持っていたが、元禄期を境に就任し始めることを指摘している（同「「非領国」における譜代大名」（『地域史研究―尼崎市立地域研究史料館紀要―』二九―二、尼崎市立地域研究史料館、二〇〇〇、以下前掲横田論文）五八・六八頁）。

(47) 宮崎克則「藩主の転封と領民動揺をめぐる問題―肥前唐津藩その他を素材として―」（『日本歴史』四四七、一九八五）。

(48)『政談』(辻達也校訂、岩波書店、一九八七)七九・八〇頁(「武家旅宿の境界を改むる事」)。

(49)『群馬県史』資料編一四(群馬県史編さん委員会、一九八六)一八三・一八四頁。なお、この前橋藩による転封の願出に関しては『群馬県史』通史編四(一九九〇)に記述がある(八九—九一頁)。

(50)『享保通鑑』(近藤出版社、一九八四)二七・一六〇頁。

(51)「郡山の城主は京都の守衛たるのところ、忠村幼少なるにより、其封地をうつさるべしといへども御むねありて其ことに及ばれず」(『寛政重修諸家譜』一一、二二七頁(本多忠村))、「郡山城は京都の守衛たるにより、封をうつさるべしといへども、御むねあればなを其封を領すべきよし仰下さる」(同前二二八頁(本多忠烈))。

(52)前掲横田論文六一頁。

(53)近世前期に関しては、朝尾直弘氏・山本博文氏が、地方に封じられた譜代大名の役割に注目する必要性を指摘している(朝尾直弘「将軍政治の権力構造」(同『将軍権力の創出』(岩波書店、一九九四、以下前掲朝尾著)、初出は一九七五)二五七頁、山本博文『寛永時代』(吉川弘文館、一九八九)一二八頁、同『幕藩制の成立と近世の国制』(校倉書房、一九九〇)一六六頁)。

(54)木村礎「延岡藩領とその支配」(明治大学内藤家文書研究会編『譜代藩の研究—譜代内藤藩の藩政と藩領—』(八木書店、一九七二))。

(55)小倉宗氏が、前掲拙稿を批判しつつ、軍事と火消を区別して分析すべきこと、軍役と領主課役を区別して分析すべきことを指摘している(同「江戸幕府上方軍事機構の構造と特質」(『日本史研究』五九五、二〇一二)。重要な指摘ではあるものの、本書では河川普請・寺社普請だけでなく、大坂城代・京都所司代・老中などの役職就任も軍役と同一の原理で命じられていくことに注目し、従来とは異なる視角でもって幕府官僚制機構成立過程を明らかにする点に特色がある。軍役と幕府課役の両者を厳密に区別して分析する必要性もあるが、逆に両者の共通性に注目し分析してはじめて、一七世紀半ばから一八世紀半ばまでに起きている歴史的事実を解明し論じることができるため、軍役(幕府課役)と記述している。

(56)「幽蘭台年録」宝暦一二年六月一五日条、「附記」天明元年一二月一二日条、「附記」天明七年六月二四日条、『寛政重

修諸家譜』稲葉正益、「附記」天明八年四月二二日条。
(57) 前掲水本論文二三七・二三八頁、『御触書寛保集成』一三三五・一三三六。
(58) 前掲横田論文四八頁。
(59) 朝尾直弘「畿内における幕藩制支配」(同『近世封建社会の基礎構造』(御茶の水書房、一九六七))。
(60) 村田路人「享保の国分けと京都・大坂町奉行の代官支配」(大阪大学文学部日本史研究室編『近世近代の地域と権力』(清文堂出版、一九九八))、前掲村田論文等参照。
(61) 朝尾直弘「「公儀」と幕藩領主制」(前掲朝尾著、初出は一九八五)、針谷武志「軍都としての江戸とその終焉―参勤交代制と江戸勤番―」(『関東近世史研究』四二、一九九八)三六・三七頁。流通に関しては、藤井讓治氏が小浜藩は「幕藩制における上方への米流入の促進という公的役割をもっていた」と指摘している(同「譜代藩政成立の様相―酒井氏小浜藩―」(同『幕藩領主の権力構造』(岩波書店、二〇〇二)、初出は一九七五)一五四頁)。
(62) 善積(松尾)美恵子「手伝普請について」(『学習院大学文学部研究年報』一四、一九六七)、笠谷和比古「将軍と大名」(藤井讓治編『日本の近世三　支配のしくみ』(中央公論社、一九九一))等参照。

第三章　幕府上方支配と譜代大名転封——享保九年柳沢氏転封を事例に——

はじめに

本章は、享保九年（一七二四）に行われた柳沢吉里の甲斐国甲府から大和国郡山への転封の歴史的背景を分析し、将軍が大名に命じる転封に従来とは異なる歴史的評価を行うものである。具体的には公儀に関する朝尾直弘・藤井譲治氏らの研究視角・成果を踏まえて、[1]転封が幕藩領主全体の共同利害を維持するためには不可欠であったことを明らかにする。江戸時代の大名は鉢植え大名ともいわれるように、将軍・幕府の意向で各地に転封を繰り返したことは一般的にもよく知られており、またかつて有力学説であった封建的土地所有は将軍に帰属するという命題[2]を最も表象するものとして改易とともにこの転封が位置付けられた。しかしこの命題に対しては、幕藩体制における領主の根幹は大名であることを明らかにした藤井氏の批判があり、さらに従来一方的・強圧的な大名取りつぶし政策であると考えられてきた改易に関しては、笠谷和比古氏がこれを訂正する必要性があることを明らかにした。[3]前章では幕府による上方支配において大名の存在・役割は不可欠であり、あえて大名が重点的に配置されていることを明らかにした。このため将軍が大名に命じる転封についても、従来のように将軍の恣意や幕府の都合で行われたという理解を一方に置きながらも、新しい歴史的評価を必要とする研究段階にあるといえる。

本章では享保九年に行われた柳沢氏転封を主として取り上げる。[4] 柳沢吉里は五代将軍綱吉のもとで栄進した側用人柳沢吉保の嫡子であり、宝永六年（一七〇九）六月に吉保の跡を継いで甲府藩主となった。享保八年一一月の大和国郡山藩本多氏の改易を受けて、享保九年三月一一日に郡山への転封が吉里に命じられ、無主空白地になる甲府は甲斐一国が幕府領となった。従来この転封は綱吉が異例の形で配置した柳沢氏を他地域へ動かす目的で行われたもの、あるいは財政再建をめざす吉宗が江戸に近い甲斐国を幕領にするために行われたものであると評価されてきた。本章はこの柳沢氏転封の歴史的位置付けを再検討することで、将軍が命じる転封全般に従来見逃されてきた本来の意味・役割があったことを明らかにするものである。やや結論めいたことを述べれば、将軍が命じる領知宛行・転封によって全国各地の支配構造に連動性・連関性が生み出され、さらに国家としての一体性が維持されていたことを解明する。以上の点を踏まえて、本章では具体的に以下の二つの課題を明らかにする。

第一の課題は、幕府の上方支配の中で大名の役割を位置付け直し、同時にこれら大名に領知宛行・転封を命じる将軍権力を組み込んで幕府上方支配の特質を明らかにすることである。前章では水本邦彦・岩城卓二氏の研究視角・成果を継承して、[5] 上方における大名の役割・存在意義を明らかにするとともに、新たに将軍権力を組み込んで上方支配研究を再構成する必要性を指摘した。従来の研究では大名が配置されていることそれ自体を自明のこととし、老中や京都所司代・大坂城代では行使できない将軍権力独自の権能に目が向けられなかった。本章では柳沢氏転封を事例に、これら大名を将軍があえて配置していることを明らかにし、将軍権力と上方支配の関係性について解明する。なおその際には前章で明らかにしたように、関東と上方では配置される大名の性格が大きく異なる点に留意しつつ、関東・上方両地域の共通点および相違点についても解明する。

第二の課題は、配置される大名の性格の違いを踏まえつつ、大名転封を通した上方と他地域との連動性・連関

性に注目して幕藩体制の特質の一端を明らかにする。本章に即して具体的に述べれば、当該転封に関して従来は甲府や江戸など関東側の視点からのみ考えられてきたが、視点を逆にして郡山や上方側から捉え返し、転封そのものが持つ歴史的意義に関して新しい評価を行う。従来転封を分析する場合、ある一つの地域から大名が出ていく、逆にある一つの地域に大名が入ってくるというように、どちらか一方の視点からしか考えてこなかったという致命的な問題があり、これが転封に大きな誤解を生む根本的な要因であった。さらにこの柳沢氏転封に関しては、甲府を視点にすることで無意識に幕府が持つ個別領主としての側面からのみこの転封を考えようとしていることにも問題がある。幕府は、いうまでもなく最大の領主であると同時に統一権力であるという二面性を持つことが重要なのであり、政治的判断の位置付けを行う場合、この両側面の規定性を軽視してはならない。この点から言えば、転封についても幕府領の拡大や新規設置という個別領主として必要な対応という側面に配慮しながら、統一権力として必要な対応という別の側面からのアプローチも必要である。本章では郡山と甲府の両城地、上方と関東という両地域が持つ特質、さらには幕府が持つ個別領主と統一権力という両側面に留意して、当該転封が持つ歴史的意義を明らかにする。

第一節　本多氏改易時の郡山藩

享保九年（一七二四）に行われた柳沢氏転封に関しては若干の違いはあるものの、以下のような評価が通説の位置を占めている。例えば近年刊行された『山梨県史』では、この転封は「一説によれば藩政の一部が幕府の中枢部の意向に添わなかったためともいわれるが、むしろ幕政の方針による幕府領の拡大策として行われたとみる

ことができる。すなわち、幕府の政治・経済基盤の拡充の必要性が、甲斐一国の幕府領化になったといえるのである。それと同時に、幕府の直轄都市となった甲府は、譜代大名の居城から、甲州道中によって、直接江戸と結ぶ江戸幕府の軍事・政治的な重要な拠点として位置することになったのである」とする。(6) また、藤野保氏は「吉宗の享保改革における天領政策（直支配地の拡大、大名預所の設置）の一環をなすものであり、かつ側用人政治を排除し、将軍みずからの親政による独裁専制体制を確立しようとする吉宗にとって、元側用人の嫡子（吉里）を甲斐より転封するのは重要な政治課題であった。その際、本多氏の改易によって空白となり、天領が拡大した大和郡山は、一五万石大名の柳沢氏を転封するのに格好の地盤となった」と位置付けている。(7) これらの記述がこの転封に対する現在の評価である。

吉宗政権が財政再建を進めるために幕府領拡大を必要としており、さらに五代将軍綱吉が異例の形で配置した柳沢氏を他地域に動かそうとしたという理解は自然ではあるものの、従来の評価では説明がつかない部分が少なくない。例えば軍事面では、甲府勤番が旗本・御家人の増加に対応するための移住策であり、実際に勤番士らによる処罰事件が頻発し、後には不良旗本が懲罰的意味合いで送られる「山流し」としてそのイメージが定着することが明らかにされている。(8) また経済面では安藤正人氏が、直轄化によって武家人口の減少や領主権力の消滅の影響を受け、甲府はその経済的地位を低下させたことを明らかにしている。(9) これらの点に関わって、幕領の陣屋運営の諸実務を担っていた郡中惣代の役割を実証的に明らかにした久留島浩氏が、その前提としてすでに触れた『山梨県史』の中で「一般的な藩領と比較すると、幕領でも三卿領でも、陣屋の下僚は少人数であり、行政にかかわる武士の数はきわめて少なかった。軍事的に弱体であったことも明らかである」と述べている。(10) これらの明らかにされている支配体制の脆弱さは、甲州天保一揆で露呈することになるのはよく知られている。一方郡山に

関しても、享保二年に「大和郡山城主本多唐之助（忠村）幼年に候得共、思召旨有之候ニ付、其侭被指置候間」、また享保七年の忠村死去後に跡目を弟忠烈が継ぐものの、「郡山之儀ハ、所柄ニも候間、追而引替被下ニ而可有之候」とあるように、[11]郡山藩主に幼年の藩主が続くことが問題とされていたが、吉宗は断絶まで本多氏を動かさない判断をあえて取り続けている。これらの事実から言えば、吉宗政権が積極的な意図や方針を持って柳沢氏に転封を命じて甲斐国の幕領化を行ったという理解については疑問の余地があり、従来知られている理由に加えて別の理由があった可能性が高いものと考えられる。

本節ではまず甲府藩主柳沢吉里の転封先となる郡山藩の概略を示し、あわせて享保八年一一月に本多氏が断絶した段階での状況を確認しておきたい。なぜなら、これまでは本多氏が断絶したという事実のみが指摘されるだけで、その意味するところは正確には位置付けられてこなかったからである。まず、大坂夏の陣以降の郡山藩の概要を簡単に述べておく。[12]すでに藤野氏が大名の転封には格式・石高によって一定のルールがあることを示し、「郡山藩は譜代大名領のなかでも上位に位置するもので、この階層に属するものに山形・宇都宮・高田・桑名・姫路藩等があり、これらの譜代大名領に配置される大名は、一部の例外を除けば、一〇万石以上の大名で、本多・榊原・酒井、直系・傍系一門松平氏のなかで有力大名クラスに限られている」と述べているように、[13]郡山には水野勝成・松平信之以外、いずれも一〇－一五万石クラスの譜代大名が入封した。

また、著しい分散所領形態を取ることが郡山藩の特徴であるが、貞享二年（一六八五）の本多忠平入封が一つの大きな画期となった。[14]寛永一六年（一六三九）に郡山へ入った本多氏の領知が大和国一三郡に及んだが、松平信之の入封時に添下・平群・式下・十市・広瀬・葛下の大和国六郡と河内国一郡（讃良郡）に領知を持つことになり、この後に入った本多忠平にはさらに近江国三郡（蒲生・神崎・浅井郡）に所領が加えられ一二万石が与えら

れた。この本多氏は享保七年に本多忠村が世嗣断絶によって改易となったが、弟忠烈が五万石で相続して大和国添下・平群・式下郡と河内国一郡（讃良郡）に領知を持つことになった。そして享保九年に入封した柳沢吉里には、本多忠平に与えられた添下・平群・式下・十市・広瀬・葛下の大和国六郡と、近江国三郡（蒲生・神崎・浅井郡）と河内国一郡（讃良郡）の領知に、新たに近江国二郡（高島・坂田郡）、伊勢国二郡（鈴鹿・三重郡）の領知が加えられ一五万石が与えられた。本多時代の所領を基準としつつ石高にあわせて新規の領知が宛行われたものと考えられる。

この郡山藩の存在を考える場合、その所領だけでなく上方全体でその位置付けを行わねばならない。江戸時代の上方の特質については安岡重明氏が非領国論を提起して以降、これまで多くの研究者がその特質の解明に取り組んできた(15)。そこで議論の中心となってきたのは、当該地域では幕府領・旗本領・大名領・寺社領等が分散錯綜し、その領主の交代も頻繁であること、その結果、個別領主支配だけでなく京都・大坂町奉行所等による広域支配が展開していたことである。そうした中で、幕府支配機構の具体像、町奉行所の支配管轄・権限・内容が明らかにされ、さらには支配実現のメカニズムの解明や中間支配機構論・地域社会論等へと論点が広がり現在に至っている。

近年岩城氏は大坂が幕府による西国支配の軍事拠点であり、その一環として周辺に尼崎藩らが配置されていたことを明らかにし、大坂城周辺にこれを維持・管理するために必要な幕府領や大坂城守衛を任とする在坂役人の役知領が存在し、一方その外側にまとまった所領を持つ大名領が存在する理由を説明した(16)。これまで分散所領であるという実態に注目しても、何故そうした所領構成になっていたかを岩城氏のように積極的に問うことはなかった。当該地域の所領構成の理由を一つに求めることは難しいが、今後も地域内部に視野を留めずに幕藩体制

全体における位置付けを意識しながら、歴史的・論理的な説明を追究していく必要があろう。本章が分析対象とする郡山藩も尼崎藩等と同じく、幕府の上方支配にとって必要不可欠な藩であったが、以下ではこれまでの研究で明らかにされている概略を示しておきたい[17]。

まず郡山藩本多氏は、貞享二年の本多忠平入封時に老中奉書が渡され奈良の軍事的防衛が命じられた。この任務は奈良に藩士が常駐するというようなことはなく、隣接するという条件を前提に奈良が大火であれば城下から出動するというものであった。なお、奈良では宝永元年（一七〇四）から享保元年にかけて町火消が制度化されており[18]、郡山藩の出動も一七世紀末頃から問題となる都市火災への対応の一環であったと考えられる。本多氏断絶によって幕府は何らかの対応を採らねばならないことになるが、奈良周辺には郡山藩の他は陣屋大名等しかいないため、直轄軍もしくは大名の軍事力を奈良に常駐させる等の新しい対応を採らねばならなかった。

また、本多氏は宝永六年に京都大名火消にも組み込まれる。本制度は元禄三年（一六九〇）に所司代が勤めていた火番を園部藩が代行する形で始まり、翌年制度化されたが、当初は外様小藩が命じられて三〇〇人前後の藩士が御所南の火消屋敷に常駐して勤める京都火消御番と呼ばれるものであった。この京都火消御番は一旦廃止されるが、宝永五年の大火を機に翌年京都常火消として復活し、さらに新たに郡山藩・近江国膳所藩・山城国淀藩・丹波国亀山藩の譜代四藩に禁裏御所方火消が命じられた。この禁裏御所方火消は四藩主のうち二藩主の参勤交代が組み合わせられ、藩主在国二藩が一ヶ月交代で京都藩邸に常駐して勤めるものであった。また、京都が大火であれば当番・非番にかかわらず各城下から出動し、特に在国中の二藩主は自身も京都へ出動して陣頭指揮を執ることが義務付けられた。

享保七年にはさらに制度の改変がなされ、洛中の火消を担当していた京都常火消が廃止されたために郡山藩ら

譜代四藩が洛中をも担当することになり、一方で町人らによる町火消が制度化された。なお、同年の制度改変は元禄期以降の京都周辺の大名が命じられる軍役を中心とする消防から、都市居住者中心の消防への移行という意味を持ったものであった。つまり、郡山藩の役割は領主間のみで制度化が行われたわけではなく、都市内部の領主・住民とも関わりながら制度化がなされたのであった。以上のように試行錯誤を経て、ようやく京都大名火消は制度として確立したわけではあるが、翌八年新しい問題が起きることとなった。火消役を担当する郡山藩本多氏が断絶したことであり、幕府は高槻藩にその代行を命じて対処することになった。この京都・奈良との関係に関しては、結果として幕府は柳沢氏を郡山へ入封させて、柳沢氏にそのまま本多氏の役割を引き継がせることになった。享保九年八月一三日郡山城に入城した吉里は、同月一九日に老中奉書で「前々郡山城主之通」に奈良を防衛することを命じられ、同年一〇月一日に京都・奈良それぞれへの出動部隊を設置した。[19]

郡山藩が担っていた役割の中心は京都大名火消と奈良の軍事的防衛であるが、同藩は土砂留管理制度でもその一端を担った。[20]貞享元年八月に郡山藩主松平信之ら上方の一一大名に、淀川・大和川へ落ち合う川上山々を年に二・三度ずつ巡回すべきこと等が命じられた。郡山藩松平氏の担当区域は大和国添下・平群・葛下郡と河内国大県・安宿部郡であり、大和・河内国境地域を担当した。なお担当地域に変遷があり、元禄一四年から天明七年（一七八七）の間のいずれかの時期に、河内二郡は郡山藩から淀藩の担当へと変わっているが、柳沢氏が本多氏の役割を引き継ぐことになったものと考えられる。

以上のように、貞享元年から享保八年までの間にその所領だけでなく、周辺の藩、場合によっては町人・百姓とも関わりながら、上方全体の中で郡山藩が担う役割の制度化が進められた。つまり当該期に幕府が推し進めた諸制度の設立によって、郡山藩はその存在自体が藩内部では完結せずに幕府直轄都市や所領周辺と切り離せない

関係を結んでいくことになったのである。本多氏に幼少藩主が続き幕閣内で再三転封が問題となっていたことはすでに触れたが、右のような状態であるために幕府も簡単には動かせなかったものと考えられる。とりわけ享保七年は、最も大きな制度改変といえる京都・大坂町奉行所の行政・裁判管轄をそれぞれ山城・大和・近江・丹波国と摂津・河内・和泉・播磨国の四ヶ国ずつに分割した国分けが行われ、さらに京都大名火消の制度改変、国役普請制度開始という重要政策が集中した年である。(21) また京都内部で見ても町火消の制度化、翌八年には新軒役設定などを行っており、元禄期以来紆余曲折を経ていた諸制度の改変が一つの帰結を迎えていた時期であった。

享保八年の本多氏断絶はこのような状況下で発生したものであり、幕府は何らかの対応を採ることを余儀なくされたといえよう。なぜならこの段階では、郡山には京都・奈良両都市へ出動できるまとまった数の武士が配置され城下町として存在すること、人夫役を確保するために周辺に一定程度のまとまった所領を有する大名が配置されていることが、大和国さらには上方全体にとって必要不可欠であったからである。本多氏断絶によって郡山藩をそのまま廃藩にした場合には他藩が著しい負担を担うことになったり、あるいは奈良に幕府の直轄軍を置かねばならなくなったり、個々に対応策を模索せねばならなかった。しかし結果として、吉宗政権は確立に向かいつつあった上方の支配構造をそのまま維持するために、甲府藩主柳沢氏に郡山転封を命じ本多氏が担っていた役割をそのまま引き継がせる判断を下したことになる。結果論ではあるがこれが上方からいえば最も合理的な判断であったと考えられる。

以上のような郡山藩の役割・存在意義を考えた場合、従来の研究は甲府という土地の重要性のみにとらわれて、無意識の内にもう一方の郡山という土地を軽視してきたと言ってよい。享保八年段階では、本多氏が断絶したからといってそのまま郡山を無主空白地の状態で放置しておくわけにはいかず、いずれかの大名を郡山に入れて本

多氏の任務を引き継がせねば、吉宗政権が進めていた上方支配の再編をも空洞化させる危険性があった。なお上方内部でこれを行うとすると、該当するのは姫路藩榊原氏や淀藩稲葉氏らになるが、これらを動かせば今度は姫路・淀が無主空白地となってしまうため、郡山で起こった問題を上方内部で他の場所に移動させたにすぎなくなる。つまり上方の支配構造を維持するためとはいえ、京都所司代・大坂城代らを中心とする上方内部では処理しようのない問題なのであった。このため、将軍が他地域の一〇―一五万石の大名に郡山転封を命じる必要に迫られたのであり、その際に柳沢吉里に白羽の矢を立てた理由を引き続き見ていくことにしたい。

第二節　改易に伴う転封の原則

前節では、享保八年（一七二三）一一月の本多氏断絶に伴って、京都・奈良両都市に出動する部隊を別置できる一〇―一五万石の大名に転封を命じ、郡山へ入封させる必要があったことを述べた。ここでは柳沢氏に郡山への転封が命じられることになる前提を考えるために、まずは幕府が他地域の大名に郡山転封を命じる条件ないしは原則を押さえておきたい。なぜなら大名の転封に一定の原則が存在したことには触れたが、改易に伴って行われる転封そのものにも原則があったと考えられるからである。従来この点については分析されたことはないが、偶発的に起きる改易に幕府が最低限度の原則も持たずにその都度対応しているとは考えがたい。同時にそれは改易大名が譜代か外様かの違いや、あるいは各将軍・政権の個性など個々の条件を超越したものであり、幕藩体制の構造上生まれてくるものであると考えられる。またそれは明文化されたものではなく、さらに転封を命じる当事者自身も必ずしも自覚的ではなく、所謂智恵にあたるものかと考えられる。このため、すべての史料に目を通

してもこの原則を発見できる可能性は低いため、本節では実際に行われた転封全般からこれを抽出して見える形にしたい。

まず表1・2は、当該転封の参考データとするために、寛文四年（一六六四）以降に行われた大名改易とこれに伴う転封をまとめたものである。[22] とりわけ同年に注目するのは、殉死の禁、大名証人制の廃止が行われて大名家の定着と安定化が進み、さらに同年は将軍が初めて代替わりの領知宛行状を一斉発給した年でもあるからである。[23] 同年を一つの基準に、改易と転封を考察することはそれほど的外れではないであろう。

表1は、大名改易に際して幕府が採った処置をまとめたものであるが、改易から五年以内に行われた処置をまとめ、さらに石高の低い方から並べている。なお、支藩に該当し改易に際して本藩に還付されているものは除外している。またやや長い期間で捉えようとしているのは、後述するが改易が起きてすぐに大名を入れないことにも理由があると考えられるからである。全部で八五件あるが、表1から指摘しえることは改易を命じられた大名が一、二万石であればほぼそのまま廃藩にしてしまい、三万石以上であれば二件を除いて何らかの対応を採ることで大名領として維持したことである。一部を幕府領にすることで石高が小さくなる場合があるものの、三万石以上の大名改易が起こった場合、そのまま幕府領とすることはほとんどない。このことから、本多氏改易時に柳沢氏を入れたこと自体は通常通りの対応といえる。幕府は寛文四年以降、領地が固まりつつあった幕府・藩のあり方を極端には変容させない方針を採っていたものと推測できる。

表2は、表1の中から改易が起こった際に減封ないしは前藩主や一族の者が継いだりなどしてそのまま据え置いた対応以外、つまり新たに別の大名家が入った四三件のケースをまとめ、さらに三つの類型に分類したものである。なおこの表は、改易の項目に関しては大名・改易の年・城地・石高に関するデータ、転封①は無主空白地

となった改易地に新たに入封した大名に関する転封の年・新石高・旧城地・旧石高に関するデータ、転封②は大名が動くことで無主空白地になった①の旧城地に新たに入封した大名に関する同様のデータをまとめたものである。以下③、④、⑤、⑥、⑦は同様である。

表2によると、幕府が採った対応は大きく三つに分けられることが指摘できる。第一のケースが無嗣断絶ないしは極端に石高が下る場合でなければ、二、三の大名の間で交換転封を命じる場合である（Ⅰ）。例えば元禄五年（一六九二）七月に一五万石の白河藩主松平忠弘は家中騒動を理由に改易を命じられたが、その際には山形から松平直矩が一五万石で白河に入り、代わって山形には五万石を削減されて松平忠弘が入った。[24]こうした事例は四件存在するが、本章が分析している本多氏断絶時には本多氏自体が存在しない以上、勿論この対応を採ることはできない。第二のケースが御三家二・三男や越前松平家、あるいは旗本から大名として取り立てて入封させる場合であり六件存在する（Ⅱ）。改易によって藩よりも大名の数が一つ少なくなったため大名家を新たに創出することで、藩の数＝大名家の数という図式を維持することになる。こうした入封はほぼ三万石以下に限られるが、例外として元禄一〇年八月津山藩主森長成が改易されて、翌一一年一月松平長矩（のち宣富）が津山藩へ入封した事例がある。[25]長矩は天和元年（一六八一）六月に改易された松平光長の嫡子であり、こうした特殊な背景を持っていたため、突如一〇万石で入封することになったものと考えられる。ただし、一〇万石の大名に取り立てる事例はただこの一事例のみであり、本章が分析する本多氏断絶時でもこうした対応が採られる可能性は低かったと考えてよいであろう。

この第一、第二のケースを採ることができない場合、すでに所領を有する大名に転封を命じる第三のケースが採られることになる（Ⅲ）。柳沢氏転封はこの第三ケースに属することになり、全部で三三件存在する。具体例

表１－１　　★は廃藩を示す

	年　次	大名名	城　地	石　高	改易城地の処理	廃藩
1	寛文５年12月	池田政直	播磨福本	10000	廃藩（弟政武・政済に5000石・3000石を分知）	★
2	寛文８年12月	酒井忠解	出羽大山	10000	廃藩	★
3	寛文10年１月	池田邦照	播磨新宮	10000	廃藩（弟重教に3000石を分知）	★
4	延宝５年６月	土井利直	下総大輪	10000	廃藩（甥利良が5000石を分知）	★
5	貞享４年８月	溝口政親	越後沢海	10000	廃藩	★
6	元禄元年５月	佐久間勝茲	信濃長沼	10000	廃藩	★
7	元禄２年６月	坂本重治	相模深見	10000	廃藩（2200石で存続）	★
8	元禄２年６月	本多忠周	三河足助	10000	廃藩（7000石で存続）	★
9	元禄６年６月	本多政利	陸奥岩瀬	10000	廃藩	★
10	元禄６年12月	西郷寿員	下野上田	10000	廃藩（5000石で存続）	★
11	元禄９年８月	小出重興	和泉陶器	10000	廃藩	★
12	元禄11年９月	伊丹勝守	甲斐徳美	10000	廃藩	★
13	正徳２年７月	屋代忠位	安房北条	10000	廃藩、享保10年立藩	★
14	元禄15年８月	松平忠充	伊勢長島	10000	同年９月増山正光が20000石で入封	
15	宝暦元年10月	植村恒朝	上総勝浦	10000	同年12月大岡忠光が10000石で入封するものの同６年５月に岩槻へ転封となり廃藩	
16	宝暦８年10月	本多忠央	遠江相良	10000	同年12月田沼意次が10000石で入封	
17	文化４年３月	松前章広	蝦夷松前	10000格	廃藩（陸奥国梁川に9000石で入封）	★
18	寛文５年３月	松平重利	下野皆川	10500	廃藩、元禄12年立藩	★
19	天明８年５月	小堀政方	近江小室	10630	廃藩	★
20	天和２年５月	桑山一尹	大和新庄	11000	同年永井直円が10000石で入封カ	
21	延宝７年12月	堀通周	常陸玉取	12000	廃藩（弟利雄に3000石を分知）	★
22	貞享元年８月	稲葉正休	美濃青野	12000	廃藩	★
23	天和元年２月	加々爪直清	遠江掛塚	13000	廃藩	★
24	元禄元年９月	堀田正英	常陸北条	13000	廃藩（弟正矩・正幸に3000石・2000石を分知）	★
25	天明６年８月	稲葉正明	安房館山	13000	3000石を削減	
26	貞享元年11月	松平重治	上総佐貫	15000	廃藩、宝永７年に立藩	★
27	享保９年10月	内田正偏	下野鹿沼	15000	廃藩（嫡子正親は小見川藩に10000石で入封）	★
28	貞享元年７月	土方雄隆	陸奥窪田	18000	廃藩	★
29	天保12年４月	林忠英	上総貝淵	18000	弟忠旭が10000石で相続	
30	元禄15年６月	丹羽氏音	美濃岩村	19000	同年９月松平乗紀が20000石で入封、連動して牧野康重らが転封	
31	延宝７年８月	土屋直樹	上総久留里	20000	廃藩（嫡子達直に3000石分知）、寛保２年に立藩	★
32	元禄２年２月	喜多見重政	武蔵喜多見	20000	廃藩	★
33	正徳元年11月	松平宗胡	越前高森	20000	廃藩	★

表１－２

	年　次	大名名	城　地	石　高	改易城地の処理	廃藩
34	寛文７年５月	水野元知	上野安中	20000	同年６月堀田正俊が20000石で入封	
35	延宝７年11月	戸川安風	備中庭瀬	20000	天和３年８月久世重之が50000石で入封	
36	貞享４年10月	那須資徳	下野烏山	20000	同年10月永井直敬が30000石で入封	
37	明和４年７月	織田信邦	上野小幡	20000	同年閏９月松平忠恒が20000石で入封	
38	延宝４年６月	新庄直矩	常陸麻生	20300	前藩主直時が10000石で再封	
39	元禄５年５月	遠藤常久	美濃八幡	24000	同年11月井上正任が40000石で入封、連動して本庄宗資が転封	
40	弘化２年９月	堀親審	信濃飯田	27000	17000石に減封	
41	元禄８年２月	織田信武	大和松山	28200	廃藩（弟信休は柏原藩に20000石で入封）	★
42	寛文５年７月	一柳直興	伊予西条	30000	幕府領となるも、同10年２月紀伊徳川家の松平頼純が30000石で入封	
43	延宝７年４月	池田恒行	播磨山崎	30000	同年６月大和郡山内本多忠英が10000石で入封	
44	天和元年11月	真田信利	上野沼田	30000	廃藩、元禄16年に立藩	★
45	天和２年２月	松平近栄	出雲広瀬	30000	15000石を削減	
46	享保14年６月	松平義真	陸奥梁川	30000	同年８月尾張徳川家の徳川通春が入封するものの、翌年尾張藩主となり再び廃藩	
47	元禄２年８月	鳥居忠則	信濃高遠	30200	同４年２月内藤清牧が33000石で入封	
48	享保11年９月	京極高寛	但馬豊岡	33000	弟高永が15000石で相続	
49	延宝８年６月	内藤忠勝	志摩鳥羽	35000	天和元年２月土井利益が70000石で入封	
50	宝永２年12月	井伊直朝	遠江掛川	35000	同３年１月松平忠喬が40000石で入封、連動して永井直敬らが転封。直朝は与板へ転封	
51	寛文８年２月	高力高長	肥前島原	37000	同９年６月松平忠房が65000石で入封、連動して朽木稙昌らが転封	
52	宝暦８年12月	金森頼錦	美濃八幡	39000	同年12月青山幸道が48000石で入封、連動して松平資昌らが転封	
53	天和元年12月	酒井忠能	駿河田中	40000	同２年２月土屋政直が45000石で入封、連動して松平信興が転封	
54	享保元年９月	小笠原長邕	豊前中津	40000	同２年２月奥平昌成が100000石で入封、連動して青山幸秀らが転封	
55	元禄８年３月	本多重益	越前丸岡	43300	同年５月有馬清純が50000石で入封、連動して本多助芳が転封	
56	天和２年２月	本多利長	遠江横須賀	43400	同年３月西尾忠成が25000石で入封、連動して石川乗政が転封	
57	元禄９年10月	小出英及	但馬出石	44000	同10年２月松平忠周が48000石で入封、連動して小笠原長重らが転封	
58	元禄６年12月	水谷勝美	備中松山	50000	同８年５月安藤信博が65000石で入封、連動して松平輝貞らが転封	
59	元禄14年３月	浅野長矩	播磨赤穂	50000	同15年９月永井直敬が30000石で入封、連動して板垣重富らが転封	

表１－３

	年　　次	大名名	城　地	石　高	改易城地の処理	廃藩
60	享保８年11月	本多忠烈	大和郡山	50000	同９年３月柳沢吉里が151288石で入封	
61	元禄４年12月	有馬清純	日向延岡	53000	同５年２月三浦明敬が23000石で入封、連動して松平輝貞が転封	
62	天明７年10月	田沼意次	遠江相良	57000	廃藩（嫡孫意朝が陸奥国下村に10000石で入封）、文政６年に立藩	★
63	天保６年12月	仙石久利	但馬出石	58000	28000石を削減	
64	天和２年２月	板倉重種	武蔵岩槻	60000	同年２月戸田忠昌が45000石で入封	
65	天和２年２月	本多政利	播磨明石	60000	同年３月松平直明が60000石で入封、連動して土井利房が転封	
66	宝暦５年２月	安藤信尹	美濃加納	65000	同年５月永井直陳が32000石で入封、連動して大岡忠光が転封。信成は磐城平へ転封	
67	享保10年７月	水野忠恒	信濃松本	70000	同11年３月松平光慈が60000石で入封、連動して大久保常春らが転封	
68	延享２年10月	松平乗邑	下総佐倉	70000	同３年１月堀田正亮と松平乗祐が交換転封	
69	弘化２年９月	水野忠邦	遠江浜松	70000	同年11月水野忠精、井上正春、秋元志朝の三方領知替	
70	延宝８年６月	永井尚長	丹後宮津	73600	天和元年２月阿部正房が99000石で入封、連動して板倉重種らが転封	
71	寛文６年５月	京極高国	丹後宮津	78200	同９年２月永井尚征が73600石で入封、連動して石川義之らが転封	
72	元禄６年11月	松平忠之	下総古河	80000	同７年１月松平信輝が70000石で入封、連動して柳沢吉保が転封	
73	元禄11年７月	小笠原長胤	豊前中津	80000	弟長円が40000石で相続	
74	延宝３年５月	土井利久	下総古河	100000	叔父利益が70000石で相続	
75	享保11年11月	松平浅五郎	美作津山	100000	松平長熈が50000石で相続	
76	元禄11年５月	水野勝岑	備後福山	101000	同13年１月松平忠雅が100000石で入封、連動して堀田正虎らが転封	
77	寛文８年８月	奥平昌能	下野宇都宮	110000	松平忠弘と交換転封	
78	享保７年９月	本多忠村	大和郡山	110000	弟忠烈が50000石で相続	
79	天和２年２月	松平直矩	播磨姫路	150000	同年２月本多忠国が150000石で入封、連動して堀田正仲が転封。直矩は日田、山形へ転封	
80	元禄５年７月	松平忠弘	陸奥白河	150000	松平直矩と交換転封	
81	宝永６年９月	本多忠孝	越後村上	150000	同７年５月松平輝貞が72000石で入封、連動して間部詮房が転封。忠良は刈屋へ転封	
82	元禄10年８月	森長成	美作津山	186500	同11年１月松平長矩が100000石で入封	
83	天和元年６月	松平光長	越後高田	263000	貞享２年12月稲葉正通が103000石で入封、連動して大久保忠朝らが転封	
84	寛文４年閏５月	上杉綱勝	出羽米沢	300000	吉良義英長男が150000石で相続	
85	貞享３年３月	松平綱昌	越前福井	525282	義父正親が250000石で相続	

		転封②／転封⑤						転封③／転封⑥				
		大　名	年　次	新石高	旧城地	旧石高		大　名	年　次	新石高	旧城地	旧石高
1	←	奥平昌能	寛文８年８月	90000	下野宇都宮	—						
2	←	松平忠弘	元禄５年７月	100000	陸奥白河	—						
3	←	松平乗祐	延享３年１月	60000	下総佐倉	—						
4	←	秋元志朝	弘化２年11月	60000	出羽山形	60000	←	水野忠精	弘化２年11月	50000	遠江浜松	—
1												
2												
3												
4												
5												
6												
1	←	石川憲之	寛文９年２月	60000	伊勢亀山	50000	←	板倉重常	寛文９年２月	50000	下総関宿	45000
1続												
2												
3	←	朽木稙昌	寛文９年６月	32000	常陸土浦	27000	←	土屋数直	寛文９年６月	45000	常陸・武蔵内	35000
4	←	牧野成貞	天和３年９月	53000	常陸・下総等内	33000						
5	←	板倉重種	天和元年２月	60000	下野烏山	50000	←	那須資弥	天和元年２月	20000	下野福原	12000
6	←	堀田正俊	天和元年２月	90000	上野安中	40000	←	板倉重形	天和元年５月	15000	下野・摂津内	10000
7	←	大久保忠朝	貞享３年１月	103129	下総佐倉	83000	←	戸田忠昌	貞享３年１月	61000	武蔵岩槻	51000
7続	←	久世重之	貞享３年１月	50000	備中庭瀬	50000						
8	←	松平信興	天和２年２月	22000	武蔵・下総内	17000						
9	←	堀田正仲	貞享３年７月	100000	出羽山形	100000	←	松平直矩	貞享３年７月	100000	豊後日田	70000
10												
11	←	土井利房	天和２年３月	40000	下総・下野等内	40000						
12	←	石川乗政	天和２年３月	20000	常陸小張	15000						
13												
14												
15												
16	←	松平輝貞	元禄５年２月	32000	摂津・河内内	32000						
17	←	本庄宗資	元禄５年11月	40000	下野・上野内	20000						
18	←	柳沢吉保	元禄７年１月	72030	上総・和泉等内	62030						
19	←	松平輝貞	元禄８年５月	52000	下野壬生	42000	←	加藤明英	元禄８年５月	25000	近江水口	20000
19続												
20	←	本多助芳	元禄12年６月	10000	出羽村山	10000						
21	←	小笠原長重	元禄10年４月	50000	三河吉田	40000	←	久世重之	元禄10年６月	50000	丹波亀山	50000
21続	←	金森頼旹	元禄10年６月	38700	出羽上山	38700	←	松平信通	元禄10年９月	30000	備中庭瀬	30000
21続												
22	←	堀田正虎	元禄13年１月	100000	陸奥福島	100000	←	板倉重寛	元禄15年12月	30000	信濃坂木	30000
23	←	板垣重富	元禄15年９月	25000	上総大多喜	25000	←	松平正久	元禄16年２月	20000	相模甘縄	17000
24	←	牧野康重	元禄15年11月	15000	越後与板	10000	←	井伊直矩	宝永２年12月	20000	遠江掛川	35000
25	←	井上正岑	元禄15年９月	50000	丹波亀山	47000	←	青山忠重	元禄15年９月	50000	遠江浜松	50000
25続	←	井上正岑	元禄15年９月	50000	常陸下館	50000	←	黒田直邦	元禄16年１月	15000	武蔵内	10000
26	←	永井直敬	宝永３年１月	33000	播磨赤穂	33000	←	森長直	宝永３年１月	20000	備中西江原	20000
27	←	間部詮房	宝永７年５月	50000	相模・摂津等内	30000						
28	←	青山幸秀	享保２年２月	48000	信濃飯山	48000	←	本多助芳	享保２年２月	20000	越後糸魚川	10000
28続												
29												
30	←	稲垣昭賢	享保10年10月	30000	下野烏山	30000	←	大久保常春	享保10年10月	20000	近江・丹波内	15000
31	←	大岡忠光	宝暦６年５月	20000	上総勝浦	15000						
32	←	松平資昌	宝暦８年12月	70000	遠江浜松	70000	←	井上正経	宝暦８年12月	60000	摂津・河内等内	60000
33												

表2

区分	No.	改易 大名	年次	城地	石高		転封①／転封④／転封⑦ 大名	年次	新石高	旧城地	旧石高
Ⅰ	1	奥平昌能	寛文８年８月	下野宇都宮	110000	←	松平忠弘	寛文８年８月	150000	出羽山形	150000
Ⅰ	2	松平忠弘	元禄５年７月	陸奥白河	150000	←	松平直矩	元禄５年７月	150000	出羽山形	100000
Ⅰ	3	松平乗邑	延享２年10月	下総佐倉	70000	←	堀田正亮	延享３年１月	100000	出羽山形	100000
Ⅰ	4	水野忠邦	弘化２年11月	遠江浜松	70000	←	井上正春	弘化２年11月	60000	上野館林	60000
Ⅱ	1	一柳直興	寛文５年７月	伊予西条	30000	←	松平頼純	寛文10年２月	30000	紀伊徳川家	—
Ⅱ	2	池田恒行	延宝７年４月	播磨山崎	30000	←	本多忠英	延宝７年６月	10000	大和郡山内	—
Ⅱ	3	森長成	元禄10年８月	美作津山	186500	←	松平宣富	元禄11年１月	100000	松平光長嫡子	—
Ⅱ	4	松平義真	享保14年５月	陸奥梁川	30000	←	徳川通春	享保14年８月	30000	尾張徳川家	—
Ⅱ	5	植村恒朝	宝暦元年10月	上総勝浦	10000	←	大岡忠光	宝暦元年12月	10000	旗本	—
Ⅱ	6	本多忠央	宝暦８年10月	遠江相良	10000	←	田沼意次	宝暦８年11月	10000	旗本	—
Ⅲ	1	京極高国	寛文６年５月	丹後宮津	78200	←	永井尚征	寛文９年２月	73600	山城淀	73600
Ⅲ	1続					←	久世広之	寛文９年６月	50000	相模・武蔵等内	40000
Ⅲ	2	水野元知	寛文７年５月	上野安中	20000	←	堀田正俊	寛文７年６月	20000	下総・相模等内	13000
Ⅲ	3	高力高長	寛文８年２月	肥前島原	37000	←	松平忠房	寛文９年６月	65900	丹波福知山	45900
Ⅲ	4	戸田安風	延宝７年11月	備中庭瀬	20000	←	久世重之	天和３年８月	50000	下総関宿	50000
Ⅲ	5	永井尚長	延宝８年６月	丹後宮津	73600	←	阿部正邦	天和元年２月	99000	武蔵岩槻	99000
Ⅲ	6	内藤忠勝	延宝８年６月	志摩鳥羽	35000	←	土井利益	天和元年２月	70000	下総古河	70000
Ⅲ	7	松平光長	天和元年６月	越後高田	263000	←	稲葉正往	貞享２年12月	103000	相模小田原	102000
Ⅲ	7続					←	松平忠周	貞享３年１月	48000	丹波亀山	38000
Ⅲ	8	酒井忠能	天和元年12月	駿河田中	40000	←	土屋政直	天和２年２月	45000	常陸土浦	45000
Ⅲ	9	松平直矩	天和２年２月	播磨姫路	150000	←	本多忠国	天和２年２月	150000	陸奥福島	150000
Ⅲ	10	板倉重種	天和２年２月	武蔵岩槻	60000	←	戸田忠昌	天和２年２月	51000	五畿内	41000
Ⅲ	11	本多政利	天和２年２月	播磨明石	60000	←	松平直明	天和２年３月	60000	越前大野	50000
Ⅲ	12	本多利長	天和２年２月	遠江横須賀	43440	←	西尾忠成	天和２年３月	25000	信濃小諸	25000
Ⅲ	13	桑山一尹	天和２年５月	大和新庄	11000	←	永井直円	天和２年カ	10000	大和内	10000
Ⅲ	14	那須資徳	貞享４年10月	下野烏山	20000	←	永井直敬	貞享４年10月	30000	河内・山城等内	30000
Ⅲ	15	鳥居忠則	元禄２年７月	信濃高遠	30200	←	内藤清枚	元禄４年２月	33000	常陸・摂津等内	33000
Ⅲ	16	有馬清純	元禄４年12月	日向延岡	53000	←	三浦明敬	元禄５年２月	23000	下野壬生	20000
Ⅲ	17	遠藤常久	元禄５年５月	美濃八幡	24000	←	井上正任	元禄５年11月	50000	常陸笠間	50000
Ⅲ	18	松平忠之	元禄６年11月	下総古河	85000	←	松平信輝	元禄７年１月	70000	武蔵川越	70000
Ⅲ	19	水谷勝美	元禄６年10月	備中松山	50000	←	安藤重博	元禄８年５月	65000	上野高崎	60000
Ⅲ	19続					←	鳥居忠英	元禄８年５月	20000	能登下村	10000
Ⅲ	20	本多重益	元禄８年３月	越前丸岡	43300	←	有馬清純	元禄８年５月	50000	越後糸魚川	50000
Ⅲ	21	小出英及	元禄９年10月	但馬出石	44000	←	松平忠周	元禄10年２月	48000	武蔵岩槻	48000
Ⅲ	21続					←	井上正岑	元禄10年６月	47000	美濃八幡	47000
Ⅲ	21続					←	板倉重高	元禄12年２月	20000	上総高滝	20000
Ⅲ	22	水野勝岑	元禄11年５月	越後福山	101000	←	松平忠雅	元禄13年７月	100000	出羽山形	100000
Ⅲ	23	浅野長矩	元禄14年３月	播磨赤穂	50000	←	永井直敬	元禄15年９月	33000	下野烏山	30000
Ⅲ	24	丹羽氏音	元禄15年６月	美濃岩村	19000	←	石川乗紀	元禄15年９月	20000	信濃小諸	20000
Ⅲ	25	松平忠充	元禄15年８月	伊勢長島	10000	←	増山正弥	元禄15年９月	20000	常陸下館	23000
Ⅲ	25続					←	本庄資俊	元禄15年９月	70000	常陸笠間	50000
Ⅲ	26	井伊直朝	宝永２年12月	遠江掛川	35000	←	松平忠喬	宝永３年１月	40000	信濃飯山	40000
Ⅲ	27	本多忠孝	宝永６年９月	越後村上	150000	←	松平輝貞	宝永７年５月	72000	上野高崎	72000
Ⅲ	28	小笠原長邕	享保元年９月	豊前中津	40000	←	奥平昌成	享保２年２月	100000	丹後宮津	90000
Ⅲ	28続					←	松平直之	享保２年２月	10000	越前松平家	—
Ⅲ	29	本多忠烈	享保８年11月	大和郡山	50000	←	柳沢吉里	享保９年３月	151288	甲斐甲府	151288
Ⅲ	30	水野忠恒	享保10年７月	信濃松本	70000	←	松平光慈	享保10年10月	60000	志摩鳥羽	60000
Ⅲ	31	安藤信尹	宝暦５年２月	美濃加納	65000	←	永井直陳	宝暦６年５月	32000	武蔵岩槻	32000
Ⅲ	32	金森頼錦	宝暦８年12月	美濃八幡	39000	←	青山幸道	宝暦８年12月	48000	丹後宮津	48000
Ⅲ	33	織田信邦	明和４年７月	上野小幡	20000	←	松平忠恒	明和４年閏９月	20000	上野上野見	20000

として、寛文六年五月の宮津藩主京極高国改易と寛文八年二月島原藩主高力高長改易時の転封を見てみよう。表2ではⅢ―1・3がこれに該当する。まず、京極高国改易によって無主空白地となった宮津には同九年二月淀から永井尚征が入り、淀には亀山から石川憲之が入り、亀山には関宿から板倉重常が入り、関宿には相模・武蔵国等内に所領を持つ久世広之が城持大名として入ったことを意味する。次の高力高長改易では無主空白地となった島原には翌九年六月福知山から松平忠房が入り、福知山には土浦から朽木稙昌が入り、土浦には常陸・武蔵国内に所領を持つ土屋数直が城持大名として入ったことを意味する。これら一連の転封を史料で示すと【史料1】【史料2】【史料3】であるが、いずれも「柳営日次記」の記述である。(26)

【史料1】（寛文九年二月二五日条）

廿五日

高本知ニ而七万三千六百石　丹後宮津江　永井左近大夫（尚征）

都合高六万石　城州淀壱万石御加増向後御詰衆被仰付之　石川主殿頭（憲之）

都合高五万石　勢州亀山五千石御加増　板倉隠岐守（重常）

右之通所替被　仰付

【史料2】（寛文九年六月八日条）

八日

本高四万五千九百石丹波福知山也　肥前嶋原弐萬石御加増都合六万弐千石　六万五千九百石　松平主殿頭（忠房）

本高二万七千石 常陸土浦也　丹波福知山五千石御加増 都合三万弐千石

右両所所替被仰付候、於御座之間老中被仰出之　朽木伊与守（稙昌）

【史料3】（寛文九年六月二五日条）

廿五日

関宿　久世大和守（広之）

土浦　土屋但馬守（数直）

右者壱万石ツヽ、御加増ニ而城主被仰付旨、於御座之間　御直ニ被仰渡之

【史料1】では寛文九年二月二五日に宮津へ永井尚征が、淀へ石川憲之が、亀山へ板倉重常が一斉に転封を命じられたことが記述されており、この三大名の転封によって宮津・淀・亀山の三城地は大名領として維持されたが、関宿藩主板倉重常が亀山に移ることになったため、この段階では関宿が無主空白地となった。【史料2】は同年六月八日島原へ福知山から松平忠房が、福知山へ土浦から朽木稙昌が転封を命じられたことが記述されており、この段階では土浦が無主空白地となった。【史料3】は同年六月二五日に関宿藩主には老中久世広之が、土浦藩主には老中土屋数直がそれぞれ一万石の加増を伴って命じられたことが記述されており、両者はここで城持大名となり関宿・土浦両藩は譜代藩として存続することになった。注目したいのは、この久世・土屋両名の大名としての存在形態である。次の【史料4】【史料5】は、それぞれ寛文四年四月五日付、寛文九年八月三日付で出された土屋数直宛の領知宛行状である。[27]

【史料4】

常陸国茨城郡之内八箇村五千石、武蔵国埼玉郡之内八ヶ村五千石、都合壱万石目録在別紙事、宛行之訖、全可領

知者也、仍如件

寛文四年四月五日　御朱印

土屋但馬守（数直）とのへ

【史料5】

常陸国新治・信太・真壁・茨城・筑波五郡内土浦領五拾七箇村三万千三百八拾七石八斗余、武蔵国埼玉多摩両郡内弐拾五箇村八千九百弐拾九石四斗余、上総国山辺郡之内五箇村三千六百七拾七石四斗余、下野国芳賀郡内四箇村千四石九斗余、都合四万五千石（目録在別紙）事、宛行之訖、全可令領知者也、仍如件

寛文九年八月三日　御朱印

土屋但馬守（数直）とのへ

【史料4】のように、すでに常陸国茨城郡で五千石、武蔵国埼玉郡で五千石を領していた土屋数直が、【史料5】のように常陸土浦城・城付地の領知を宛行われ、さらに上総・下野で加増を受けたことがわかる。

一方、久世広之は寛文四年四月五日に、相模国高座郡二四ヶ村八二六二石余、同国愛甲郡二三ヶ村四四五四石余、同国大住郡酒井村一三八石余、武蔵国橘樹郡九ヶ村二六四七石余、同国都築郡三ヶ村八〇〇石、同国久良郡二三ヶ村五〇〇〇石、上総国望陀郡推津村六二〇石余、同国市原郡一〇ヶ村二七三五石、同国長柄郡三ヶ村二〇二石余、同国埴生郡八ヶ村一四二四石余、同国夷隅郡二ヶ村二〇七八石余、下総国結城郡二四ヶ村一〇六四八石余、下野国都賀郡五ヶ村三八五石余、常陸国河内郡四ヶ村六〇六石余、合計四万石余を宛行われていた(28)。この寛文九年転封時は、下総国葛飾郡三六ヶ村八一二七石余、同国猿嶋郡四七ヶ村一六四二三石余、同国相馬郡七ヶ村二一九〇石余、常陸国新治郡一九ヶ村六二二〇石余、同国筑波郡三ヶ村三七七九石余、相模国高座郡二〇ヶ村六

二六二石余、同国愛甲郡二三ヶ村四四五四石余、武蔵国橘樹郡九ヶ村二五四一石余を宛行われた[29]。寛文四年時の相模国高座・愛甲郡、武蔵国橘樹郡の所領を残しつつ、新たに関宿城・城付地である下総国葛飾郡周辺で大幅な領知を宛行われたことがわかる。

右のように久世・土屋など分散知行の大名を利用しつつ、新たな加増地として城・城付地の宛行を行い、その旧所領の幾分かを幕府領に切り替えているものと考えられる。寛文六・八年に起こった二つの改易に対して、この一連の対応により、宮津・淀・亀山・関宿、そして島原・福知山・土浦が大名領として維持され、一方で分散知行の久世・土屋が城持大名になることで対応しているのである。表2からこうした対応が例外ではないことが推測できるため、もう一つ別の事例を見てみたい。

【史料6】は宝永七年（一七一〇）五月二三日に命じられた転封に関する「柳営日次記」の記述である。表2ではⅢ―27に該当する。

【史料6[30]】

廿三日

御座間

間部越前守（詮房）　弐万石御加増都合五万石　上州高崎城江被下

松平右京大夫（輝貞）　高崎ゟ越後村上城江　去年御普請御手伝相勤間も無之所替ニ付、拝借金五千両被　仰付

本多中務大夫（忠良）　村上ゟ三州刈屋城江　去年本高減少間も無之所替ニ付、拝借金三千両被　仰付

右之通所替被　仰付
刈屋ゟ上総讃岐へ　城地取立可申旨　阿部民部（正鎮）
城地取立ニ付、拝借金弐千両被　仰付
右老中伝之

村上藩主本多忠孝改易に際して、本多家自体は取りつぶしをまぬがれて刈谷に転封を命じられ、刈谷から阿部正鎮が佐貫へ転封を命じられたため、この時に貞享元年（一六八四）以来約二五年間廃藩となっていた佐貫藩が立藩することとなった。一方無主空白地となる村上へは高崎から松平輝貞が転封を命じられ、高崎には前年四月に老中格となった間部詮房が二万石の加増を受けて入ることとなった。間部は、宝永六年八月五日に、和泉国大鳥・和泉郡で二二ヶ村、摂津国西成郡二〇ヶ村、伊豆国君沢・田方郡二一ヶ村、下総国海上郡二七ヶ村、合計三万石を宛行われていた。(31) この宝永七年の転封時には、和泉大鳥郡五ヶ村、同和泉郡三ヶ村、摂津西成郡一五ヶ村という上方の所領を領しながら、新たに高崎城・城付地を宛行われている。(32) この対応によって村上・高崎・刈谷が大名領として維持され、さらに佐貫藩が新たに立藩し、一方分散知行であった間部詮房が旧所領の幾分かを領しながら新たに高崎城周辺を宛行われて城持大名になった。間部はここで加増を受けて高崎城主として城持大名となったが、間部を中心とした幕閣人事がこの一連の転封の主要因であったと考えられる。

これに類するものとして元禄七年一月の柳沢吉保の川越入封があるが、この場合は前年一一月に松平忠之の改易によって翌年一月川越藩主松平信輝が古河に転封を命じられ、一方上総・武蔵・和泉・摂津国等内で六二〇〇〇石余の領知を宛行われていた吉保が一万石の加増を受けて川越に入ることとなった(33)（表2のⅢ—18）。この一連の対応によって古河・川越両藩は譜代藩として存続し、かつ幕閣人事の一環として柳沢吉保が城持大名となった。改易に伴う転封（領知替）は幕閣の就退任・加増など、時々の課題と関連しながら複数の大名にまたがって命じ

られていることがわかる。表1で改易が起こって必ずしも即座に転封が命じられるわけではないことを見たが、一旦はそのまま幕府領として据え置いたとしても、後にいくつかの政治的案件が揃った段階で、この改易地を利用することになるものと考えられる。

以上の事例、さらには表2から、この第三のケースでは通常一大名のみに転封を命じることは少なく、数珠つなぎのように複数の大名を動かしていることがわかる。この点から言えば、柳沢吉里の転封は異例中の異例であることがわかる。幕府が命じるこうした転封のねらいをより明確にするために作成したのが表3である。これは廃藩という形が取られる所領に注目して作成したものであり、改易大名の石高順に並べている。つまり表2でいえばⅢの一番最後に来る大名に注目したもので、改易大名に関するデータ、転封を命じられた大名数、廃藩の形となった城地・領地に関するデータをまとめている。こうした転封が行われる場合は改易によって藩の数が少なくなるため、どこかの藩が廃藩の形を取り、その大名領が幕府領等に切り替えられるという点に注目したものである。まず改易大名の石高と転封件数に相関関係はなく、例えば元禄一五年八月伊勢国長島藩主改易時では六大名が転封を命じられたように、一万石の大名改易時でも複数動いている。これは再三述べてきたように、幕府がいくつかの課題をからめて転封を命じているからだと考えられる。ただし柳沢吉保のように、城持になる以前にすでに約六二〇〇〇石の領知を宛行われていたような場合を除けば、七万石以上の大名改易が起こった場合には必ず三大名以上が転封を命じられていることがわかる。またこの場合には基本的に譜代大名が命じられており、このような対応が採られるため時代が下っても譜代大名が定着しないともいえる。

そして最も顕著な点は、すでに久世広之・土屋数直・柳沢吉保・間部詮房で見たように、その多くが著しい分散知行の役職大名であること、また彼らが転封（領知替）によって他地域で城持大名となって、その所領の幾分

表3

	改			易		廃藩・所領切替			
表2のⅢ	年　次	大　名	城　地	石高	転封数	年　次	大　名	城　地	石高
25	元禄15年8月	松平忠充	伊勢長島	10000	6	元禄16年1月	黒田直邦	武蔵内	10000
13	天和2年5月	桑山一尹	大和新庄	11000	1	天和2年カ	永井直円	大和内	10000
24	元禄15年6月	丹羽氏音	美濃岩村	19000	3	宝永2年12月	井伊直矩	遠江掛川	35000
2	寛文7年5月	水野元知	上野安中	20000	1	寛文7年6月	堀田正俊	下総・相模・常陸内	13000
4	延宝7年11月	戸田安風	備中庭瀬	20000	2	天和3年9月	牧野成貞	常陸・下総・下野内	33000
14	貞享4年10月	那須資徳	下野烏山	20000	1	貞享4年10月	永井直敬	河内・山城・摂津内	30000
33	明和4年7月	織田信邦	上野小幡	20000	1	明和4年閏9月	松平忠恒	上野上野見	20000
17	元禄5年5月	遠藤常久	美濃八幡	24000	2	元禄5年11月	本庄宗資	下野・上野・河内内	20000
15	元禄2年7月	鳥居忠則	信濃高遠	30200	1	元禄4年2月	内藤清枚	下野・摂津・河内等内	33000
6	延宝8年6月	内藤忠勝	志摩鳥羽	35000	3	天和元年5月	板倉重形	下野・摂津内	10000
26	宝永2年12月	井伊直朝	遠江掛川	35000	3	宝永3年1月	森長直	備中西江原	20000
3	寛文8年2月	高力高長	肥前島原	37000	3	寛文9年6月	土屋数直	常陸・武蔵内	35000
32	宝暦8年12月	金森頼錦	美濃八幡	39000	3	宝暦8年12月	井上正経	摂津・河内・播磨等内	60000
8	天和元年12月	酒井忠能	駿河田中	40000	2	天和2年2月	松平信興	武蔵・下総・常陸内	17000
28	享保元年9月	小笠原長邕	豊前中津	40000	4	享保2年2月	松平直之	越前松平家	—
20	元禄8年3月	本多重益	越前丸岡	43300	2	元禄12年6月	本多助芳	出羽村山	10000
12	天和2年2月	本多利長	遠江横須賀	43440	2	天和2年3月	石川乗政	常陸小張	15000
21	元禄9年10月	小出英及	但馬出石	44000	7	元禄12年2月	板倉重高	上総高滝	20000
19	元禄6年10月	水谷勝美	備中松山	50000	4	元禄8年5月	鳥居忠英	能登下村	10000
23	元禄14年3月	浅野長矩	播磨赤穂	50000	3	元禄16年2月	松平正久	相模甘縄	17000
27	宝永6年9月	本多忠孝	越後村上	150000	2	宝永7年5月	間部詮房	相模・摂津・下総等内	30000
29	享保8年11月	本多忠烈	大和郡山	50000	1	享保9年3月	柳沢吉里	甲斐甲府	151288
16	元禄4年12月	有馬清純	日向延岡	53000	2	元禄5年2月	松平輝貞	摂津・河内内	32000
10	天和2年2月	板倉重種	武蔵岩槻	60000	1	天和2年2月	戸田忠昌	五畿内	41000
11	天和2年2月	本多政利	播磨明石	60000	2	天和2年3月	土井利房	下総・下野・常陸等内	40000
31	宝暦5年2月	安藤信尹	美濃加納	65000	2	宝暦6年5月	大岡忠光	上総勝浦	15000
30	享保10年7月	水野忠恒	信濃松本	70000	3	享保10年10月	大久保常春	近江・丹波内	15000
5	延宝8年6月	永井尚長	丹後宮津	73600	3	天和元年2月	那須資弥	下野福原	12000
1	寛文6年5月	京極高国	丹後宮津	78200	4	寛文9年6月	久世広之	相模・武蔵・上総等内	40000
18	元禄6年11月	松平忠之	下総古河	85000	2	元禄7年1月	柳沢吉保	上総・和泉等内	62030
22	元禄11年5月	水野勝岑	備後福山	101000	3	元禄15年12月	板倉重寛	信濃坂木	30000
9	天和2年2月	松平直矩	播磨姫路	150000	3	貞享3年7月	松平直矩	豊後日田	70000
7	天和元年6月	松平光長	越後高田	263000	5	貞享3年1月	久世重之	備中庭瀬	50000

かが幕府領等に切り替えられて処理されていることである。また江戸の幕閣だけでなく、所司代・城代就任によって上方に領知を与えられていた戸田忠昌・井上正経らがそれぞれ岩槻・浜松城主になることで、上方の旧領知が幕府領等に切り替えられている場合もあったことがわかる。この点と不可分な関係を持つが、廃藩の形が取られる所領が存在する地域が、関東・上方、およびこれに類する非領国と呼ばれてきた地域に集中することがわかる。さらに、表1で三万石以上の大名改易が起こった場合には数年間空いたとしても最終的にはその城地を大名領とすることを見たが、これらの地域、特に関東では対照的に一連の転封の結果、五万石以上であっても幕府領等に切り替えてしまう場合もあることがわかる。柳沢氏の郡山転封は一大名のみの移動にとどまった点において極めて異例ではあるが、関東周辺に廃藩となる所領が設定されている点も含めて、第三のケースに該当すると考えられる。

以上の点から、大名の転封には格式・石高によって一定の原則があったことは触れたが、大名改易が行われた場合にも幕府は一定程度の原則をもって大名に転封を命じていたといえる。それは改易地の石高が高ければ、幕閣人事等の課題と関連させながら複数の大名を極力間を置かずに一斉に動かすこと、同時に最終的に廃藩の形を取る所領を非領国と呼ばれてきた地域に集中させることである。偶然ではなく幕藩体制の構造上、このような対応を採らざるをえなかったのではないかと考えられる。まずは幕府がこうした対応を採る意味を明らかにした上で個々の転封の位置付けを行う必要があろう。一つ一つの転封が全体を構成する部分でもあるということであり、その部分だけを取り出して評価すると事の本質から外れるからである。そして、享保九年の事例であれば一直線に柳沢氏転封を選択しているわけではないものと考えられ、この場合ではあえて原則から外れた対応を採った理由とその結果を明らかにする必要があることになる。

第三節　転封の原則と柳沢氏転封

本節では、幕府が大名改易時に前節で明らかにしたような原則に従って対応する意味を明らかにし、さらにこれを踏まえて享保九年（一七二四）の転封がどのように位置付けられるかを考察する。まずこの問題を理解しやすくするために、最も石高の大きい大名改易である天和元年（一六八一）六月の越後国高田藩主松平光長改易時の対応を見てみたい[34]。高田藩松平氏改易の際には一旦高田藩領二六三〇〇〇石すべては幕府領とされ、城郭管理のため城番体制が採られることになっているが、すぐに大名を入れなかったのは複数の大名に転封を命じる適当な理由がなかったからであると考えられる。貞享二年（一六八五）一二月に小田原から稲葉正往が一〇三〇〇〇石で高田に入封し、小田原には翌三年一月に佐倉から老中大久保忠朝が一〇三一二九石で入封し、佐倉に岩槻から老中戸田忠昌が一万石の加増を受けて六一〇〇〇石で入封し、岩槻には亀山から若年寄松平忠周が一万石の加増を受けて四八〇〇〇石で入封し、亀山には庭瀬から奏者番久世重之が五万石で入封した（表2のⅢ－7）。この一連の転封は大久保忠朝を中心とする幕閣人事が主要因と考えられるが、ここで稲葉氏が高田に入り一方で庭瀬藩は廃藩となった。つまり五大名が転封することによって、二六三〇〇〇石から一〇三〇〇〇石に大幅に規模が縮小するものの高田藩は譜代藩として維持され、代わって五万石の庭瀬藩が廃藩となった。

高田・小田原・佐倉・岩槻・亀山藩は郡山藩のように幕府にとっても大名領である必要性があったり、また幕府領に切り替えてしまうと、城郭管理あるいは年貢徴収・触伝達等の領民支配が成り立たなくなる場合があるために大名領として維持したものと考えられる。一方庭瀬藩は、これ以前・以後も立藩と廃藩を繰り返しているよ

うに維持すべき大名領としての優先順位が低く、また幕府領に切り替えても支配が成り立つためにこのような対応を採ったものといえる。備中国が関東・上方に近い所領構成であったことはよく知られており[36]、またこうした対応はその他の場合でも同様であることはすでに触れた。

幕府があえてこうした対応を採るのは、まず全国の城地にはすぐにでも大名を入れねばならない最優先のものから、逆に他に優先順位の高い課題が発生した場合に廃藩にしても構わない城地まで幅広くあり、これを考慮して大名に転封を命じているからである。さらに一大名だけを改易が行われた城地に突然入れると、今度は別の無主空白地を作ってその地域の支配構造を変容させ、場合によっては破壊してしまう危険性があるために、一斉に大名を動かしているものと考えられる。つまり支配構造が急激に変わってしまう危険を避けるために、複数の大名に転封を命じ石高が低くなった段階で、大名領から幕府領へと切り替えやすい非領国と呼ばれてきた地域にクッションとしての役割を持たせて問題を処理していることになる。関東・上方・備中国において領主交代が頻繁なのはこの点も重要な要因であったのである。

逆に周知の事実ではあるが、旗本・大名に加増あるいは役知領として領知を宛行うために、幕府領から旗本領・大名領に切り替えねばならない場合もこの地域の分散所領を利用することになる。特に大名が定着する以前の元禄—享保期までは横田冬彦氏が明らかにしている通り[37]、全国各地の大名は所司代・城代に就任するとかつての城地を引き渡して上方で新たな領知が与えられており、一七世紀ではこうした幕府官僚の存在形態とも関わって当該地域におけるその領主交代は頻繁であった。例えば宝暦六年（一七五六）に大坂城代に就任した井上正経は陸奥国磐前・磐城・菊多・伊達郡、下野国芳賀郡一〇ヶ村、合計六万石を領していたが、「領知目録書抜」に「宝暦六年大坂御城代被仰付、奥州岩城平城地上リ、大坂最寄ニ而引替被下ニ付」と記述されているように[38]、大

坂城代就任を契機に転封（領知替）を命じられた。具体的には宝暦八年三月に摂津国嶋下郡九ヶ村、同西成郡一〇ヶ村、河内国渋川郡八ヶ村、同丹北郡六ヶ村、同古市郡古市村、同石川郡一四ヶ村、播磨国加西郡七ヶ村、同美嚢郡一三ヶ村、同加東郡七ヶ村、同多可郡二五ヶ村、同赤穂郡二五ヶ村、近江国蒲生郡二三ヶ村、同野洲郡五ヶ村、合計六万石を宛行われており、陸奥国磐城平から大坂周辺へ転封になっている。なお、宝暦八年一二月に郡上藩金森氏の改易を機に郡上には丹後国宮津藩青山氏が、宮津へは遠江国浜松藩松平（本庄）氏が転封となり、無主空白地となる浜松にはこの井上正経が入ることになった。

水本氏が当該地域の支配構造・社会構造を、〈奉行を担い手とする公儀の広域的・横断的行政の展開〉と〈公儀の下に編成され形式化した形で存続する領主制〉および〈所有と地域行政の実質を担う郷村〉の三者の絡み合いで捉えるべきことを提起しているが[39]、村中・郷中をも含むこの支配・所領構造が頻繁な領主交代によって本来引き起こされるであろう問題を飲み込んで消化してしまうことは、これまでの研究史が説明しているといえよう。関東・上方の分散所領は地域内部で完結させずに、幕藩体制全体で位置付けた時に初めてその特質が浮かび上がるのである。

以上のような対応を幕府が選択する意味をまとめると、統一権力・個別領主のそれぞれの側面から以下のような理由が考えられる。まず統一権力としては、第一に郡山藩がまさにそうであったように新しい別の大名家を入れて大名領として存続させて、改易が起きた所領さらにはその周辺地域の支配構造を極力従来通りに維持するため、第二に第一の目的を果たすためとはいえ別の地域の支配構造を破壊しないため、第三に廃藩の形を取る所領を非領国と呼ばれる地域に集中させることによって、全体として見てその影響を最小限度に抑えるため、である。一方幕府は個別領主としてもこうした原則に従って対応することで、偶発的に起こる改易のたびに無計画に各地

に所領を抱え込むのではなく、負担と効果を計って幕府領にしているものと考えられる。つまり地方に新規に幕府領を設置する場合であっても一直線にそれを選択しているのではなく、こうした対応を採ることで設置が必要かつ維持が可能な所領を選択した結果により幕府領にしているのである。

以上のように、この対応は幕府にとって全国各地の支配構造のバランスを維持するという統一権力としての側面からも、一方で所領を各地に乱立させることなく、効率的・安定的な幕領支配を続けるという個別領主としての側面からも必要不可欠なのであった。幕府と藩はいわば一蓮托生の関係にあり、大名転封もその関係に規定されており、幕府の一方的な都合だけで行えるわけではないのである。また幕府領が一種のクッションのような役割を果たすことで、大名転封が可能になっている点も重要であろう。「公儀御料」としての特質に注目した安藤氏の研究視角・成果は[40]、統一権力である幕府の性格さらには幕藩体制の特質を解明していく上で重要であると考えられる。

この事実に注目すれば関東・上方の所領構成が持つ意味に関して、これまでとは異なる説明が可能であろう。地方の支配構造の柱となる大名領国を維持し、かつ幕府官僚制機構を形成し再生産していくためには、領主制が後退したことによって所領を簡単に切り替えられる「特殊な封建制」とも評された所領構成が構造上必要であった。安岡氏が非領国論を提起した際に「封建関係が国家原理にまで高められ、封建国家として成立するためには、（中略）（畿内のような―注筆者）封建原理の希薄な封建関係をも部分的に必要としていた[41]」と述べているが、まさにこのことを指しているといえる。また水本氏が当該地域の支配構造・社会構造を捉えて指摘した「所有と行政の分離」の意味を、他地域との構造的連関の側面で捉えた場合は以上のような説明ができる。

一方で、こうした当該地域の支配構造を支える条件の一つが郡山藩など一定程度の大名の存在であったことも

事実である。「非領国」は「大名領国」に対立する概念として提起されたものではあるが、両者が全く別個のものとして無関係に存在したのではなく、矛盾をはらみながらも共存することで初めて全体を成り立たせているのである。そして、上方の中にはその特質が姿を変えながらも凝縮しているといえるだろう。この点から言えば、上方の一〇万石クラスの大名が断絶したことの持つ意味の大きさが理解できよう。

これまでの分析を踏まえると、以下のようにまとめられるであろう。寛文四年（一六六四）以降大名改易が起こった場合、幕府は一、二万石の大名であればそのまま廃藩にして幕府領等に切り替えたが、三万石以上の大名改易が起こった場合にはそのまますべてを幕府領とすることはほとんどない。そのまま幕府領にしてしまえば、短期的には確かに幕府の年貢収入が増えるが、郡山藩のように幕府にとってもその所領が大名領である必要性があったり、また改易が起きるたびに無計画に全国各地に所領を抱えていけば、逆に幕府にとっても維持するのが困難であったからである。そのため幕閣人事や幕府領設置など時々の政治課題と関わらせながら、複数の大名に転封を命じることで石高を減少させていき、最終的に影響力の小さいあるいは幕府にとっても必要な所領を選択し幕府領にすることで対応していた。このような対応を採ることで、幕府はできあがった幕藩体制のあり方を極端に変容させないようにしていたのである。寛文・延宝期に確立した幕藩体制は自然に存続したのではなく、幕府がこうした判断に基づいて対応することで意図的に維持されていたといえる。

次にこの原則の意味を踏まえた上で、柳沢氏転封をどのように位置付けられるか考えてみたい。すでに述べたように一見するとこの転封は異例中の異例ともいえる事例で、柳沢氏のみに転封を命じて一五万石の譜代藩を突然消滅させた唯一の事例である。このため当該転封がどの程度この原則にあてはまりうるか、もしくは逆にかけ離れていて、これまで見てきた論理を破綻させるものであるか検証する必要がある。

まず甲府藩の概略を示しておく。[42]慶長八年（一六〇三）に徳川義直が二五万石で入封したが同一二年に尾張へ転封し、その後には大名が入らずそのまま幕府領となった。また元和二年（一六一六）に徳川忠長が二三八〇〇〇石で入封するが寛永一〇年（一六三三）に改易となり、そのまま幕府領となって甲府には勤番が配置され、この状態は約三〇年続いた。寛文元年閏八月に家光三男綱重が二五万石で入封して再び甲府藩として立藩され、その子綱豊（家宣）へと続く。そして宝永元年（一七〇四）に家宣が将軍綱吉の継嗣として西丸に入り、川越藩主柳沢吉保が甲府に転封を命じられ、同六年綱吉死去によって吉保も幕政から離れて隠居し、嫡子吉里が跡を継いだ。そしてすでに触れたが一五年の治世を経て享保九年に吉里は郡山へ転封となり、甲斐一国は幕府領に切り替えられた。なお、寛文元年の藩設置にあたり三〇名、宝永二年には一〇四名の旗本知行所が上知されてもいる。またその後そのまま幕府領であったわけではなく、延享三年（一七四六）御三卿田安・一橋家領が、宝暦一二年には清水家領が甲斐国で与えられた。また、この御三卿領も大きな変化があり、最終的には田安領のみとなって明治維新を迎える。甲斐国の所領は幕府領・御三卿領・旗本領・大名領が近似的性格を持っていたといえる。

以上のように、甲府藩は必ずしも一貫して存在し続けたわけではなく、甲府近辺の所領は大名領から幕府領等へ、またその逆へと切り替えが可能な所領であるといえる。また現段階で、甲府藩が藩領を越えて周辺地域の支配に深く関わったという研究がないため今後の課題ともなるが、郡山藩とは異なることがわかる。なお甲府藩以外に触れておくと、例えば館林藩もこれに該当する。徳川綱重の甲府入封と同日に徳川綱吉が二五万石で館林に入封したが、延宝八年（一六八〇）の綱吉将軍就任と嫡子徳松の死を機に館林藩は廃藩となって城も取り壊され、幕府領・旗本領に切り替えられた。[43]しかし、約二五年後の宝永四年一月に綱重の二男で六代将軍家宣の実兄にあたる松平清武が入封し二四〇〇〇石で館林藩は再び立藩した。上方とは異なり関東周辺には、他に優先順位の高

い課題に直面すれば場合によっては消滅させることが可能な親藩・譜代藩が少なからずあると考えられる。

こうした甲府藩の性格に加えて、吉里時代の甲府藩は特異な性格を持っていた。まず吉保以前の歴代甲府藩主は親藩ということもあり定府し続け、一度も甲府には入っていない。また吉保自身も幕政を担当しているため定府しており、一度も甲府には入っていない。そして嫡子吉里が跡を継いで、宝永七年五月に甲府藩主として初めて甲府に入ったのである。(44) 郡山藩主がいずれかの藩主と参勤交代を組み合わせられ必ず一年間は在国せねばならなかったのに対し、甲府藩主は参勤交代をするのではなく定府することが本来の姿であった。吉里は領内支配を進展させたといわれるが、実は幕府にとって甲府藩に期待する役割・存在意義はこのようなものではない。本来甲府藩の存在意義は譜代藩であれば藩政を担当するだけでなく、吉保のように藩主自身が定府して幕政を担当することに意味があったからである。宝永六年に吉保が隠居して以降も嫡子吉里は役職に就任していない。つまり享保八年段階の甲府藩は幕府が意図して配置した本来のあり方とはずれており、こうしたずれは宝永六年の綱吉死去に伴い吉保が隠居し、さらに吉里が甲府藩主として初めて甲府に入った段階で起きたものである。

以上の点を踏まえると、本来行いえないかのように見えるこの転封は原則から完全に外れた対応というわけではなく、少なくとも幕府や甲府周辺の領主の事情においては可能であったものと考えられる。そして幕府がこうした例外的な対応を選択した理由に関してであるが、ここにこれまで指摘されているような幕府領拡大や綱吉政権との関わり、さらには増幅する江戸の旗本対策など複数の政治課題がその要因として加わるものと考えられる。なお、これまで見逃されている点でとりわけ重要なのが、この時期の吉宗政権が新規の政策を打ち出し、大名に対しては手伝普請停止や上米の制実施などの対応を行っているという政治状況であり、(45) 多額の費用がかかる転封を複数の大名に命じることが困難であったことである。つまり原則通りの対応を行うならば、三、四大名に転封

を命じねばならない状態であったが、吉宗政権が国家的規模で再編を行っている最中に、この程度の問題に幕府も藩も多大な労力を割けないという事情があったものと考えられる。この場合では柳沢氏のみに転封を命じ、甲斐国に勤番と代官を配置するだけでこの問題を処理したことになり、結果としてこの問題を郡山と甲府以外の第三、第四の地域に飛び火させずに最小限の労力と負担でもって対応したことになる。こうした見方をすれば、この段階では郡山はもとより上方さらには全国各地の領主・領民を混乱させないためには、柳沢氏が動くことが最も合理的であったという見方もできよう。

しかし異例ともいえる対応を採ったことにより周辺地域、特に甲斐国の領民に大きな影響を与えることとなった点は軽視してはならないだろう。甲府藩消滅・甲斐国の幕領化の影響について、安藤氏が以下のような点を明らかにしているからである[46]。まず都市内部では、幕府＝勤番支配の政策基調のもと最小限の人数と費用で甲府城と直轄都市甲府の支配を貫徹するため、その維持機能を都市住民の負担として転嫁することになるが、これによって従来の負担体系が大きく改変され、後には負担軽減運動が展開することになった。また甲府藩の消滅により、藩領国経済の中心であった城下町甲府の優位性は低下し、在町・宿駅を核とする地域市場の分立・拡大をもたらした。安藤氏のような視角からの研究は少ないが、この柳沢氏転封および一国幕領化は従来考えられているよりもその後の甲斐国の歴史をはるかに大きく規定したと考えられ、今後本格的な分析を進める必要があろう。また、領主権力の交代が領民にもたらす影響に関する研究自体が全国的に見ても少ないことからすれば[47]、それは甲斐国にとどまらない極めて重要な課題ともいえるだろう。

おわりに

本章では、享保九年（一七二四）に行われた柳沢吉里の甲斐国甲府から大和国郡山への転封の歴史的位置付けを分析し、寛文四年（一六六四）以降に大名改易が行われた場合の幕府の対応には幕藩体制の構造上生みだされてくる自然法則に沿った原則があり、幕府はそれに則って対応していたこと、当該転封もその一環であったことを明らかにした。当該転封に関しては、従来から指摘されている甲斐国幕領化や綱吉政権との関わりも要因の一つをなしたと考えられるが、一方でこの判断には享保八年の本多氏断絶を受けて、上方の支配構造を従来通り維持し、なおかつ他地域の支配構造を大きく変容させないという、その他の転封にも共通する意味合いがあったものと考えられる。最後に本章で明らかにした点をまとめつつ、今後の課題を述べて結びとしたい。

第一に、大名転封には各地の支配構造を維持するという意味合いがあり、幕府が統一権力として全国支配を、あるいは個別領主として幕府領支配を安定的・効率的に行うためには必要不可欠であったことを明らかにした。勿論、将軍の恣意や幕府の都合が一切存在しなかったというわけではなく、また多大な負担を強いるものであったとしても転封は幕府・藩双方にとって必要なものであり、両者が相互規定性を持って存在した幕藩体制を最もよく表すものであるといえる。公儀が持つ集団性・集団規制性や集団保障体制としての性格から、将軍は大名に転封を命じざるをえず、大名も将軍の命令に従わざるをえない点が重要である。朝尾氏が論じた公儀領主制の成果を踏まえつつ、領知宛行・転封の歴史的意義の再検討を行う必要がある。

第二に、各地の支配構造に規定されて幕府は大名転封を行わざるをえなかったり、逆に容易には転封を行えな

かったり、大きな制約の下で転封を行っていたことを明らかにした。本章で明らかにしたような原則に基づいて大名転封が行われたのは、一七世紀においては幕藩体制の構造上、多数の転封を行わざるをえなかったためであると考えられる。具体的には、西国有事に備える軍事的拠点という上方の位置付けから軍事的役割を持った譜代大名を重点的に配置すること、あるいは全国各地の譜代大名が老中に就任すれば関東へ、京都所司代・大坂城代になれば上方へ転封（領知替）を繰り返していたことから、旗本を含めて転封（領知替）が頻繁に行われていたものと考えられる。また一方で、特に吉宗が本多氏断絶まで転封を行わなかったことなどを見てきたが、事実としても元禄—享保期に譜代大名の転封が激減していくことはよく知られている。しかし何故に転封が当該期に激減するのか、さらに上方での所領交代が激減するのか、その理由および歴史的意義を解明した研究は存在しない。一七世紀に頻繁に行われた転封全般の歴史的意義を今一度検討するとともに、当該期に行われている大規模な国家的再編の具体像を解明する必要があるだろう。

【注】

（1）朝尾直弘『将軍権力の創出』（岩波書店、一九九四）、藤井讓治「「公儀」国家の形成」（同『幕藩領主の権力構造』（岩波書店、二〇〇二、以下前掲藤井著）、初出は一九九四）。

（2）佐々木潤之介「幕藩制の構造的特質」（『歴史学研究』二四五、一九六〇）。なお佐々木氏の分析の前提として、安良城盛昭『幕藩体制社会の成立と構造』（御茶の水書房、一九五九）がある。

（3）藤井讓治「幕藩制領主論」（前掲藤井著、初出は一九七四）、笠谷和比古「大名改易論」（同『近世武家社会の政治構造』（吉川弘文館、一九九三）、初出は一九九〇・一九九一）。

（4）当該転封に関する記述は注記しない限り、『大和郡山市史』（柳沢文庫専門委員会、一九六六）、『甲府市史』通史編二

（甲府市市史編さん委員会、一九九二）、『山梨県史』通史編三（山梨県、二〇〇六）による。

（5）水本邦彦「土砂留役人と農民」（同『近世の村社会と国家』（東京大学出版会、一九八七）、初出は一九八一、以下前掲水本論文）、岩城卓二『近世畿内・近国支配の構造』（柏書房、二〇〇六、以下前掲岩城著）。

（6）『山梨県史』通史編三、九三頁。

（7）藤野保『近世国家解体過程の研究―幕藩体制と明治維新―』前編（吉川弘文館、二〇〇六）五〇三・五〇四頁。

（8）『山梨県史』通史編三、九九―一〇九頁。

（9）安藤正人「甲州道中における商品流通の展開と運輸機構―甲州郡内地方を中心に―」（『史料館研究紀要』一〇、一九七八）、同「甲州天保一揆の展開と背景―米穀市場の問題を中心に―」（百姓一揆研究会編『天保期の人民闘争と社会変革』上（校倉書房、一九八〇））、同「近世甲府の都市構造と役負担」（『史料館紀要』一三、一九八一、以下前掲安藤論文）、同「天保一揆前後の甲府都市民」（尾藤正英先生還暦記念会編『日本近世史論叢』下（吉川弘文館、一九八四））。

（10）『山梨県史』通史編三、四六〇頁。その前提として、久留島浩『近世幕領の行政と組合村』（東京大学出版会、二〇〇二、以下前掲久留島著）がある。

（11）『享保通鑑』（近藤出版社、一九八四）二七・一六〇頁。

（12）『国史大辞典』（吉川弘文館、一九八五）「郡山藩」、『藩史大事典』五（雄山閣出版、一九八九）「郡山藩」、『大和郡山市史』等参照。

（13）藤野保『新訂幕藩体制史の研究―権力構造の確立と展開―』（吉川弘文館、一九七五）四五八頁。

（14）同前四五四―四五八頁、藤野保『近世国家史の研究―幕藩制と領国体制―』（吉川弘文館、二〇〇二、以下前掲藤野著）一四〇―一四四頁、四〇四―四一一頁。

（15）安岡重明「近畿における封建支配の性格―非領国に関する覚書―」（同『日本封建経済政策史論―経済統制と幕藩体制―』（有斐閣、一九五九、以下前掲安岡著、初出は一九五八）。また近世畿内・近国論に関しては、近年特に『歴史科学』一九二号（大阪歴史科学協議会、二〇〇八）で包括的な研究史整理が行われている。

(16) 前掲岩城著。
(17) 本書第一部第一章、同第一部第二章、同第二部第二章。
(18) 『奈良市史』通史編三（奈良市史編集審議会、一九八八）二一〇―二一四、二八八―二九一、三六〇―三六三頁。
(19) 「福寿堂年録」享保九年八月一九日条、同年一〇月一日条（柳沢文庫所蔵）。本史料は、吉里の死去後に各種の日記をまとめ編纂したものであると考えられる。
(20) 前掲水本論文。
(21) 享保期の上方支配の再編に関しては、村田路人氏が包括的な分析を行っている（同「幕府上方支配機構の再編」（大石学編『日本の時代史一六　享保改革と社会変容』吉川弘文館、二〇〇三））。また京都に関しては『京都の歴史』六（京都市史編さん所、一九七三）三六―四六頁参照。
(22) 表1・2・3は『藩史大事典』第一―七巻をもとにして作成した。なお、『恩栄録・廃絶録』（近藤出版社、一九七〇）、『徳川加除封録』（近藤出版社、一九七二）、『寛政重修諸家譜』で誤りであると確認できた場合は訂正している。
(23) 前掲藤野著四頁、藤井譲治「家綱政権論」（前掲藤井著、初出は一九八〇）。
(24) 『藩史大事典』一「白河藩」「山形藩」、『山形県史』（山形県、一九八五）一一二頁。
(25) 『岡山県史』六（岡山県史編纂委員会、一九八四）第一章第三節、『岡山県史』七（一九八五）第一章第二節。
(26) 『寛文年録』五（野上出版、一九九四）三五・八三・九三頁。
(27) 「厳有院御朱印写一」（「常陸国土浦土屋家文書」七五四（国文学研究資料館所蔵））、「厳有院様御朱印写二」（「常陸国土浦土屋家文書」七五五）。
(28) 「領知目録書抜四」（国立公文書館所蔵）。
(29) 同前。
(30) 『宝永年録』五（野上出版、一九八六）一六五・一六六頁。
(31) 「領知目録書抜四」。

(32) 同前。
(33)『川越市史』三（川越市庶務課市史編纂室、一九八三）二三二―二三六頁。
(34)『上越市史』通史編三（上越市史編さん委員会、二〇〇三）四〇六―四一〇頁。
(35)『藩史大事典』六「庭瀬藩」、『岡山県史』八（一九八七）第一章第三節。
(36)『岡山県史』六第一章第四節、同七第一章第四節、久留島浩「備中の幕領における郡中惣代庄屋について」（前掲久留島著、初出は一九八二）等参照。
(37) 横田冬彦「「非領国」における譜代大名」（『地域史研究―尼崎市立地域研究史料館紀要―』二九―二、尼崎市立地域研究史料館、二〇〇〇）六二―六七頁、藤野保『江戸幕府崩壊論』（塙書房、二〇〇八）九〇―九五頁。
(38)「領知目録書抜四」。
(39) 水本邦彦「畿内・近国社会と近世的国制」（同『近世の郷村自治と行政』（東京大学出版会、一九九三））。
(40) 安藤正人「幕藩制国家初期の「公儀御料」」（『歴史学研究』別冊、一九八一）。
(41) 前掲安岡著一四五頁。
(42) 以下の甲府藩と甲斐国に関する記述は、注記しない限りは『甲府市史』通史編二第一章、『山梨県史』通史編三第一章による。
(43)『群馬県史』通史編四（群馬県史編さん委員会、一九九〇）一七五―二〇〇頁。
(44)「福寿堂年録」宝永七年五月五日条。
(45) 大石学『吉宗と享保の改革』（東京堂出版、一九九五）等参照。
(46) 前掲安藤論文。
(47) 宮崎克則「藩主の転封と領民動揺をめぐる問題―肥前唐津藩その他を素材として―」（『日本歴史』四四七、一九八五）、岩城卓二「明和六年尼崎藩領上知考」（前掲岩城著、初出は二〇〇三）はこの問題を考察した重要な研究である。

第四章　徳川将軍権力と参勤交代制

はじめに

本章は日本近世における参勤交代制の特質およびその変質過程を分析し、その分析を通して徳川将軍を頂点とする幕藩領主の権力構造の解体過程を明らかにするものである。具体的には公儀に関する朝尾直弘・藤井譲治氏らの研究視角・成果を踏まえて[1]、参勤交代制は幕藩領主全体の共同利害を維持するためには不可欠であったこと、宝暦―天明期を境にその本来の機能・役割を失っていくことを明らかにする。日本の武家社会において、参勤交代は鎌倉時代以降見られたものであるが、豊臣政権期に全国の大名が京都・伏見・大坂に集められ、さらに江戸幕府が寛永一二年（一六三五）の武家諸法度によって制度化し、全国各地の大名は隔年で江戸と国許を往復することが義務付けられた[2]。この参勤交代制は大名統制の重要政策として注目され、幕藩体制が持つ集権的性格を象徴する制度として位置付けられてきた。また本制度によって、江戸の繁栄や中央と地方の文化交流がもたらされたり、交通網の整備が大きく進展するなど、近世社会だけに留まらずにその後の日本の歴史を特徴付けるものとして理解され、様々な視角から研究がなされてきた[3]。

近年藤井氏が、参勤交代を位置付ける研究視角として軍事力配備という問題を明らかにした[4]。藤井氏は、島原の乱発生時に鹿児島藩島津氏以外の西国大名が在府していたため、乱鎮圧への対応が遅れたことへの反省から、

寛永二〇年以降は各地の大名の参勤交代が組み合わされていくことを明らかにしている。これは例えば高田藩松平氏と金沢藩前田氏が交互に参勤することを命じられたように、一方の藩主が在府中、必ずもう一方の藩主は在国していることを原則とするものである。この対応によって特定の地域に大名が一人もいないという事態を避け、軍事的空白を作らない大名軍事力の配備ができあがったことを明らかにした。また、針谷武志氏がより具体的に参勤交代制と江戸や全国各地の軍役（幕府課役）との関係を明らかにし[5]、全国的には掛川藩と浜松藩、吉田藩と刈谷藩、桑名藩と長島藩（享保一六年（一七三一）以前は伊勢国亀山藩）、岸和田藩と尼崎藩、浜田藩と津和野藩、府内藩と臼杵藩、唐津藩と島原藩、大村藩と五島藩等の組み合わせが現段階ではよく知られている。この他に千葉一大氏が、津軽藩とともに蝦夷地警衛を担当した盛岡藩南部氏を事例に、参勤交代と幕府課役との関係の具体像を分析している[6]。

本章では藤井・針谷・千葉氏の研究成果を踏まえて、参勤交代制には従来考えられてきたよりもはるかに精緻な秩序や仕組みが将軍権力を中核にして形成されていたこと、これが宝暦―天明期に変質することを明らかにするとともに、当該期に将軍を頂点とする幕藩領主の権力構造が解体に向かうことを明らかにする。なおこの課題を解明するにあたって、具体的には以下の二つの課題を設定する。

第一の課題は、参勤交代制が幕府への謀反を防ぐために諸藩の経済力を削る目的で制度化されたという広く一般に流布しているイメージを克服し、幕藩体制の中で本来有していた意味や機能を明らかにすることである。荻生徂徠は『政談』の中で、「その身上の困究するいわれは、隔年に江戸詰する故、御城下を晴れと覚え、物成をことごとく売払い、金にして、江戸にて使い捨つる事これ大名の境界也、（中略）慶長寛永の頃までは、諸大名の謀叛を気づかい、金を使わするようにする事、その時分の御年寄共の計策也[7]」とあり、参勤交代が近世初期に

大名の財力を削り謀反を起こさせないためになされたと述べており、一八世紀初頭において参勤交代制には諸藩の経済力を削るという目的があるという見解があったことがわかる。

近世史研究でも、戦前では例えば三上参次氏が「諸侯を一箇所に集めて制駁し易きのみならず、又道中に金を散ぜしめて諸侯の力を殺ぎ[8]」と記述している。また、戦後に参勤交代制の研究を主導した丸山雍成氏も「幕府が参勤交代制を幕末まで撤廃しなかった理由は、これが幕藩制支配の根幹にふれる問題だからであり、特に遠隔地の外様大藩以下を常に煩忙と財政窮乏の状態におき、その幕府に対する叛逆・独立化を防ぐという、祖法以来の意図が完全に達せられてきた現実に立脚した政策だった[9]」と述べ、この見解を継承している。参勤交代に関わる記述でこの見解は頻繁に記され定説化しているといえるが、すでに山本博文氏が松江藩を事例に分析を行い、この見解を否定している[10]。本章では山本氏の研究成果を踏まえつつ、参勤交代制は幕府が一方的あるいは恣意的に制度化し運用したものではなく、本制度には大名・藩にとっても必要な性格や機能があったことに注目し、同時にこれを秩序・仕組みとして成り立たせていた将軍権力独自の権能を明らかにする。

第二の課題は、参勤交代制の構造的な変容に注目して、徳川将軍と大名の関係の変化さらには幕藩体制の解体過程の一端を明らかにすることである。これまで参勤交代に関する研究は、近世初期から寛永一二年の制度化に至る過程を分析する研究や各藩が行う参勤交代の実態を解明する研究に集中しており、享保七年の上米の制を除いて、文久二年（一八六二）の緩和とその後の廃止に至るまでの歴史的変遷や構造的な変容を分析した研究は存在しない。制度が二〇〇年以上も全く同じように存続したとは考えがたく、また幕藩体制を象徴する本制度の変容は、幕藩領主の権力構造の変質を考える上でも大変重要であるといえる。

本章では右のような研究史の問題を踏まえて、将軍と大名の関係に注目しながらこの参勤交代制がどのような

歴史的変遷をたどるのか、特に幕藩体制の解体過程を視野に入れて分析することにする。具体的には参勤交代制の廃止を幕末に突然訪れたものとしてではなく、長期にわたる幕藩権力の展開とその矛盾の帰結として捉え、その歴史的過程を明らかにすることを課題にする。またその分析を通して、将軍権力を中核にして成立していた参勤交代制が変質するとともに、幕藩領主の権力構造が解体に向かうその歴史的過程の一端を明らかにする。

第一節　将軍権力と参勤交代制

本節ではすでに触れた藤井氏らの研究成果を踏まえ、参勤交代制には将軍権力を中核にして秩序・仕組みが存在したことを明らかにする。その際に、笠谷和比古氏による「寛永十二年の武家諸法度はこれらすでに実施されていたものを、毎年四月を交代時期と定めて、隔年の参勤という形で制度化したことがその意義となる。これはもちろん諸大名にとっては大きな負担にはちがいなかったが、他面、参勤交代が時期的にも制度化されたことで、それまではもっぱら幕府側の政治的判断にもとづいて恣意的に運用のなされていたものが、ここにいたって規制にもとづいて運用される安定的なものとへ構成されていったものと言いうる」(11)という指摘を重要視する。笠谷氏は参勤交代を行う時期を幕府が固定化したことに注目して、参勤交代が持つ相互主義的性格を指摘したわけであるが、本節ではまずこの笠谷氏が指摘した論点を深めておきたい。

【史料1】は享保一七年（一七三二）三月に出された参勤時節伺いに関する法令である。当該法令の前提として、享保七―一五年に実施された上米の制があるが、この期間は大名の在府が半年間に短縮され一年半を国許で過ごすこととなった。

【史料1】[12]

参勤伺之儀、四月御暇被下候面々ハ其年之十一月中、六月御暇被下候面々ハ翌年二月中、先格之通被相伺候様可被心得候

但、右両月之外、被下御暇候面々其外も、前々被伺候時節、可被伺之

右之通、万石以上并交替いたし候寄合え可被触候

【史料1】は参勤交代が元に戻され大名が隔年でこれを行うようになったために、従来行われていた参勤交代時節伺いを再度確認するために出されたものであると考えられる。傍線部では四月に将軍より暇が出される大名は同年一一月に、六月に暇が出される大名は翌年二月に、それぞれ参勤する時期を幕府に伺うように命じている。この参勤時節伺いを掘り下げて分析した研究は存在せず、本節では参勤する時期を大名が毎年問い合わせ、この問い合わせに対して将軍の意向を伝える幕府の老中奉書が大名に対して発給される点に注目して、その様相を具体的に明らかにする。

次の【史料2】は大和国郡山藩が安永六年（一七七七）二月一六日に「公方様　大納言様益御機嫌能被成御座奉恐悦候、将又私参勤時節之儀奉伺候ニ付以使札申上候、委細書中申上候旨、且安否御承知被成度段御口上申述之」と参勤時節を伺った際、同月二六日に月番老中板倉勝清より渡された老中奉書である。[13] なおこの時、郡山藩主は忌中であったためその忌明を待って伺いを行っているが、通常は二月朔日に伺いを行い、同月一〇日前後に【史料2】のような老中奉書が発給されることになる。[14]

【史料2】

御状令披見候、　公方様　大納言様益御機嫌能被成御座、恐悦旨尤候、将亦、参勤時分之儀、以使者被相伺

候、松平紀伊守（信直・亀山藩主）被下御暇、在所到着以後可有参府候、恐々謹言

二月廿五日　　田沼主殿頭

意次

（中略）

松平右近将監

武元

松平甲斐守（柳沢保光）殿

参勤時節伺いを行った郡山藩主柳沢保光には、傍線部にあるように丹波亀山藩主が亀山城下に到着したことを確認して以後、郡山城下を出発して江戸に向かうように指示する老中奉書が出されるのが通例であった。このような参勤交代が行われる背景としては、郡山・亀山・近江国膳所・山城国淀の四藩が宝永六年（一七〇九）以降京都大名火消を隔年で二藩ずつが勤めるようになり、四藩主のうち二藩主が必ず在国することが原則となったことがある。[15] 在府二藩主は非番となるが在国二藩主が交代して当番を勤めることとなり、さらに京都が大火の場合は藩主自身が各城下から出馬することが義務付けられたのである。このため二藩主ずつが【史料2】のような老中奉書によって参勤交代を組み合わせられ、四藩主のうち二藩主は必ず在国することになったのである。幕府より享保一九年六月一五日に、京都大名火消を命じられた郡山藩柳沢氏に「向後本多主膳正（康敏・膳所藩主）与在所可為交代旨被　仰出候」と膳所藩主と組み合わせを命じる通達がなされている。[16] また安永二年に前郡山藩主柳沢信鴻の跡を継いだ新藩主柳沢保光に、幕府は翌三年二月二八日に「向後松平紀伊守（信直・亀山藩主）与在所交替之事候」と亀山藩主との組み合わせを命じている。[17] こうした国許を基点にした参勤交代を組み合わされた方式

を「在所交代（交替）」と史料中では呼称している。

郡山藩主らはこの老中奉書の指示を厳密に守って参勤交代を行った。例えば郡山藩では明和四年（一七六七）に亀山藩主の国許到着が遅れたため、郡山城の御用部屋で担当の藩士に対しそのまま京都に詰め越しを命じており、また同八年九月に膳所藩主本多康伴が死去した際に郡山藩は京都所司代や老中に参府すべきかどうかを問い合わせ、最終的に老中より在国して京都大名火消を引き続き勤めるように指示された[18]。このような対応によって四藩主は老中奉書で指示された通り、在所交代の参勤交代を厳密に守っていたことがわかる。また京都大名火消を勤める四藩の京都留守居は様々な協定を作成し、この任務を滞りなく遂行できるようにしていたが、例えば宝暦二年（一七五二）の申合では「御在着御日限治定之儀、月末廿八日迄ニ京都江相知候ハヽ、翌月御参府之御方様御請取不被成、其月御勤被成御座候御方様御持続可被成候、廿八日迄ニ治定不相知候ハヽ、翌月御参府ニ而茂御番御請取可被成候[19]」と記述され、藩主が城下に到着するのが二八日以前か以後かの違いによって当番の引渡しを変更する規約を作成している。この参勤交代が京都大名火消制度の根幹をなすため、実態に合わせて火消当番受け渡しのルール作りを行っていることがわかる。

【史料2】のように「在所交代」を命じる老中奉書は、この上方の諸藩だけに出されるのではない。例えば千葉氏は、「従来四月参勤・翌年四月御暇だったものが、寛政九年（一七九七）十二月、藩主南部利敬名で翌年の参勤時節を伺ったところ、「来年ハ津軽越中守（寧親）御着以後御参府被成候様」命じられた」と述べ、盛岡藩が蝦夷地警衛を担当することになって以降は参勤交代が変化したことを明らかにしている[20]。京都大名火消を勤めた上方四藩や蝦夷地警衛を勤めた津軽・盛岡藩以外にも、その他本章の冒頭で触れた大名等がこの方式の参勤交代を行っていたと考えられる。こうした「在所交代」を命じる老中奉書がどれだけの数の大名に出されていたかと

いう点については今後の検討課題としたいが、幕府は全国各地において同一地域内で大名を指定して、その参勤交代を組み合わせていたのである。こうした指示を幕府が毎年行い、指示された大名がこれを忠実に守ることによって確実に各地域内で軍役の引き継ぎが行われ、また百姓一揆や打ちこわしが発生した場合には遅滞なく対応するための軍事力配備が維持されていたのである。特に享保一九年八月に幕府領において一揆等の事態が発生した場合、近隣の大名が代官からの要請次第出兵することが指示され、さらに明和六年二月にはこれを私領にまで拡大させ、全国各地において領主同士の協定で非常援兵態勢が整えられていくことになる[21]。

郡山藩が行う参勤交代時節伺いに対して、在所交代を命じる【史料2】とは異なる老中奉書が出される場合があった。次の【史料3】がそれに該当するが、本史料は郡山藩が天明三年（一七八三）二月朔日に参勤時節伺いを行い、同月一三日に月番老中久世廣明より渡された老中奉書である[22]。

【史料3】

御状令披見候、　公方様　大納言様益御機嫌克被成御座、恐悦之旨尤候、将又参勤時節之義以使者被相伺之候、当六月中可有参府候、恐惶謹言

二月十一日

久世大和守
廣明
松平周防守
康福

松平甲斐守（柳沢保光・郡山藩主）殿

【史料2】のような老中奉書ではなく、【史料3】傍線部のように六月中に参府するように命じる老中奉書が出

される背景には、この時に郡山藩が京都大名火消を免除されていたことがあった。しかし、こうした「当六月中可有参府候」という老中奉書が発給されるのは郡山藩だけではない。例えば盛岡藩の記録からは、「来年四月中御参府被成候之様、御連名之御奉書出候付」と、享保一八年一一月一六日付で幕府より翌年四月中に参府するように命じる老中奉書が発給されたこと、このため藩主南部利視は翌年三月二三日に盛岡を出発して、四月一三日に上屋敷に到着していることが確認できる。[23] さらに同二〇年一一月一五日付で「来年四月中可参府候」と命じる老中奉書が出されて、この指示を守って四月中に参府したことが確認できる。[24] 郡山・盛岡両藩に限らず、全国各地の大名家文書に「四月中可有参府候」あるいは「六月中可有参府候」と命じる老中奉書が残されることになるが、例えば水口藩加藤氏の場合には「六月中可有参府候」だけでなく、「当九月中可有参府候」と命じている老中奉書もある。[25]【史料2】【史料3】のように使い分けがあったのと同様、幕府は各大名からの参勤時節伺いに対してその都度参府する時期を各大名に指定しているものと考えられる。具体的な大名を指定する在所交代とは異なって、幕府は「四月中」「六月中」「九月中」等、おおよその時期を大名に毎回指示していることがわかる。なお千葉氏がすでに明らかにしているように、[26] この中には「参勤用捨」と呼ばれ幕府課役を勤めたため参勤時期を定例よりも遅くしたケースも含まれると考えられる。

こうした【史料3】のような老中奉書が発給される意味を深めておきたい。各藩主の参勤・暇の時期は『大名武鑑』においても重要な情報として記述されている。【表】は、大名家の格式が固定化されほとんど異動がなくなったと考えられる文政元年（一八一八）に作成された武鑑[27]の中から、御三家・大廊下・大広間・溜詰の大名に関して参勤・暇のデータをまとめたものである。【表】からわかることは、三月に和歌山藩徳川氏・金沢藩前田氏（1・2）が参勤すると名古屋藩徳川氏・鹿児島藩島津氏（3・4）に暇が出され翌年はその逆であること、五

【表】

番号	国	藩	大名	詰間	参府	参府月	御暇	暇月	頁
1	紀伊	和歌山	徳川治宝	—	丑卯巳未酉亥	3	子寅辰午申戌	3	3
2	加賀	金沢	前田斉広	大廊下	丑卯巳未酉亥	3	子寅辰午申戌	3	11
3	尾張	名古屋	徳川斉朝	—	子寅辰午申戌	3	丑卯巳未酉亥	3	2
4	薩摩	鹿児島	島津斉興	大広間	子寅辰午申戌	3	丑卯巳未酉亥	3	13
5	陸奥	弘前	津軽寧親	大広間	子寅辰午申戌	3	丑卯巳未酉亥	9	49
6	陸奥	盛岡	南部利敬	大広間	丑卯巳未酉亥	9	子寅辰午申戌	3	31
7	因幡	鳥取	池田斉稷	大広間	丑卯巳未酉亥	4	子寅辰午申戌	4	23
8	阿波	徳島	蜂須賀斉昌	大広間	丑卯巳未酉亥	4	子寅辰午申戌	4	28
9	筑後	柳川	立花鑑寿	大広間	丑卯巳未酉亥	4	子寅辰午申戌	4	48
10	丹波	柏原	織田信憑	大広間	丑卯巳未酉亥	4	子寅辰午申戌	4	96
11	美濃	高須	松平義和	大広間	丑卯巳未酉亥	4	子寅辰午申戌	4	2
12	美作	津山	松平康孝	大広間	丑卯巳未酉亥	4	子寅辰午申戌	4	6
13	越前	福井	松平治好	大廊下	丑卯巳未酉亥	4	子寅辰午申戌	4	7
14	武蔵	川越	松平矩典	大広間	丑卯巳未酉亥	4	子寅辰午申戌	4	9
15	加賀	大聖寺	前田利之	大広間	丑卯巳未酉亥	4	子寅辰午申戌	4	12
16	陸奥	仙台	伊達斉宗	大広間	丑卯巳未酉亥	4	子寅辰午申戌	4	14
17	肥後	熊本	細川斉樹	大広間	丑卯巳未酉亥	4	子寅辰午申戌	4	16
18	長門	萩	毛利斉熙	大広間	丑卯巳未酉亥	4	子寅辰午申戌	4	19
19	出雲	松江	松平斉恒	大広間	子寅辰午申戌	4	丑卯巳未酉亥	4	8
20	陸奥	会津	松平容衆	溜間	子寅辰午申戌	4	丑卯巳未酉亥	4	10
21	越中	富山	前田利幹	大広間	子寅辰午申戌	4	丑卯巳未酉亥	4	11
22	伊予	宇和島	伊達村寿	大広間	子寅辰午申戌	4	丑卯巳未酉亥	4	15
23	伊勢	津	藤堂高兌	大広間	子寅辰午申戌	4	丑卯巳未酉亥	4	27
24	安芸	広島	浅野斉賢	大広間	子寅辰午申戌	4	丑卯巳未酉亥	4	19
25	備前	岡山	池田斉政	大広間	子寅辰午申戌	4	丑卯巳未酉亥	4	25
26	土佐	高知	山内豊資	大広間	子寅辰午申戌	4	丑卯巳未酉亥	4	28
27	筑後	久留米	有馬頼徳	大広間	子寅辰午申戌	4	丑卯巳未酉亥	4	29
28	出羽	秋田	佐竹義厚	大広間	子寅辰午申戌	4	丑卯巳未酉亥	4	30
29	出羽	米沢	上杉斉定	大広間	子寅辰午申戌	4	丑卯巳未酉亥	4	32
30	近江	彦根	井伊直亮	溜間	丑卯巳未酉亥	5	子寅辰午申戌	5	26
31	陸奥	白河	松平定永	溜間	丑卯巳未酉亥	5	子寅辰午申戌	5	34
32	讃岐	高松	松平頼儀	溜間	子寅辰午申戌	5	丑卯巳未酉亥	5	5
33	伊勢	桑名	松平忠翼	溜間	子寅辰午申戌	5	丑卯巳未酉亥	5	35
34	豊前	中津	奥平昌高	溜間	子寅辰午申戌	7	丑卯巳未酉亥	6	36

35	対馬	府中	宗義質	大広間	三ヶ年一度	11	丑卯巳未酉亥	2	55
36	肥前	佐賀	鍋島斉直	大広間	丑卯巳未酉亥	11	子寅辰午申戌	2	22
37	筑前	福岡	黒田斉清	大広間	子寅辰午申戌	12	丑卯巳未酉亥	2	17
38	上野	高崎	松平輝延	溜間次	大坂御城代	―	―	―	61
39	相模	小田原	大久保忠真	溜間	京都所司代	―	―	―	45
40	陸奥	守山	松平頼慎	大広間	定府	―	―	―	5
41	伊予	西条	松平頼啓	大広間	定府	―	―	―	3
42	上野	吉井	松平信敬	大廊下下之御部屋	定府	―	―	―	4
43	常陸	府中	松平頼説	大広間	定府	―	―	―	6
44	常陸	水戸	徳川斉脩	―	―（定府）	―	―	―	4

『編年江戸武鑑　文政武鑑』1（柏書房、1982）をもとに作成した。江戸城の殿席である詰間、参府の年・月、暇の年・月は本書の記述内容に従っている。また頁の欄は、各大名の情報が掲載されている本書の頁を記述している。なお藩・大名の名称に関しては、『藩史大事典』第1－7巻（雄山閣出版、1988-1990）の記載方法に従い若干の修正を行っている。

月に彦根藩井伊氏・白河藩松平氏（30・31）が参勤すると高松藩松平氏・桑名藩松平氏（32・33）に暇が出され翌年はその逆であることがわかる。また四月に参勤・暇が出される大名に注目すると、丑卯巳未酉亥年に一二家の大名が参勤して残り一一家に暇が出され、翌年はこの逆であることがわかる。おおよそ格式・石高が似通った大名同士が江戸を基点にして参勤交代を組み合わされているといえる。なお、宝暦一〇年や天明五年の武鑑では、(28) 五月参勤・暇の大名の中に白河藩ではなく松山藩が加わっているなど、役職就任のあり方や藩主の年齢等の個々の条件によって若干の違いが出てくるものと考えられる。

また【表】では、例えば徳島藩蜂須賀氏が参府すると高知藩山内氏が国許に帰り翌年はその逆であること（8・26）、萩藩毛利氏が参府すると広島藩浅野氏が国許に帰り翌年はその逆であること（18・24）がわかる。さらに例えば松山藩が五月参勤に加わった宝暦一〇年や天明五年の場合には、松山藩が参府すると高松藩が国許に帰り翌年はその逆になるように組み合わされていることから、(29) 江戸に重点を置きつつ地方にも一定程度の配慮がなされていることがわかる。

全大名を対象とした、さらには時期的変遷を含めた江戸時代全体で

の大名配置と参勤交代制の関係を包括的に分析する必要があるものの、幕府が参勤・暇の年月を大名に指示し、江戸と全国各地の間で、さらには各地域内でバランスよく大名が在国する状態を作り出しているといえる。これは幕府にとっても、近くの大名同士が結びついて反乱を起こさせないようにする工夫でもあったと考えられる。

右のような江戸を基点にした組み合わせの参勤交代のあり方を考えた場合、「武家諸法度では「大名小名在江戸交替所相定」と「在江戸交替」としている点に注目」する必要があるという藤井氏の指摘[30]が重要であるといえるだろう。寛文三年（一六六三）の武家諸法度では、「在江戸交替之儀、毎歳守所相定時節、可致参勤[31]」と幕府が決めた時期を守って「在江戸交替」を行うように規定しているが、これは藩主が幕府から指示された時期を守って「在江戸交替」を行うことで、江戸城の門番・火番の引渡しが確実に行われるからである。つまり【史料2】のように個別の二藩主に「在所交代」を命じる地域レベルに重点を置いた参勤交代の方式と、【史料3】のように各地域レベルに一定程度配慮しつつ、「在江戸交替」を命じる国家レベルに重点を置いた方式の二方式が重層的に組み合わさっているのである。こうした参勤交代制を作り上げることで、幕府は確実に半数の大名が江戸に集まり残り半数の大名が国許に居る状態を作り出し維持しているところに、参勤交代制の本来の意味や機能があったのである。

以上のような参勤交代の特質を踏まえると、武家諸法度の参勤交代の条項には「毎歳守所相定時節、可致参勤」という、決められた時期を守って参勤すべきことを規定した記述が必ずあるが[32]、これは抽象的・修飾的な文言ではなく、実質的な意味を持っていたといえるであろう。半分の大名が江戸に詰めて毎月朔日・一五日に月並拝賀のために登城し、また門番・火番の担当や将軍外出時は供奉が命じられ、これら江戸での儀礼・役務を担った。一方残り半分が国許に帰って家老以下の家臣団では行いえない藩政の重要案件の決済を行い、また地方の軍

事力配備を維持していた。そして翌年の参勤交代で大名が入れ替わり、江戸や全国各地で軍役の受け渡し・引き継ぎが行われるのである。つまり幕府が指定した時期を全大名が守ってこそ、中央と地方、幕政と藩政が有機的に繋がって幕藩体制全体が維持されていたのであり、参勤交代制が持っていた本来の意味や実質的な機能はこの点にあった。幕藩領主間全体で互助関係に基づく機能分担や組織的対応を生み出している点が重要であり、公儀が持つ集団性・集団規制性から将軍は大名に定期的な参勤交代を命じざるをえず、大名も将軍のその命令に従わざるをえないといえる。重要なのはこの参勤交代制は自然に成立し維持されるのではなく、指示した参勤時期を全大名に忠実に守らせる将軍権力が中核となって初めて成り立つ点にある。そしてこれを全大名に従わせていた点に将軍権力の巨大性・集中性がよく表れているといえ、またこうした将軍権力があって初めて幕藩領主全体の共同利害が保たれていたのである。

第二節　参勤交代制と幕府課役

寛永期以降に第一節で見たような参勤交代制が形成されていくが、元禄―享保期に譜代大名が一斉に定着していき全国各地の大名が担うその課役が固定化・制度化することで、参勤交代の仕組みが最終的に確立していく。本節ではその確立過程を明らかにするが、この元禄―享保期に参勤交代に関する問題として史料上に頻繁に登場するのは、大名が召し連れる人数に関する問題である。【史料4】は元禄一四年（一七〇一）四月に、【史料5】は正徳二年（一七一二）四月に出された幕府の通達である。(33)

【史料4】

覚

参勤交替之節、従者之員数及繁多間敷旨兼て被　仰出候、弥人多無之様に可被致候、大勢差つとひ候てハ、宿々人馬共ニ及困窮候間、不召連候て不叶分は、日を替、跡先へ遣し、道中込合不申様に可被相心得候以上

四月

【史料5】

覚

一、(A)諸大名参勤之節、召連候人数之事、元和元年之御定も有之候処、近年以来、召連候江戸詰之人数次第相増、主人并諸家中之者不勝手ニ罷成候由被　聞召候、(B)且又諸国居城居所等留守之人数も減シ候事、旁以不可然被思召候、自今以後、参勤之節召連候人数分限ニ応し、其心得可有之候、但其員数之事追て可被　仰出事

（後略）

【史料4】は参勤交代で各大名が連れてくる人数が多いため、参勤経路になる街道が混乱することを述べている。【史料5】の傍線部Aでは、近年江戸詰の人数が増えて経費がかさんでいること、傍線部Bでは大名が江戸に家臣を多数連れてくるため、国許で留守を預かる人数が減っていることを問題として参勤交代の人数を減らすように命じている。さらに次の【史料6】は、享保七年（一七二二）に大名に一万石あたり百石の上納を命じる代わりに在府期間を減らした上米の制に関する通達である。

【史料6】(34)

御旗本ニ被召置候御家人　御代々段々相増候、御蔵入高も先規よりハ多候得共、御切米御扶持方其外表立候御用筋渡方ニ引合候ては、畢竟年々不足之事ニ候、然とも只今迄は所々御城米を廻され、或御城金ヲ以急を

弁られ、彼是漸御取つゝきの事ニ候得共、今年ニ至て御切米等も難相渡、御仕置筋之御用も御手支之事ニ候、それニ付、　御代々御沙汰無之事ニ候得共、万石以上之面々より八木差上候様ニ可被　仰付と思召、左候ハねは御家人之内数百人、御扶持可被召放より外は無之候故、御恥辱を不被顧、被　仰出候、高壱万石ニ付八木百石積り可被差上候、（中略）依之在江戸半年充被御免候間、緩々休息いたし候様ニ被　仰出候、何も在府之儀ニ付ては、江戸人多ニも候間、此以後在府之間も少キ儀候條、可成程は人数可被相減候、

これまで注目されたことはないが、最後の傍線部で「江戸人多ニも候間」という理由により、江戸に連れてくる人数をさらに減らすように大名に命じている。右で述べてきたように、参勤交代に際して大名が連れてくる人数を減らさせることが、元禄―享保期の各政権が共通して抱えていた問題であり、継続性を持った政治課題であったことがわかる。この問題を掘り下げて分析を行い位置付けたのは朝尾氏である。(35) 朝尾氏は一七世紀末から一八世紀初頭に行われる軍役削減により、武士身分から町人・百姓身分への移動やまたその逆の移動が恒常化し、一八世紀にかけて中間的な身分階層が形成され成長していくことを明らかにしている。その発端は新井白石が「軍役の出費を「虚費」」とする認識に基づいて軍役軽減を進めたことにあり、さらに武断路線を歩んだと理解されがちな徳川吉宗も、この軍役軽減の時代的趨勢を覆すことはできなかったことを明らかにしている。

ここでは朝尾氏の研究視角に学びながら、幕府が軍役を削減していく過程をその他の政策との関わりの中で確認しておきたい。綱吉政権期においては火災や水害の激発という問題に対して火消番や河川普請等、大名に軍役を命じることで対応していくことになる。例えば荻生徂徠が『政談』の中で「御先々前御代の頃は、御手伝等仰せ付らるる事盛んなる故(36)」と綱吉政権期に手伝普請が多かったことを記述している。さらに新井白石が『折たく柴の記』の中で「明けぬれば壬辰の年（正徳二年―注筆者）、（中略）此ほどまた議し申せし事あり、其大要は、前

代より此かた、諸大名に課せらるゝ所の役重く[37]」と記述しており、正徳年間においても幕府課役の量の多さが問題になっていたことがわかる。この点は享保期の法令でも共通している。

【史料7[38]】

一、諸大名参勤之節、従者之員数不可及繁多之旨、　御代々御條目ニも被　仰出候、然共在江戸中、御番所、火之番等被　仰付候ニ付て、人数多ク被差出候、依之自今以後、在江戸相応ニ、大概人数之御定被　仰出候事

（後略）

右の【史料7】は、大名が江戸の門番・火番を勤める際に揃える騎馬・足軽・中間等の人数を改定した享保六年の幕府通達の第一箇条目であるが、江戸で門番・火番を勤めるために参勤交代で国許から人数を多く連れてくることを問題として指摘している。これは享保三年の通達でも「火消等被　仰付候御用之ためと存、家来余分ニ召連、差置候儀も可有之候得共、向後ハ相減し、有合候人数にて、御用相勤候様に可被心得候[39]」と記述されており、共通した問題であったことがわかる。つまり、参勤交代で全国各地から江戸に各藩の藩士が過剰に集まる背景として、江戸で命じられる軍役の増加があったことがわかる。以下ではこの問題が元禄期から享保期にかけて解決されていく過程を見ていく。

元禄・宝永年間に江戸城主要曲輪・施設・寺社・橋・倉庫に設けられた三四―三六家の江戸の大名火消が、正徳年間に二〇―二六家、享保八年以降は七家に減少したことが確認されている[40]。正徳年間に前代よりも火消数が削減されているが、これは新井白石が「これよりさき、庚寅（宝永七年―注筆者）四月十六日に、前代に諸大名火の番の事仰かうぶりし所々、十五所をとゞめられしかど、急火消増火消などいひて、臨時に仰下されし時の事、

いまだ其定なかりしが故也」[41]と述べているように、白石がこのことを問題として捉え削減する政策を採ったからである。吉宗政権は大名火消を削減するというこの白石の政策路線を推し進め、代替案として都市居住者中心の消防制度を成立させる。[42]武家に関しては享保三年一〇月令で、全拝領屋敷を対象にして各藩邸から火消人足を出動させる近所火消が制度化された。一方町火消については享保三年一二月に着手され、同五年にいろは四七組に再編した。武家火消・町火消ともに綱吉政権期から部分的に着手されていたものの、この時に本格的に制度化がなされる。享保八年以降に大名火消が大幅に削減されたのは、この都市居住者による消防制度が本格的に定着したためであったと考えられる。在府する大名を減らす上米の制は、大名らが勤める軍役（幕府課役）に依存する消防制度から都市居住者中心の消防制度へと移行してはじめて可能になったといえるであろう。

さらにこの政策基調は江戸だけでなく京都も同じである。元禄三年に外様小藩が任命されて三〇〇人前後が京都に詰め月番を勤める京都火消御番が開始され、宝永三年（一七〇六）に一旦廃止されるものの、同五年の大火を機に翌六年京都常火消として復活した。この京都常火消は洛中を担当する大名火消として復活したが、さらに同時に御所を担当する膳所・淀・亀山・郡山の譜代四藩が勤める禁裏御所方火消が設立され、二つの大名火消が併存することになった。しかし享保七年の制度改革により外様小藩が勤める京都常火消は廃止され、禁裏御所方火消の四藩が御所・二条城に重点を置きつつも洛中をも担当する形となった。この京都常火消廃止の背景には同年の都市居住者に負担を課して成立した京都町火消の制度化があり、この町火消の制度化によって京都周辺に所領を有する大名が著しい負担を課されるあり方が是正されることとなった。この他に大坂では元禄一〇年に町火消の制度化がなされ、奈良では貞享二年（一六八五）に郡山藩が大火の際には奈良へ出動することが義務付けられ、さらに宝永元年から享保元年にかけて町火消の制度化がなされている。[43]

重要な点はこれが消防制度に留まらない吉宗政権期の政策基調であり、その他の政策も同じ過程を歩むことである[44]。河川普請に関しても同じであり、宝永元年の大和川付替手伝普請を皮切りに大名が動員されていくことになるが、享保二―二〇年は一旦中止される。その代替案として同五年に国役普請制度を設立させ、幕府が指定した河川修復の際には該当する国の百姓に国役金が課せられることになった。寺社普請に関しても元禄期の幕府財政からの支出や大名の手伝普請による修復を削減し、代替案として御免勧化を制度化して幕府の許可を得て勧進することになった。以上のように、元禄期のように幕府財政と大名・旗本の軍役で対応するあり方から、領主側の負担を削減しつつ新たに町人・百姓に負担を求めていくあり方へと方向転換が模索され、吉宗政権期に諸制度が連関しながら制度化がなされているのである。

この政策基調の転換は、当該期に進められた江戸幕府の全国支配再編を最終的に確立させることになった。第一に、江戸や中央に集まりすぎた武家人口を国許や地方に返し、さらに著しく乖離した受益と負担の関係を再定義する意味を持った。拡大する行政需要に軍役（幕府課役）で対応していく方針は、【史料5】の中で「諸国居城居所等留守之人数も減シ候」と述べているように、本来藩政に従事すべき藩士たちを過剰に江戸に集めるという問題を引き起こした。また例えば、全国各地の大名が関東・東海の河川普請や幕府直轄都市の火消に次々と軍役を命じられて動員されていくことは、受益と負担の関係を著しく乖離させるという問題もあった。つまり将軍が命じる軍役で行政需要に対応していく綱吉政権の方針は幕府の論理、中央の論理に著しく偏っており、藩政や地域支配を安定的に行うことを困難にしていくという問題を抱えていた。吉宗政権は、江戸・京都・大坂などの都市居住者や水害で被害を受ける地域の住民に直接負担を課すことで軍役を削減し、幕政と藩政、全国支配と地域支配の関係の再定義を行っていることになる。

第二に、全国各地で外様・譜代大名が勤める幕府課役が固定化・制度化され、幕藩領主全体で分業関係が確立することになる。[45] 上方を事例にすると、元禄—享保期以前は全国各地の譜代大名は京都所司代・大坂城代に就任すると上方に転封を命じられ、また上方の大名は上方内部で幕府課役を勤めるなど、幕府課役が地域単位で命じられていた。これが当該期以降の上方の大名は江戸の火消だけでなく関東・東海の河川普請に動員され、さらに関東に転封することなく老中・寺社奉行等に就任するように転換する。これは上方に限ったことではなく全国各地の譜代大名にも同じ変化があり、幕府課役が従来の地域単位を原則としたものから国家単位を原則にしたものに切り替わっている。すでに触れた受益と負担の関係、さらには幕政と藩政、全国支配と地域支配の関係の再定義と連動する形で、地域と大名、国家と大名の関係も転換しているのである。

この結果、上方の大名は大きく二つのタイプに分かれ分業していくことになる。一つが大坂城を中心にして従来の西国支配の軍事拠点としての機能を維持していくグループで、その後も役職に就任しない姫路・郡山・岸和田・膳所藩主などがこれに含まれ、以降も定府せずに上方支配に深く関与する。もう一つが淀・亀山・篠山藩主などのグループであり、当該期以降は上方支配から切り離されて老中等に就任して定府することになり、全国支配に深く関与する。繰り返し述べてきたように、これは上方内部で起きた変化ではなく全国各地と連動しながら起きた変化であり、例えば篠山藩主などのように江戸を拠点にして幕府課役を勤める藩と、郡山藩主などのように国許を拠点にして幕府課役を勤める藩に各地域内部で分かれていく。全国各地の大名が江戸で幕府課役を勤める大名のグループと地方で幕府課役を勤める大名のグループに分かれ、第一節で見たような「在所交代」をする大名と「在江戸交替」をする大名が最終的に確定し、参勤交代制も最終的に確立する。

またこれまで見てきたように、幕藩領主だけでなく町・村を巻き込んで、各政策が密接に関わりながら制度化

がなされた点も参勤交代の位置付けを大きく転換させたものと考えられる。将軍が命じる転封がただ単に将軍の恣意や幕府の都合だけでなされたものではなく、大名を再配置することで各地の支配構造を維持する意味を持っていたのと同様に[46]、全大名が参勤交代を定時に行うことで江戸や全国各地の支配構造が維持されるという意味を持ったのである。もはや第一節で見たような軍事力配備や幕藩領主の共同利害を守るという意味に留まらず、定期的な参勤交代は幕政と藩政、全国支配と地域支配を繋ぎ、幕藩体制全体を安定的に維持するために不可欠なものとなっていったのである。

第三節　幕府課役の増大

第二節で享保期に幕府課役は削減されるようになったことを見たが、宝暦―天明期にその絶対量の増大が止まらなくなり、参勤交代と連動しながら変化していくことになる。例えば郡山藩は、宝暦元年（一七五一）以降江戸城大手門番を命じられることになるという新しい変化がある[47]。もともとは国許で京都大名火消を担当していたため、享保一六年（一七三一）に命じられた増上寺火番を除いて江戸で勤める課役はなかったものと考えられるが、宝暦年間以降は江戸城大手門番の担い手としても組み込まれる。

郡山藩以外の上方諸藩においても、例えば宝暦六年二月三日の落雷によって淀藩は居城の焼失という被害を受けるが、同八年二月一六日に郡山藩には「稲葉丹後守（正益・淀藩主）居城焼失に付、京都火消当分御免之処、前々之通丹後守被　仰付候、其方相談可有勤仕旨相達候間、可被得其意候[48]」と通知されている。居城焼失の場合に本来は京都大名火消の免除を受けるのが通例であるが、この時は免除はなくそのまま引き続き淀藩が勤めるよ

うに命じられているのである。京都大名火消は郡山・膳所・淀・亀山の四藩のうち役職就任等の事情によって免除される藩があった場合には高槻藩が代行したが、この五藩でも勤められなくなり、このため安永元年（一七七二）に京都から遠方であるにもかかわらず、篠山藩にも代行が命じられて六藩で担うようになっていく。[49]上方の諸藩が命じられる幕府課役は確実に増加していることがわかるが、さらに江戸で課役を担う大名と国許で課役を担う大名という役割分担も藩によっては少しずつなくなり始めたといえるであろう。

こうした過重な幕府課役の状態に関しては、すでに松尾美恵子氏が全国の大名を中心に明らかにしている。[50]松尾氏は享保元年から寛政一〇年（一七九八）までの八三年間をほぼ均等に三期に区分し、その手伝普請の件数が、第一期（享保元―寛保三年（一七四三））の二八年間で一三件、第二期（延享元（一七四四）―明和八年（一七七一））の二八年間で二四件、第三期（安永元―寛政一〇）の二七年間で二五件であったことを明らかにした。さらに動員大名数も第一期が三九名、第二期が五六名、第三期が八七名、と増加が著しいことを明らかにしている。幕府の財政赤字の問題、さらには行政需要の拡大そのものに歯止めがかからず、再度幕府課役が増大し始めていたことがわかる。

郡山藩が本来勤める必要のなかった江戸での幕府課役を勤めねばならなくなったもう一つの要因として、大名の参勤交代のあり方が変化し始めていたこともあげられる。【史料8】は延享元年六月に出された幕府の通達である。

【史料8[51]】

参勤延引之儀相届候ハヽ、向後手寄之ものを以、左之趣可相達候、

一、参勤延引之儀相届候、病気之事候得は、可致様無之候得共、参勤延引之段如何候間、少々ニても快候

ハ、、早々在所出立可然候

右は今日建部丹波守参勤延引届有之、入　御耳候処、右之通被　仰出之

六月

江戸に参勤せずに国許に残り続けることは、近世初期では改易の理由ともなった。ところが延享期には、幕府が指定した時期を過ぎても参府せずに国許に居続ける大名が出始めて問題となり、これを規制しようとしたことがわかる。これとは逆に、将軍から暇が出され本来国許にいるはずの大名が江戸に居続けることも問題となり始めていた。この問題に関しては、例えば元文三年（一七三八）一一月一六日、郡山藩に老中本多忠良から先手大嶋織部を通して口達での心得を書付にして伝達されている。[52] そこでは、「近来者御暇被下候面々、病気之由ニ而被為滞府之輩多キ様ニ候、病気無拠事ニ候得共、在所江被相越候茂御奉公之事ニ候得者、旅行相成候程之事ニ候得者可被相越儀ニ候、滞府被相願、参勤之頃ニ者快気之由ニ而出勤之輩茂有之候得者、不都合成様ニ御沙汰も候者如何ニ存候間、急度申通候品ニ者無之候得共、此段噂申候段手寄之衆江可被咄置候」と国許に帰らず江戸に残り続ける「滞府」を問題として取り上げ、暇が出されたら必ず国許へ帰るように命じている。上米の制で一旦緩和したことによって、大名側も従来通りの参勤交代のあり方を遵守しなくなり始めたものと考えられる。これらの問題は、寛延二年（一七四九）三月二九日付で郡山藩柳沢氏が列する帝鑑間に廻された【史料9】の大目付廻状によって明確にわかる。

【史料9】[53]

覚

一、帝鑑之間之御方様并御嫡子様方共御名不残御書付可被下候

但御定府共

(A)一、右御在府・御在邑并御門番・火之御番、其外御役懸之訳御名之上ニ御書付可被下候

(B)一、右御暇候得共御病気杯ニ而、依御願御滞府之御方様御書付可被下候

(C)一、右御暇ニ而御在邑候得共、御病気ニ而御願被成、早々御参府之御方様御書付可被下候

一、御銘々之知行高并城主無城之訳御名之上ニ御書付可被下候

一、右御官位之次第共御書付可被下候

但、御同高之御方様御席順之訳共御書付可被下候

右之通乍御世話無急度御聞合御書付可被下候、何とそ来月三日頃迄ニ奉頼候、以上

三月廿九日

傍線部Aでは各藩が江戸もしくは国許で勤める門番・火番について、傍線部Bでは暇が出ているにもかかわらず滞府しているかどうかについて、傍線部Cでは暇が出て国許に居るが病気のため近々参府する予定についてなどを問い合わせ、大名にこれに対する回答を四月三日までに提出するように通達している。以降散発的ではあるものの、こうした大目付廻状がしばしば出されることになる。柴田純氏が武士の病気が公務を遅らせることを明らかにしているが、(54)ここでは藩主の体調に左右されて、参勤交代が期日通りに行われなくなっているということが幕藩領主全体で問題になり始めていたことがわかる。史料には病気に関する記述しか見られないが、藩政や地域支配を安定的に行うために在国または在府が長期化するなど、様々な要因が背景にあったものと考えられる。この結果、幕府は実際に各大名が江戸に居るのか、それとも国許に居るのか、また江戸や国許で勤めている軍役（幕府課役）は何なのか、という実態把握を行わねばならなくなったのである。右のように本来暇を出されて国許

にいるべき大名が江戸に居続け、逆に江戸で門番・火番を勤めるはずの大名が参勤せずに国許に居続けるという状態が生まれ始めていたことがわかる。多くの大名が幕府が指定した時期を守って参勤交代を繰り返して、江戸の門番・火番や地方での課役を滞りなく引き継いでいくことが本来の幕府課役のあり方であった。宝暦元年以降、郡山藩が江戸城の大手門番などに新たに命じられるのは、この参勤交代の原則と実態が乖離し始めたという問題が、もう一つ重要な要因であったと考えられる。

これまでは主に譜代大名を対象に宝暦―天明期の軍役量やその増加の問題を見てきたが、外様大名に至っては軍役に対する意識にも顕著な変化が見出せ、以下ではこの問題を深めておきたい。松尾氏はすでに触れた近世中期の幕府課役を分析する研究の中で、萩藩毛利氏が藩財政悪化を受けて行った藩政改革の際に作成した「御国政再興記」という史料を用いて、当該藩が安永七年に日光霊屋手伝普請を命じられた経緯・理由に関して、他藩が軍役を命じられた経緯・理由と比較して検討していることを明らかにしている。[55] 松尾氏と重複する部分もあるが、ここでは本章と深く関わる点を本史料で確認しておきたい。

まず「観光院様御代利根川寛保二年御手伝事、青雲院様御代元禄十六年江戸御城以来四十箇年目に被蒙仰、御当代様御手伝事は夫より二十五箇年目勢濃両州川々御普請明和三年被蒙仰、又夫より日光山御手伝安永七年迄は十三箇年目箇様に年暦は次第に間近く[56]」と記述され、元禄一六年（一七〇三）、寛保二年、明和三年、安永七年の四回の手伝普請の間隔が少しずつ短くなり、次の手伝普請がすぐに廻ってくるようになっている問題を述べている。さらに「御造作入は利根川之節は二千九百八十四貫目、勢濃両州之時は五千百七十九貫百目、日光之分は八千八百三拾壱貫目、猶此外に千五六百貫目も相増候御様子に御座候」と、そのかかる費用も増加傾向にあることを指摘している。すでに触れた当該期の軍役量の増大が、賦課される大名側においても認識されていたことがわかる。

【史料10】は萩藩がこの時に日光霊屋手伝普請を命じられる候補の一人と考えていた熊本藩細川氏に関して、どのように認識していたかを記述した箇所である。

【史料10】[57]

（前略）右御五人之内松平相模守様先年以来之年数を考候得は、御当前にても可被成御座哉に候得共少将御官は此御方様御筆頭にて候、則相模守様にも翌年勢州濃州川々御手伝被蒙仰候、Ⓐ細川越中守殿には宝暦十一年惇信院様家重公御霊屋御手伝以来安永七年迄十八年にて年数間相も有之、且少将御昇進以後始而之御事にて真之一番当と相見候故に候哉、頻年別而権門御申込手強く御手伝被成御遁候由風聞有之、Ⓑ此御方様にては明和三年勢濃川々御普請より十三箇年に付卒度年数近く候故、余もや御手伝之儀御座有間敷と公儀人役座を始各別手遣事之手段申上候者も無之何となく打廻候、左候而細川殿に被成御差続候ては先は相模守様此御方様御差懸り候様に相見候、其外にては薩摩守様・陸奥守様御手明之様にも相見候へ共、御両方共に中将官之御事に付、（後略）

傍線部Aでは、本来課役を命じられた年数で考えると熊本藩が日光手伝普請を命じられる可能性が高い筆頭候補であったが、同藩が幕閣らに手回しをして次の課役を逃れているという風聞があったことを述べている。さらに傍線部Bでは萩藩は間隔から考えて命じられる可能性が低く安心してしまい、熊本藩のような工作を怠ったため、今回命じられた可能性があるということを述べている。これが事実であるかどうかを実証することは困難であるが、ここでは事実であるかどうかよりも、課役を命じられる側の大名がこうした意識を持っていることに注意したい。すなわち賦課される経緯・理由を調べて検討を行ったり、賦課された理由が幕閣への工作を怠ったからであると結論を導いている点に注目する必要があると考えられる。明確に意識化されたものではないものの、将軍・幕府による軍役賦課に対する公平性・平等性を大名側が捉え返している点が重要であろう。

右の点に関わって【史料11】は、明和二年六月と比定されている仙台藩主伊達重村が国許に送った書状の一部である。(58)本史料は田沼意次の賄賂政治を示すものとして、あるいは大名の武家官位昇進運動を示すものとして古くから注目されてきたものであるが、(59)軍役賦課の観点から読み直すとこれまで見てきた当該期における大名の認識がよくわかる。

【史料11】

一、(A)官位昇進之義ニ付而者、兎角御手伝等之儀、相省き度と計心掛候而者、且而相成間敷候、品者一向御用も不相勤居官位計望ミ候而者中々以当時之勢ひ願望成就難相成存候、其上増上寺御火消も不相勤、彼是御手伝ハ相務候心入ニ無之候而者相成間敷候、(B)御手伝之儀も、同しくハ禁裏御用相務候様致度心懸候、右之御用ニ候得者、官位其外万事、甚宜事共相聞得候、仍而前書之筋御手伝も候ハヽ、当年ニ不限此方ゟ内々手入いたし候而も相勤候所存候、(C)乍然二條　御城等ニ而者、　禁裏向程ニハ不相聞得候、是等之義ハ、源左衛門追々上京之節、京都承配候様申付かたも可有之かと、内々存含居候、彼是心得之ため申進置候

重村は、傍線部Aでは手伝普請はできれば省きたいが官位昇進のためにはやむをえないこと、また傍線部Bでは手伝普請の場合には禁裏御用を勤めた方がよいことを記述している。さらに傍線部Cでは二条城普請を担当しても禁裏御用ほど効果が高くないという風聞があることなど、非常に興味深いことを述べている。この文脈からいえば、課役を次々に賦課される上方の諸藩とはかなり異なり、選ぶ余地すら残していることも重要であろう。

鹿児島藩の宝暦治水が有名であり、認識の違いや誇張によって外様藩に過重な負担が強いられたと捉えられがちだが、当該期は苦しい藩財政の中でいずれの大名も課役を命じられ、特に譜代藩の命じられる量が著しい点は軽

視してはならないだろう。

また重村は、軍役負担をできれば忌避したいと率直に述べているだけでなく、本史料からは軍役が将軍に対して勤める奉公であるという考え方を読みとることは難しいといえるであろう。それどころか、もはや天皇の権威に連なる武家官位が将軍への軍役奉公を支え補塡するものとなっている点も、後の将軍と大名、天皇と大名の関係を考えていく上で重要であろう。松尾氏が指摘しているように(60)実際に手伝普請を勤めたことを理由に官位が昇進している場合もあり、この点は今後深めていく必要があるが、大名側の認識だけに留まらない問題を含んでいた。将軍に対する奉公の意味で、命じられれば無条件に勤めるものではなくなりつつあったといえ、逆にその公平性・平等性を捉え返す意識を芽生えさせ始めていたのである。

以上のように、元禄期に拡大した幕府課役は享保期に一旦は削減に成功するものの、宝暦―天明期に再度その増加が問題となり始め、本来勤めるはずのなかった幕府課役を新たに賦課されるという事態となった。そして問題は課役の絶対量が増大しただけでなく、参勤交代を幕府が指示した通りに大名が守らなくなり、江戸と全国各地に半数ずつ大名がいる秩序が崩れ始め、門番・火番の引渡しを確実に行うことができなくなり始めたという点にもあった。その背景として、享保期に実施した上米の制により参勤交代制が弛緩し始めたことも要因の一つと考えられる。幕府課役の量が飽和状態を迎えるだけでなく、定時を守って参勤交代を繰り返すという本制度の根幹が揺るぎ始め、両者が絡み合いながら問題をより複雑なものにしつつあったのである。

第四節　参勤交代制の形骸化

第三節において、幕府が指示した時期を大名が守って参勤できなくなったり、逆に暇が出されているにもかかわらず滞府して国許に帰らない大名が出始めたことが問題となっていたことを見てきた。安永・天明期頃よりこの問題はより深刻なものになり、この時期の幕府が出す通達はこのような実態を反映したものとなっていく。例えば安永七年（一七七八）五月に惇信院（徳川家重）一七回忌の法事に際して、御機嫌伺いと精進物献上に関する通達を諸大名に出すが、その際には「尤在府之分計一度宛可被差上候、在国在邑之分は可為無用候」と在府・在国それぞれの大名に指示を出すが、「御暇ニても在江戸ニおゐては可差上候」と付け加えることで[61]、暇が出ているにもかかわらず江戸に居る大名たちにも特別に指示をせねばならなかった。一八世紀後半には暇が出ているにもかかわらず実際は在府したままの大名が多く、かなりの数の大名が幕府から指示された通りに参勤交代をしていなかったことがわかる。

一方、在所交代を命じられた郡山藩主らが国許に帰って京都大名火消の当番を引き継げない場合は、そのまま引き続き当番を勤めるように老中が指示し、これが無理であれば別の藩に代行を命じることで、この参勤交代が確実に守られていたことを第一節で見た。しかし、天明六年（一七八六）に郡山藩主はついに国許に帰ることはなく、このため郡山藩は家来だけで京都大名火消の引き継ぎを行い、参勤交代の原則を事実上放棄することになった。【史料12】は天明六年六月一二日に郡山藩が幕府に提出した願書であり、【史料13】は篠山藩が、【史料14】は郡山藩が篠山藩と申し合わせを行って翌七年九月七日に幕府に提出した届書である[62]。

【史料12】

私儀当年御暇順年御座候処、先月中旬ゟ持病之疝積差発脚痛仕、今以相勝不申近々出勤可仕躰無御座候、然処京都火消之義、是迄稲葉丹後守（正謡・淀藩主）家来計差出相勤罷有候処、参勤年ニ相成私儀当年番ニも御座候付、何卒可相成義ニ御座候者、先家来計差出、京都火消相勤候様仕度奉存候、此段奉願候、以上

六月十二日　　松平甲斐守（柳沢保光・郡山藩主）

【史料13】

私義去ル廿日在所到着仕候付、京都火消之義、松平甲斐守家来より引渡請取申候間、甲斐守与交代仕候心得ニ而罷有候、初而之儀ニ御座候間、此段御届申上候、以上

八月廿二日　　青山下野守（忠祐・篠山藩主）

【史料14】

京都火消之義、私家来差出相勤罷有候処、青山下野守去月廿日在所到着仕候付、私義下野守交代之積を以、火消引渡退番仕候、初而之義ニ御座候間、此段御届申上候、以上

九月七日　　松平甲斐守

【史料12】は体調が悪く国許に帰ることができずに滞府することになった郡山藩主柳沢保光が、京都大名火消を淀藩からとりあえず引き継いで「家来計」で勤めることを願い出たものである。この願書に幕府からの許可が下りたため家来だけで勤めることとなったが、結局柳沢保光の滞府は一年間続き国許には帰らなかった。このため在所交代を手続き上済ませるために、【史料13】【史料14】が出されることになったのである。本来ならば、暇が出された篠山藩主が国許へ到着して京都火消を郡山藩から篠山藩が引き継いで、郡山藩主が江戸へ出発するは

ずであった。ところが郡山藩主は国許には帰らず江戸に一年間居続けたため、【史料13】のように篠山藩からは「甲斐守与交代仕候心得ニ而罷有候」、【史料14】のように郡山藩からは「私義下野守交代之積を以、火消引渡退番仕候」と、手続き上は両藩主が参勤交代の組み合わせを守ったことにしたのである。

これ以前はどれほど遅れても郡山藩主らは国許に帰って在所交代を守り、さらにこの在所交代が何らかの理由で不可能な場合には幕府は他藩に代行を命じてこの原則を維持していた。ところが前節で見たように、当該期に著しく増加した幕府課役に対処するために、幕府はこの原則を放棄し家来のみによる火消役遂行を許可したものと考えられる。安永元年に篠山藩を加えて六藩で担当するようになったことはすでに触れたが、六藩でも勤められなくなったのである。なお【史料12】の中で「是迄稲葉丹後守（正諶・淀藩主）家来計差出相動罷有候処」とあることから、前年にすでに淀藩主が国許に帰らず引き渡しを行っていたことがわかる。管見の限りで、この天明五・六年を境に京都大名火消を勤める上方の諸藩は参勤交代の組み合わせを守らないどころか、国許に帰らない場合が常態化していく。その結果【史料12】のように、在所交代の原則を放棄し家来だけで勤めることを求める願書が一九世紀になると頻繁に出され、藩主の滞府を願う「御発駕御延引御願書」とともに「京都火消家来持御伺書」と呼ばれて定式化することになる[63]。

以上のように一八世紀半ばには暇が出ているにもかかわらず多くの大名が滞府したり、逆に参府の時期を過ぎても国許に居続ける大名が続出し始め、参勤交代を行ったとしても幕府が指示した通りには行われなくなっていく。また在所交代を命じられていた藩に関しても、手続き上処理するだけで実際には形骸化していくこととなった。この問題とも関わるが、当該期以降幼年藩主であっても幕府は本来必要であった転封を命じなくなる。例えば安永三年二月二八日に、郡山藩は「京都火消如父時被　仰付候、向後松平紀伊守（信直・亀山藩主）与在所交替

之事候、且亦本多政吉（康匡・膳所藩主）茂京都火消被　仰付、幼年之内者家来計ニて相勤候様相達候、其方儀当年御暇可被下候間、政吉相談可有勤仕候」と、膳所藩主が幼少であるため家来だけで勤めることを通達されている。[64]本来四藩主のうち二藩主が在国することを原則としていたのは、すでに触れたように藩主自身が出馬することが義務だったからである。この任務を担えないような幼少の場合は転封を命じられるのが通例であったが、在所交代の参勤交代を実質的に行わなくなったのと同様に幼年藩主でも転封を命じなくなる。前節で見たような幕府課役すら十分に回せなくなっている状態で、さらに転封を命じるということ自体が不可能であったものと考えられる。幕府は大名の役割・存在意義を前提として成り立つ軍事力配備、軍役体系を事実上放棄し、現状追認せざるをえなくなったのである。幕府は増大する幕府課役に藩を対応させるために藩主不在の引き継ぎや、定時参勤交代の違背を黙認したともいえるであろう。

この天明期前後の参勤交代の状況は一九世紀になると当然のこととなっていく。すでに触れた寛延二年（一七四九）に出された各大名の参勤交代の実態、軍役を調査する【史料9】の大目付廻状は、郡山藩の史料の中では享和二年（一八〇二）以降毎年三月末に殿席ごとに廻され、藩側が四月三日までに回答するということが恒常的に行われたことが確認できる。[65]大名が定時を守って参勤することはほとんどなくなったのであり、大名による参勤時節伺いとこれに対して幕府が参勤時期を指示する老中奉書発給は単に形式的に行われるだけで実質的な意味や機能は失われたのである。代わりにこの大目付廻状がその実態を把握し、大名に課役を命じる際の参考とされたのである。次の【史料15】は文化元年（一八〇四）六月二一日に出された幕府の通達であるが、本史料のように参勤交代の時期を守るように命じる通達が頻繁に出されることになる。[66]

【史料15】

万石以上之面々、(A)御暇被下候以後、病気之趣ニ而滞府衆多ク、其内ニ者十年余も在所江不相越輩も有之候、勿論病気之儀者無余義候得共、在所江相越候茂御奉公之事ニ候得ハ、押而旅行相成候程之様躰ニ候ハ、可被相越義ニ候、先年及噂候次第も有之候得ハ、成たけハ滞府無之様可被懸心候、各申談候段、寄々手寄之衆江可被咄置候

但、(B)只今迄者滞府願次第相済候振合ニ候得共、此已後、右品ニ寄様躰など得与相尋候儀も可有之候間、此段も無急度可被申通候

傍線部Aでは十年以上国許に帰らずに滞府する大名がいたことを問題として述べている。さらに傍線部Bではこれまでは滞府の願出に許可を行ってきたが、今後は場合によっては詳しく容態を問い合わせることがあることを通知している。郡山藩はすでに同年六月一四日に滞府願を認められていたが、【史料15】のような通達が幕府から出されたため、再度の滞府願を出すにあたって若干の工作をすることになる。翌七月八日に医者の山添照春院のところへ留守居が相談に行き、「殿様先比ゟ御疝痛被為入、未御国許江御発駕難被遊、依之猶亦御発駕御延引御願書被指出候、然ル処右御願書江者御名前茂認候付、御心得被下候様」と発駕延引願書へ医者の診断としてその名前を書き入れることを申し出た。山添は承諾するとともに、「乍然照春院義は小児家ニも有之候付、外ニ兼而照春院御懇意も御座候付、杉原玄徳様御名前も認入候ハ、通りも可宜存候旨、尤別ニ玄徳様江御頼被仰遣候ニ者不及、此方ゟ可申遣候間左様相心得候様」と自分の専門が異なることを危惧しつつ、願書が許可されやすいように専門の医者の名前を書き入れるように指示し、なおかつ山添照春院の側で先方に了解を得ておく旨を返答している。結局郡山藩主は、この文化元年は九月二八日に江戸を出発して一〇月一二日に郡山に到着している。

郡山藩主は翌文化二年は参勤する年であり、六月二九日に亀山藩主が亀山城下に到着したため在所交代を命じ

られている郡山藩主は城下を出発するはずであるが、脚痛のため発足延引を七月五日に願って許可されている[67]。結局八月後半に郡山を出発することになり、【史料16】はさらに翌閏八月朔日に月番老中土井に郡山藩が提出した届書である。

【史料16】

私儀脚痛仕、其上時候相障、参勤延引仕候旨追々申上候処、少々快御座候付、今廿一日押而在所出立仕候、兼而奉願候通、伊勢参　宮仕、道中滞無御座候得者、来月七日着府仕候、此段御届申上候、以上

八月廿一日　松平甲斐守（柳沢保光）

すでにこの年の五月一一日に「私儀、今年参府之節、伊勢参宮仕度奉存候」と参府途中に伊勢参宮を行いたいという願書を出し、「可為願之通候」と許可されている。傍線部はこのことを述べた部分であるが、参勤時期を過ぎているにもかかわらず、伊勢参宮を行ってから参府すると再度届け出ている。ここでは第一節で見たような老中奉書の指示を守らねばならないという考えを大名側が持っていたことを見出すことは難しい。参勤交代はもはや本来の目的を失ってしまっているといえるであろう。

天保一二年（一八四一）九月朔日に「参勤之面々、病気ニて定例参勤時節より延引、且御暇被下候面々も、病気之由を以滞府之衆多、是迄度々候、（中略）但、是迄一通り病気等之申立ニて参勤致延引、且病気願様体相聞候上、願之通被　仰付候振合も有之候得共、以来者難叶筋も可有之候、此段為心得可被達置候[68]」と、これまで述べてきたように定例の時期を守って参勤を行うこと、滞府がないようにすることなどを命じ、今後は願出があっても許可しない場合があると通知している。しかしこうした通達を繰り返したところで幕府には実行力も強制力もなく、もはやこの段階では何の効果もなかったであろう。

この一九世紀段階の参勤交代の状況に関しては、平戸藩主松浦静山（宝暦一〇（一七六〇）―天保一二年）が率直な意見を述べている。【史料17】はその著『甲子夜話』の一節であり、そのまま信じることは危険ではあるものの、これまで述べてきたことからすればあながち的外れなことを言っているわけではないであろう。なお史料中に登場する月番老中青山忠裕の老中在職期間は文化元―天保六年である。

【史料17】[69]

(A)予年少にて未だ勤もせざりし頃は、御暇の後滞府は稀に有しが、在所に参勤の頃を越て居ることは無きことなりし。(B)然るに近年は次第にこのこと多くなり、参勤後役当りの考など称して、わざと定期をはづすこと諸家多くあり、この五月、御先手の鈴木九大夫、書付を浅草邸に持参せりと聞く、留守なればそれを見しに、

四月廿四日、御用番青山下野守殿御宅え細井出雲守・奥山主税助御呼出、御逢被成、御口達之上御書取御渡被成候写

万石以上之面々、近来病気に而定例参勤之時節より延引之衆多く候、参勤交替之儀は無遅滞候様兼兼可被心掛事に而、病気等無拠義には候得共、押而も旅行相成候程之様子に候はゞ、可成尺定例之時節参府候様可被致旨、各申談、寄々手寄之衆え可被咄置候

五月

別段御請に不及候事

傍線部Aではおそらく明和・安永年間頃を念頭に置いているものと考えられるが、静山が幼少の頃は暇が出ているにもかかわらず滞府する大名がいることは稀にあったが、参勤の時期を過ぎても国許に居るということはなかった、と述べている。また傍線部Bでは近年では参勤の時期を過ぎても国許に居続ける大名が多くなり、さら

に「参勤後役当りの考」と称してわざと定例の時期を外して参勤する大名が多くいる、という趣旨を述べている。傍線部Bの内容が事実かどうかを実証するのは困難であるが、第三節で触れた萩藩毛利氏や仙台藩伊達氏の軍役（幕府課役）に対する認識とも関わって、大名側にこうした認識が広まっていたという事実には注目してよいであろう。またすでに本史料に注目して、近世後期に盛岡藩南部氏が提出する多くの遅延参勤に関する願書を紹介しつつ、「願書に述べられている理由をすべて額面どおりに受け取ってよいのだろうかという疑問は残る」という千葉氏の指摘(70)は妥当であろう。

文久二年（一八六二）の緩和まで参勤時節伺いが行われ、参勤時期を指示する老中奉書も発給されて参勤交代自体も続けられている。しかし本節で明らかにしたように、個々の大名が幕府からの指示を守らずにそれぞれの都合と思惑で好きな時期に参勤交代を繰り返すものとなり、将軍を頂点とした秩序は消滅し幕藩領主全体の共同利害を維持するというものではなくなっている。参勤交代制はその本来の意味や機能が失われ、大名にとっては目的もなくただ江戸と国許を往復するだけのものとなり、藩にとってはその財政を圧迫するだけの負担となってしまったといえるであろう。

おわりに

本章では、日本近世における参勤交代制の特質およびその変質過程を明らかにした。参勤交代制には将軍権力を中核とする秩序・仕組みがあったことを明らかにするとともに、宝暦―天明期にこれが崩れ始め、その本来の意味や実質的な機能が失われていくことを明らかにした。全大名が将軍・幕府から指示された定時を守って参勤

交代を繰り返してこそ、本来の意味や機能が維持されるものであった。しかし宝暦—天明期にこの原則を幕府は放棄したため、一九世紀においては本来の意味や機能が失われたまま参勤交代を繰り返すこと自体が目的となってしまい、ただ藩財政を圧迫する負担となっていったのである。また右のような変化に伴って、大名が将軍のお膝元である江戸にあって、将軍とできるだけ近い関係に自分を置くことを望むような将軍と大名の関係[71]や、幕藩体制における江戸の位置付けも変化しつつ幕末維新期を迎えるものと考えられる。最後に本章で明らかにした点をまとめ、今後の課題を述べて結びとしたい。

第一に、参勤交代制は転封・改易等とともに幕藩体制が持つ集権的性格を最もよく表すものとして考えられてきたが、大名・藩にとっても必要な性格を持つ互助的な側面があったことを明らかにした。本制度は、幕府と藩の両者が相互規定性を持って成り立っていた幕藩体制の特質をよく表すものといえるであろう。参勤交代制は大名統制策という性格を持つ一方、幕藩領主間全体で互助関係に基づく機能分担や組織的対応を生み出し、安定的・効率的な支配を行うためには不可欠なものであったといえる。ただし行論中にも述べてきたように、これが秩序として保たれ、その本来の意味と機能が維持されるためには、全大名に幕府の指示を守らせる将軍権力の巨大性・集中性が不可欠であった点も重要である。大名の位置付け・役割を踏まえた上で、今一度幕藩体制における将軍権力独自の権能の解明が必要であると考えられる。

第二に、参勤交代制を事例に、将軍を頂点とする権力構造が宝暦—天明期に変質したことを明らかにした。行論中でも述べたように、これは参勤交代制にのみ留まるものではなく、当該期に幕府は本来必要であった転封を命じることができなくなり[72]、また外様大名に顕著であるが将軍への奉公にあたる軍役（幕府課役）に対する意識を変化させ、将軍の命令に対する公平性・平等性を捉え返し始める。将軍と大名という主従関係が変質したこと

を意味し、この関係は天保・弘化年間に幕府が行おうとした三方領知替・上知令・本丸再建の上納金が、大名の批判・抵抗によって撤回されるという形ではっきりと表面化していくことになる[73]。公儀が持つ集団性・集団規制性や集団保障体制としての性格がその内部から解体し始めている点が重要であり、将軍と大名、幕府と藩という権力構造の面からの幕藩体制の解体過程に関する包括的な分析が必要である。

【注】

(1) 朝尾直弘『将軍権力の創出』(岩波書店、一九九四)、藤井譲治「「公儀」国家の形成」(同『幕藩領主の権力構造』(岩波書店、二〇〇二、以下前掲藤井著)、初出は一九九四)。
(2) 「参勤交代」(『国史大辞典』六(吉川弘文館、一九八五))等参照。
(3) 宮本常一『大名の旅—本陣を訪ねて—』(社会思想社、一九六八)、山本博文『参勤交代』(講談社、一九九八、以下前掲山本著)、忠田敏男『参勤交代道中記—加賀藩史料を読む—』(平凡社、二〇〇三)、丸山雍成『参勤交代』(吉川弘文館、二〇〇七)、コンスタンチン・ヴァポリス『日本人と参勤交代』(柏書房、二〇一〇)等参照。
(4) 藤井譲治「平時の軍事力」(同編『日本の近世三　支配のしくみ』(中央公論社、一九九一)、以下前掲藤井論文)。
(5) 針谷武志「軍都としての江戸とその終焉—参勤交代制と江戸勤番—」(『関東近世史研究』四二、一九九八、以下前掲針谷論文)。
(6) 千葉一大「参勤交代制と大名課役—盛岡藩・南部家を例に—」(『地方史研究』四八—三、一九九八、以下前掲千葉論文)。
(7) 『政談』(辻達也校注、岩波書店、一九八七)一一八頁(「諸大名の困窮を救う事」)。
(8) 三上参次『江戸時代史』上(冨山房、一九四三)一二八頁。
(9) 丸山雍成「参勤交代制の研究(一)—その序説編—」(『九州文化史研究所紀要』二〇、一九七五)一〇四頁。

(10) 前掲山本著一七五頁。

(11) 笠谷和比古「将軍と大名」(前掲『日本の近世三』) 六五・六六頁。なお、前掲千葉論文もこの定例時期に関して分析を行っている。

(12) 『御触書寛保集成』八九一。

(13) 「附記」安永六年二月一六・二六日条。なお、本章の分析では郡山藩の公用記録にあたる、「福寿堂年録」、「幽蘭台年録」、「附記」(以上柳沢文庫所蔵) を使用する。本史料は、各藩主の死後に各種の日記をまとめ編纂したものであると考えられる。幕府より出された奉書やその他の書付、また郡山藩が幕府に提出した書付が書き留められており、幕府の諮問に対しては本史料が利用された。なお、以下で使用する『参勤交代年表』上・中・下・続は『柳沢史料集成』六・七・八・九 (柳沢文庫保存会、一九九七—二〇〇二) として刊行されているものである。本年表は「福寿堂年録」、「附記」などをもとに作成した郡山藩の参勤交代に関する年表であり、参考となる史料の翻刻を収録している。

(14) 「附記」天明三年二月朔・一三日条。

(15) 本書第一部第一章。

(16) 「福寿堂年録」享保一九年六月一五日条。

(17) 「附記」安永三年二月二八日条。

(18) 『参勤交代年表』上八九・九〇頁、「京都古格書抜」(『公儀勤方集』、『柳沢史料集成』五として一九九六年に刊行) 五三・六九頁。

(19) 「京都火之番申合帳」(「豊田家文書」九〇 (大和郡山市教育委員会所蔵))。

(20) 前掲千葉論文五二頁。

(21) 『御触書寛保集成』一三二六、『御触書天明集成』三〇四二、針谷武志「文政期の海防報告書と一揆鎮圧法—「内憂外患」への領主的対応—」(瀧澤武雄編『論集中近世の史料と方法』(東京堂出版、一九九一))、東谷智「彦根藩筋奉行の他領「出張」と百姓一揆—畿内・近国における秩序回復と広域支配—」(『甲南大学紀要』(文学編) 一四九、二〇〇七)。

(22)「附記」天明三年二月朔・一三日条。
(23) 盛岡市教育委員会・盛岡市中央公民館編『盛岡藩雑書』第一五巻（熊谷印刷出版部、二〇〇二）四七三・四七四・五九六―六〇五頁。
(24) 同前一〇六五頁。
(25)「水口藩加藤家文書」（甲賀市教育委員会）一、幕府（2）老中奉書・老中達書一四二一・一五二一・二六七・二六八（『水口藩加藤家文書調査報告書』（甲賀市教育委員会、二〇一〇））参照。
(26) 前掲千葉論文四七一―五〇頁。
(27)『編年江戸武鑑　文政武鑑』一（柏書房、一九八二）。
(28) 深井雅海・藤實久美子編『江戸幕府大名武鑑編年集成』一〇（東洋書林、二〇〇〇）四三二・四三三頁、同一二、一九四・一九五頁。
(29) 同前一〇、四〇三・四〇四・四三二頁、同一二、一五四・一九四頁。
(30) 藤井讓治「幕藩権力分析についての覚書」（前掲藤井著、初出は一九八二）三八五頁。
(31)『御触書寛保集成』五。
(32) 同前六・七・八、『御触書宝暦集成』一、『御触書天明集成』一、『御触書天保集成』一。
(33)『御触書寛保集成』八八二・八八六。
(34) 同前一七〇九。
(35) 朝尾直弘「一八世紀の社会変動と身分的中間層」（辻達也編『日本の近世一〇　近代への胎動』（中央公論社、一九九三））。
(36)『政談』（辻達也校注、岩波書店、一九八七）一一八頁（「諸大名の困窮を救う事」）。
(37)『折たく柴の記』（松村明校註、岩波書店、一九九九）二三四・二三五頁。
(38)『御触書寛保集成』八八九。

(39) 同前八八八。
(40) 前掲針谷論文一三・一四頁。
(41) 『折たく柴の記』二三七頁。
(42) 以下の記述は本書第二部第二章に拠る。
(43) 『新修大阪市史』四（新修大阪市史編纂委員会、一九九〇）一八三―一八六頁、『大阪市史』三（大阪市参事会、一九一一）一四五―一四七頁、『奈良市史』通史編三（奈良市史編集審議会、一九八八）二一〇―二一四、二八八―二九一、三六〇―三六三頁、本書第一部第一章。
(44) 本書第二部第二章。
(45) 本書第二部第三章。
(46) 本書第一部第三章。
(47) 「幽蘭台年録」宝暦元年六月一四日条。
(48) 「幽蘭台年録」宝暦八年二月一六日、「淀藩」（『藩史大事典』五（雄山閣出版、一九八九））。
(49) 本書第一部第一章。
(50) 松尾美恵子「近世中期における大名普請役―賦課方法に関連して―」（『徳川林政史研究所紀要』（昭和五二年度）、一九七八、以下前掲松尾論文）三七九―三八二頁。
(51) 『御触書宝暦集成』七七一。
(52) 「福寿堂年録」元文三年一一月一六日条。
(53) 「幽蘭台年録」寛延二年四月三日条。
(54) 柴田純「武士の日常生活」（前掲『日本の近世三』）、同『江戸武士の日常生活―素顔・行動・精神―』（講談社、二〇〇〇）。
(55) 前掲松尾論文三七〇―三七八頁。

(56)「御国政再興記」(『毛利十一代史』第三十二冊(巻之八四(上・下、英雲公記))コマ番号六六。国立国会図書館デジタルコレクション)を使用した。前掲松尾論文三七三・三七四頁。
(57) 同前コマ番号七一、前掲松尾論文三七三・三七四頁。
(58)『大日本古文書』「伊達家文書」八、二八〇七。
(59) 大石慎三郎『田沼意次の時代』(岩波書店、一九九一)、前掲松尾論文三七六頁。
(60) 前掲松尾論文三七六頁。
(61)『御触書天明集成』一一三八。
(62)「附記」天明六年六月一二日条、同前天明七年九月七日条。
(63) 本書第一部第一章。
(64)「附記」安永三年二月二八日条。
(65)「附記」享和二年三月二八日条、同前文化元年三月二八日条。
(66)「附記」文化元年六月二一日条。なお特に注記しない限り、文化元年の記述は「附記」を典拠としている。
(67)「附記」文化二年七月五日条。なお特に注記しない限り、文化二年の記述は「附記」を典拠としている。
(68)『幕末御触書集成』三、二三二六。
(69)『甲子夜話』四(平凡社、一九七八)巻五二―一六「参勤延引云云」。
(70) 前掲千葉論文五八・五九頁。
(71) 山本博文『江戸城の宮廷政治―熊本藩細川忠興・忠利の往復書状―』(読売新聞社、一九九三)。
(72) 本書第二部第三章。
(73) 藤田覚『幕藩制国家の政治史的研究―天保期の秩序・軍事・外交―』(校倉書房、一九八七)。

第二部　将軍と領主制・官僚制

第一章　近世上方支配の再編

はじめに

本章は全国支配再編との連動性・関連性に留意しながら、元禄―享保期における上方支配の再編を明らかにするものである。これまで明らかにされている当該期の最も大きな変化は、第一に享保期に幕府勘定所がそれまでの関東方と上方という地域分割を廃止して、公事方と勝手方という機能分割へと機構整備がなされること、第二に寛文期に成立した京都町奉行所が山城・大和・近江・丹波・摂津・河内・和泉・播磨の八ヶ国の広域支配を担当したが、享保七年（一七二二）に摂津・河内・和泉・播磨の四ヶ国は大坂町奉行所の管轄とされた、いわゆる「享保の国分け」が行われることである。(1) 享保期に重要な政策が集中しているが、近年の研究成果によってその端緒として元禄期が重要な意味を持ったことがわかってきており、その歴史的評価が必要となっている。

まず大和国の広域支配を担った奈良奉行に関しては大宮守友氏が、元禄九年（一六九六）に従来の一員制から二員制となり、同一五年に元に戻されて常勤体制が導入されること、また非人番制の形成と関わりながら個別領主権を越えて吟味筋の取り締まりを強化し、警察権を積極的に行使し始めたことを明らかにした。(2) また村田路人氏が、この元禄九―一五年の奈良奉行の変化や伏見・堺奉行の一時廃止と復活が大坂町奉行加藤泰堅の罷免に端を発した全国の遠国奉行政策の一環であり、従来のように上方内部ではなく元禄期幕政史の問題として捉えるべ

きことを明らかにした[3]。また幕府の寺院行政に関して、上方を対象地域として分析した杣田善雄氏が、元禄の寺院改めによって地域のすべての寺院の宗旨・本末関係等々を総調査して幕府公認のものとして確定し、かつそれを地域の奉行所の掌握体制下に置いたことや、寺社奉行支配に介在して地域の奉行・代官による寺院掌握体制が確立したことを明らかにしている[4]。

これらの研究によって元禄期が重要な意味を持つことが明らかとなり、また当該期の変化を上方内部で完結させて分析するのではなく、全国支配の変化との相互関連性を明らかにすべき研究段階となったといえる。なお本章では元禄期に注目しつつも、享保期までを一括して捉えることにする。かつての辻達也氏、近年の高埜利彦氏の研究視角・成果があるように[5]、吉宗政権は元禄―正徳期に積み残された課題を解決することで享保改革を行っており、その正確な歴史的評価を行う場合に綱吉政権期からの連続面を組み込んで分析する必要がある。このため本章では元禄から享保までを一括した時期として捉え、なおかつ幕藩体制がこの時期を潜り抜けることで、一八世紀の日本が一七世紀段階とは異なる特質を持ったことを重視して分析する。またこの場合、元禄―享保期の画期性のみに重点を置くのではなく、寛文・延宝期に形を整えた幕藩体制がその蓄積を踏まえて当該期にどのような質的変化を起こすか、そして変化した幕藩体制が宝暦―天明期にどのような新しい政治・社会状況を生み出していくかという連続面を重視して、近世全体の中で当該期の位置付けを明らかにする。

右で述べた問題を解明するにあたって、具体的には以下の二つの課題を設定する。第一の課題は、譜代大名の役割・存在意義およびその歴史的変遷に注目して当該期の上方支配の再編を明らかにすることである。具体的には、元禄―享保期に軍役（幕府課役）の原理原則が転換することによって起きる上方・全国支配再編の具体像を解明する。すでに朝尾直弘・山本博文氏らの研究によって[6]、全国各地に配置された譜代大名が担う独自の役割が

解明されているが、本章ではその歴史的変遷に注目する。従来幕府による支配というと奉行・代官の役割のみに重点を置いて論じられてきており、上方支配研究も同じ問題を抱えている。本章では広範な権限を有した淀・高槻藩主である永井兄弟のような譜代大名に注目して、寛永―寛文期の所司代板倉重宗・両永井と諸奉行の合議機関である八人衆体制による支配から[7]、元禄―享保期に確立する幕府支配機構による上方支配へと移行していく過程を明らかにする。その分析を通して、政治史研究における近世前期の成果と近世中後期の成果の断絶という問題の克服を行いたい。

第二の課題は、一七世紀においては頻繁に行われていた転封（領知替）が当該期に激減する歴史的背景に注目して、上方・全国支配再編の特質を明らかにすることである。具体的には上方で頻繁に行われていた領主交代の激減および全国各地における譜代大名の転封の激減という[8]、当該期に起こる二つの変化の関連性・連動性に注目して、上方支配の再編と全国支配再編との関連性を明らかにする。一七世紀段階では上方の多くの地域で頻繁な領主交代があったにもかかわらず、一八世紀以降は幕府領と役知領を交互に繰り返す決まった地域だけで行われるようになる。また譜代大名に関しても全国各地に転封を繰り返していたにもかかわらず、当該期に各地で一斉に定着していく。これらの事実はよく知られているが何故領主交代が激減するのか、何故譜代大名は一斉に定着するのかという理由を説明し、その歴史的意義を明らかにした研究は存在しない。本章ではこの上方内部での変化と全国各地で起こる変化が一つの共通した背景のもとに起きていることを明らかにし、上方を事例にして当該期に行われた全国支配再編の一端を明らかにする。

第一節　元禄―享保期以前の京都所司代・大坂城代

上方は関東と並ぶ江戸幕府の拠点地域であり、このため上方には京都所司代・大坂城代という老中に次ぐ幕府の重職が置かれ、両役を頂点とする支配機構が当該地域の支配を担当していた。こうした江戸幕府による上方支配を本格的に明らかにしたのがすでに触れた朝尾氏の研究であり、朝尾氏は寛永―寛文期に所司代・両永井と諸奉行の合議機関である八人衆体制による支配に注目して、江戸から相対的独自性を持って上方支配が行われていたことを明らかにした。その後は一九七〇年代の国奉行制研究の影響を受けつつ、時期的な画期としては上方八ヶ国の広域支配を担当する京都町奉行所が成立する寛文期や、「国分け」が行われる享保期に注目が集まり、またその内容としては所領を越えて広域支配を担当する京都・大坂町奉行所などの研究が進められてきた。[9]近年、岩城卓二氏が西国支配の軍事拠点としての大坂に注目して大坂城代を組み込んだ支配機構を明らかにし、さらに小倉宗氏が近世中後期の幕府上方支配機構について、所司代は京都町奉行や伏見・奈良奉行や禁裏付を、大坂城代は大坂町奉行・堺奉行をそれぞれ指揮監督し、所司代と城代を頂点に東西の四ヶ国を対象とする二つの支配機構が並び立って、江戸から一定程度の独自性を保ちながら上方支配が行われていたことを明らかにしている。[10]これまでも部分的に指摘があったが、長官として上方支配を統轄する所司代・城代を組み込み、またそれぞれの役職が持つ特色や権限の違いを踏まえてその相互関連性を解明することで、支配機構論として立体的にかつ具体的に明らかにされ始めたといえるだろう。

さてこの所司代・城代は旗本が任じられる遠国奉行とは異なり、譜代大名が任じられる大名役であることは広

く知られていることであるが、その性格・存在形態が元禄—享保期を境に大きく転換することはそれほど知られているわけではない。近年、横田冬彦氏が当初所司代・城代は任命されると居城を他大名に引き渡して京都・大坂に赴任していたが、元禄—享保期以降は居城を有したまま赴任するように変化することを『寛政重修諸家譜』を丁寧に読み込むことで明らかにした(11)。具体例をあげると、寛文二年（一六六二）大坂城代に任命された小諸藩主青山宗俊が小諸城と領地を幕府に引き渡して大坂に赴任し、一方小諸には新たに酒井忠能が封じられている。この青山は延宝六年（一六七八）に城代を退任するが、青山に代わって大坂城代に任命された浜松藩主太田資次は浜松城を明け渡して大坂に赴任し、代わりに浜松には青山が入封している。従来は『寛政重修諸家譜』等の記述から両役には城持ではない譜代大名が混じっていることははっきりわかっていたが、任命以前に居城を持っていた譜代大名も、所司代・城代就任を機にその居城を明け渡して上方に赴任するという事実が確認された。つまり小諸藩主や浜松藩主等の各藩主の立場で両役に就任することはないのである。

ところが、元禄四年（一六九一）閏八月二六日に所司代に任じられた三河吉田藩主小笠原長重は吉田城やその領地を有したままの吉田藩主の立場で赴任し、また享保三年（一七一八）八月四日に大坂城代に任じられた美濃加納藩主安藤重行は加納城や領地を有したままの加納藩主の立場で赴任するようになる。以降両役ともにしばらくはこれ以前の形式を取るものが混在するものの、一八世紀半ばには完全に切り替わる。これまで一般的に理解され説明されてきた所司代・城代は元禄—享保期に転換して以降の両役であり、当該期以前の所司代・城代は二条城もしくは大坂城以外に拠点を持たないという性格を持っていた。つまり同じ大名役とはいうものの、元禄—享保期以前と以後ではその内実は大きく異なる。この転換が意味するところは従来指摘されている以上に重要な意味を持つため、まずこの事実を確認しておきたい。

【史料1】はすでに触れた寛文二年に大坂城代に就任した青山宗俊に、同四年四月五日に出された領知宛行状である。青山が大坂城代に任命されたため、小諸城とその領地を引き渡して大坂に赴任したことはすでに触れた。

【史料1】(12)

河内国若江・茨田・河内・讃良四郡之内壱万六千四百八拾七石余、和泉国日根・大鳥・和泉三郡内壱万三千九百九拾九石四斗余、摂津国住吉・河辺・嶋下三郡内八千九百五拾七石壱斗余、芥川領内五百五拾五石壱斗余、遠江国敷智郡内五千石、相模国大住郡之内弐千九百九拾五石三斗余、武蔵国橘樹・荏原両郡内弐千四石六斗余、都合五万石目録在別紙事、充行之訖、全可領知者也、仍如件

寛文四年四月五日御朱印

筆者　神尾小左衛門

青山因幡守（宗俊）とのへ

【史料1】の中に小諸城・城付地となる信濃国佐久郡周辺の記載がない。この領知宛行状は四代将軍家綱の代替わりに際して一斉発給されたものであるが、青山の後に小諸城に入った酒井忠能にも同日付の領知宛行状が出されている。(13)酒井は信濃国佐久郡五五ヶ村を与えられさらにその与えられた村も確認でき、この段階で小諸城は酒井の居城であったことは疑いようがない。『寛政重修諸家譜』だけでなく領知宛行状からもこの点が確認できるのである。

以下では豊富な史料でその動きを確認できる土屋政直を中心に見ていきたい。土屋は貞享元年（一六八四）七月一〇日に大坂城代に就任し、さらに同二年九月に所司代に就任し、同四年一〇月に老中に就任している。まず【史料2】は「江戸幕府日記」天和二年（一六八二）二月一二日の記述である。(14)なお【史料2】の前提として、天和元年一〇月の田中藩主酒井忠能改易後に酒井の居城であった田中城へ、翌二年正月土浦藩主土屋が上使として

派遣されていた。

【史料2】

一、御座間江面々被為　召之、得替被　仰付、所謂

本多中務大輔（忠国）

右者自奥州福嶋以本高拾五万石、播州姫路江所替被　仰出之

土屋相模守（政直）

右者従常陸土浦、以本高四万五千石、駿河田中江所替被　仰付之

【史料2】からこの時に土屋が土浦より田中へ転封を命じられ、そのまま田中城を与えられることとなったことがわかる。なお「常陸土浦土屋家文書」には、田中城修復許可に関する天和三年八月三日付の老中奉書が残されている。[15]土屋が土浦から田中へ転封したのは疑いようのない事実ということになる。

続いて【史料3】はこの一年半後の貞享元年七月の「江戸幕府日記」の記述である。

【史料3】[16]

（一〇日）

一、御座間江土屋相模守（政直）被召出、大坂御城代被仰付之、其上御加増弐万石被下旨　御諚有之

（一九日）

一、太田備中守（資直）召之、駿州田中城江所替被　仰付之旨、堀田筑前守（正俊）伝達之、老中列座席西湖間之前

田中藩主土屋が大坂城代に任じられて二万石を加増された。また同月一九日には太田資直が田中へ転封を命じ

られ、この後に幕府目付が派遣されて田中城の引き渡しが行われ太田の居城となっている。[17] このため土屋は居城がない状態で大坂城を預かる大坂城代となったことがわかる。

【史料4】は土屋に宛てて出された貞享元年一一月一五日の日付を持つ領知宛行状写であり、この点が確認できる。なお同年九月二一日には、延宝八年に将軍となった徳川綱吉が代替わりの領知宛行状を一斉発給しており[18]、土屋にはこの転封に関連して出されたものであることがわかる。

【史料4】[19]

摂津国嶋上郡之内弐箇村、嶋下郡之内弐箇村、川辺郡之内八箇村、東生郡之内弐箇村、住吉郡之内拾弐箇村、和泉国大鳥郡之内四箇村、和泉郡之内九箇村、日根郡之内拾箇村、河内国若江郡之内拾七箇村、河内郡之内六箇村、茨田郡之内三箇村、讃良郡之内弐箇村、近江国浅井郡之内九箇村、伊香郡之内拾七箇村、常陸国茨城郡之内拾四箇村、上総国山辺郡之内五箇村、高六万五千石目録在別紙事、宛行之訖、全可領知者也、仍如件

貞享元年十一月十五日

土屋相模守（政直）とのへ

土屋は田中城・城付地となる駿河国志太郡周辺には全く領地を持たず、さらに土浦城・城付地となる常陸国新治郡周辺にも領地が全くなく、土浦藩主時代に与えられた茨城郡内一四ヶ村のみをそのまま有していたことがわかる。寛文九年八月三日付の領知宛行状写も残されているが[20]、両者を比較すると大半はこの城代就任時に新規に上方で与えられた領地である。土屋はこのまま貞享二年九月に所司代となり、同四年一〇月の老中就任を機に土浦城を与えられることになるが、この土浦城は土屋の所司代退任と同時に大坂城代に就任した松平信興が大坂へ赴任するために明け渡され、土屋の居城となっている。

一方土屋の代わりに田中城に入る太田資直は、延宝六年から貞享元年まで大坂城代であった太田資次の嫡子である。太田資次が延宝六年の城代就任時に浜松城を明け渡したことはすでに触れたが、城代太田の領地は摂津国嶋下・河辺・住吉、和泉国大鳥・和泉・日根、河内国若江・河内・茨田・讃良、下総国豊田、常陸国河内・新治で五二〇〇〇石余であった[21]。貞享元年三月一九日に資次が死去し、このため嫡子資直に大坂への暇が出され、六月一四日に資次の遺領を引き継ぐものの、【史料3】のように同年七月一九日に田中城を与えられることになった。「領知目録書抜[22]」には、【史料4】と同じ貞享元年一一月一五日付で太田資直に出された領知宛行状が書き留められている。そこでは駿河国志太郡五八ヶ村（二一四九四石一斗余）、同益津郡一七ヶ村（五九七一石四斗余）、遠江国榛原郡四ヶ村（一六六五石九斗余）、同城飼郡四ヶ村（一一四三石九斗余）、下総国豊田郡二七ヶ村（一一一六五石七斗余）、同岡田郡一〇ヶ村（五五九七石余）、常陸国河内郡若菜村（二〇四一石一斗余）、同新治郡三ヶ村（九五八石三斗余）、合わせて五〇〇三七石八斗余が与えられた。駿河国志太・益津郡の村々が田中城・城付地である。またこのため上方にあった太田の領地は幕府領に切り替わるか、もしくは新城代の土屋に与えられたものと考えられる。

以上のように、貞享元年に土屋は大坂城代就任により田中城を明け渡して大坂周辺で領地を与えられて赴任し、一方大坂周辺に領地を持つが居城がない太田が田中城を受け取っており、実質的には交換転封に近い形態を取っているといえる。すでに触れた延宝六年の青山宗俊と太田資次のケースと似ているといえるだろう。つまり就任以前に城持大名であった場合は就任を機にその居城を幕府に引き渡して上方に赴任しており、いずれの所司代・城代も居城を持たないのである。

元禄四年の吉田藩主小笠原長重の所司代就任時に変化があったことをすでに指摘したが、以降は居城や領地を

引き渡さずにそのまま赴任するようになる。

【史料5】は、「江戸幕府日記」の元禄一〇年四月一九日の記述である。

【史料5】[23]

今日　八代姫君様為御祝儀、諸大名・諸役人登　城、　御目見江者無御座、御老中御逢何茂退出

御役替

御老中　　　　　　　小笠原佐渡守（長重）

壱万石御加増岩付ニ城地江所替

京都所司代　　　　　松平紀伊守（信庸）

屋敷替

牧野備前守屋敷　　　小笠原佐渡守

松平紀伊守屋敷　　　牧野備前守（成春）

小笠原佐渡守屋敷　　松平紀伊守

右之通被　仰付之

小笠原長重が老中に任じられて岩槻へ転封となり、京都所司代には丹波篠山藩主松平信庸が任じられた。この松平信庸は元禄四年に小笠原が吉田城を引き渡さずに居城として有したまま上方に赴任したのと同様に、篠山城を居城としたまま赴任した。なお領地は変わらないものの、役職就退任と連動して江戸屋敷が変わっていることは注意してよいであろう。また松平信庸の場合、居城が丹波国という比較的京都から近距離にあるが、以降享保二年には信濃上田藩主松平忠周や寛保二年（一七四二）には日向延岡藩主牧野貞通らが居城を引き渡さずに京都

へ赴任することになり、全国各地の譜代大名が転封することなく就任する形式が定着していくことになる。

以上のように、元禄四年以前の京都所司代および享保三年以前の大坂城代は任命とともにその居城を明け渡し、新たに上方に領知を宛行われて赴任する大名役であった。横田氏が「大坂城の本丸には幕府の大番が在番で入っており、大坂の城下町も大坂町奉行の管理下にあるから、これは大坂藩が成立することではもちろんない」としながらも、単なる赴任ではなくもとの居城を失って領地も上方に移され、また全家臣団やその家族も引き連れて大坂へ移動してくる当該期以前の城代を「「大坂城代藩」とでもいうことができる」と述べているが[24]、正鵠を得た表現であろう。後代に藩としては伝わらないものの、上方に大名として転封してくることはその他の大名と何ら変わらないのである。これは他の大名と同じように領知宛行状の発給を受けたり、退任後に関東・東海の大名との交換転封が成立していることからも確認できる。

以上の点はこれまで指摘があることであったが、「江戸幕府日記」の記述や数通の領知宛行状などからも間違いのない事実であったことを確認した。以下ではこの変化の歴史的意義について考察していく。

第二節　上方における藩の確立

本節では所司代・城代の性格・存在形態が元禄—享保期に変化することが、上方内部でどのような意味を持ったか確認しておきたい。すでに横田氏が、転換以前の大坂城代は四—五万石程度の大名が就任したのに対し以後は一〇万石規模の大名が就任するようになり、それぞれの居城と大坂城の二城郭の保持が可能になると指摘している。所司代も同じように三—四万石程度の大名から五—一一万石程度の大名に転換する。ここでは転換する以

前の所司代・城代と当該地域に所領を持つ譜代大名との両者の関係を確認しておきたい。

まず【史料6】は、貞享元年（一六八四）に老中が一一大名に山城等五ヶ国の砂防強化の担当を命じた「覚」である。

【史料6】[25]

覚

淀川、大和川え落合候川上之山々、開畑山畑停止、向後林に被　仰付候、領内又は其近辺御料私領共に、手より次第一ヶ年二三度宛、家来差遣、無油断林仕立候様に可被申付候、山割并奉行人申付様等は、御勘定頭中え可被相窺候、以上

八月

藤堂和泉守（高久）　松平日向守（信之）
石川主殿頭（憲之）　本多隠岐守（康慶）
永井日向守（直種）　植村右衛門佐（家貞）
永井伊賀守（直敬）　渡辺半次郎（基綱）
高木大学（正陳）　片桐主膳正（貞房）
岡部内膳正（行隆）

この「覚」によって発足する土砂留管理制度に関しては水本邦彦氏の研究がある。[26]本制度は、この一一大名が自己の所領を越えて他領にまで踏み込んで砂防工事を行う特徴ある制度であるが、この後に担当大名やその巡検郡が変化しながら元禄期にほぼ確立する。ここで問題としたいのは、津藩藤堂氏・郡山藩松平氏・淀藩石川氏・

膳所藩本多氏・高槻藩永井氏・高取藩植村氏・小泉藩片桐氏・岸和田藩岡部氏と並んで命じられた、永井直敬・渡辺基綱・高木正陳の三大名である。なお本制度において、永井は河内国交野・茨田・讃良の三郡を、渡辺は河内国志紀・古市の二郡を、高木は河内国丹北・丹南の二郡を担当している。注目するのは、この三大名が前節で見た所司代・城代らの性格をそのまま引き継いだ大名だからである。

まずわかりやすい事例から見ると、永井直敬は所司代永井尚庸の遺領を継いだ譜代大名である。(27) 寛文一〇年（一六七〇）二月一四日に所司代に任じられた永井尚庸は、任命以前に河内国茨田・交野・讃良・若江郡内に二万石を有したが就任時に一万石の加増を受け、山城国紀伊、摂津国嶋上・嶋下、河内国大県・安部・古市・交野・茨田郡で三万石を領した。尚庸は延宝四年（一六七六）に京都所司代を辞して同五年に死去し、嫡子永井直敬がその遺領三万石を引き継ぐことになった。

「領知目録書抜」から、より詳細に寛文四年の永井尚庸の領知、貞享元年の永井直敬の領知がわかる。(28) 寛文四年時の尚庸の領知は河内国茨田郡内二三ヶ村（一二六四五石七斗余）、同国交野郡内一三ヶ村（六五七七石八斗余）、同国讃良郡内三ヶ村（三七九九石八斗余）、同国若江郡内永田村内（三九六石五斗余）、合わせて二万石であり、同一〇年二月一四日所司代就任時に一万石の加増を受けた。貞享元年時の直敬の領知は河内国茨田郡内二三ヶ村（一二八三〇石四斗余）、同国交野郡内一四ヶ村（六九六六石六斗余）、同国讃良郡内三ヶ村（三七九九石八斗余）、同国若江郡内永田村内（三九六石五斗余）、河内国大縣郡内大縣村（四三一石七斗余）、同国安宿郡内二ヶ村（一五二四石九斗余）、同国古市郡内二ヶ村（一〇八五石余）、摂津国嶋上郡内八ヶ村（二五〇二石一斗余）、同国嶋下郡内五ヶ村（三五五六石五斗余）、山城国紀伊郡内上鳥羽村内（三二四石余）、合わせて三万石である。両者を比較すると、寛文四年時の河内国茨田・交野・讃良・若江郡の領地の約二万石はそのまま受け継いだものと考えられ、また所司代就

任時に与えられた一万石の領地もそのまま受け継いだ可能性が高い。

以上のように、所司代の嫡子としてその遺領をほぼそのまま継いだ永井直敬は貞享四年に下野国烏山藩に転封となるが、この間の約一〇年間は上方に領地を持つ譜代大名であったということになる。後代に藩として伝わらないものの、また城持大名ではないという違いを持ちつつも、岸和田藩主ら一〇大名と本質的には変わらないともいえるだろう。前節で見た、貞享元年の土屋政直の大坂城代就任を機に入れ替わりで田中城に入る太田資直のような場合もあったが、それ以外の永井のような場合は大名改易等が起こった場合に動くことになる。[29] 例えば永井は、貞享四年一〇月の下野烏山藩主那須資徳改易で無主空白地となる烏山に入封することになる。また、元禄四年（一六九一）閏八月に死去した所司代松平信興の遺領三二〇〇〇石を継いだ嫡子松平輝貞は同年一二月の日向延岡藩主有馬清純改易に際して、同五年二月に下野壬生藩主三浦明敬が無主空白地となる延岡に転封となり、玉突きのように無主空白地となる壬生へ入封することになる。輝貞のような短期間の場合もあるが、偶発的に起こる改易に伴って動く永井直敬のような場合があったことがわかる。また永井や松平輝貞が関東へ転封になった後、上方にあった旧所領の多くが幕府領に切り替えられたものと考えられる。

次に渡辺基綱・高木正陳に関して、両者はそれぞれ和泉国伯太（大庭寺）藩渡辺氏と河内国丹南藩高木氏であるが、この両者の領地はともに大坂定番時代に与えられたものからなっている。[30] まず渡辺吉綱（基綱の父）は寛文元年一一月八日に一万石の加増を受けて大坂定番に就任した。【史料7】は寛文四年の渡辺吉綱宛の領知宛行状・目録である。

【史料7】[31]

河内国志紀・古市両郡之内三千八百七拾七石四斗余、和泉国大鳥・和泉弐郡之内六千百弐拾弐石五斗余、武

蔵国比企郡之内三千五百弐拾石四斗余、都合壱万三千五百弐拾石余目録在別紙事、宛行之訖、全可領知者也、仍如件

寛文四年四月五日御朱印　　筆者　大橋左兵衛

渡辺丹後守（吉綱）とのへ

目録

河内国

志紀郡之内　四箇村

大井村　北木本村　国府村　田井中村之内

高弐千弐百壱石弐斗六升弐合

古市郡之内　四ヶ村

壺井村　大黒村　駒谷村　飛鳥村

高千六百七拾六石壱斗四升八合

和泉国

大鳥郡之内　拾壱ヶ村

小代村　大平寺村　大場寺村　豊田村　畠蔵村　逆瀬川村　畑村　鉢峯寺村

田中村　片蔵村　釜室村

高四千五拾弐石弐斗壱升七合

和泉郡之内　五ヶ村

大津村　板原村　池上村　伯太村　黒島村
高弐千七拾石三斗七升三合
武蔵国
比企郡之内　五ヶ村
野本村上下　下青鳥村　今泉村　長楽村　葛袋村
高三千五百弐拾石四斗八升弐合
都合壱万三千五百弐拾石四斗八升弐合
右今度被差上郡村之帳面相改、及　上聞所被成下　御朱印也、此儀両人奉行依被　仰付執達如件
寛文四年四月五日
永井伊賀守（尚庸）
小笠原山城守（長矩）
渡辺丹後守殿

「領知目録書抜」には貞享元年九月二一日付の渡辺基綱宛領知宛行状、元禄一二年六月一五日付の領知宛行状が書き留められている。[32] 貞享元年のものは「同前」とあり寛文四年と全く同じであったことがわかる。また元禄一二年は、河内国志紀郡内四ヶ村、同国古市郡内四ヶ村、和泉国大鳥郡一一ヶ村、同国和泉郡内五ヶ村、近江国栗田郡内蜂屋村、同国野洲郡内二ヶ村、同国蒲生郡内二ヶ村、同国高嶋郡内六ヶ村、合わせて一三五二〇石余が与えられている。和泉・河内国の所領は寛文期から明治を迎えるまで変わっておらず、定番退任後もそのまま大名として定着して伯太藩として続くことになる。

同じく高木氏であるが、元和九年（一六二三）に大坂定番となって河内に一万石を与えられ寛永七年（一六三

○）一一月三〇日に定番を退任するが、その所領はそのまま残って丹南藩として続く。このように大坂定番時代の領地をほぼそのまま引き継いでいる渡辺・高木の両氏は、所司代永井の領地を遺領として引き継いだ永井直敬と何ら変わらない。そして両氏は永井のように転封する機会がなかったため上方にそのまま残り、この後に藩として定着することとなった。しかし永井・渡辺・高木は全く同じ課役を勤めているように、貞享元年段階で本質的な差異はないのである。

前節で明らかにした所司代・城代さらに大坂定番も全く同じことがいえるが、彼らは上方に領知を与えられて赴任するが役職退任後もその所領が残り続けることになり、場合によっては死去後に嫡子がそのまま相続して譜代大名として存在することとなった。当該期以前の城代を「大坂城代藩」とも言いうることはすでに触れたが、京都所司代・大坂城代・定番は幕府役人として当該地域の支配を担当するという違いを持つものの、当該地域に所領を有する譜代大名でもあるといえるだろう。つまり、当該地域において幕府官僚と譜代大名は最終的には分化しきっていなかったのであり、役職就任と領知宛行が切り離せずに一体となっていることがこの点をよく表している。軍事的要衝への配置だけでなく一七世紀段階の幕府官僚制の特質に規定されて、譜代大名は転封を繰り返さねばならなかったのである[33]。

そして所司代・城代退任後、あるいは在職中に死去して嫡子が相続した際にうまく交換転封が成立しなかったり、あるいはすぐに改易等が発生しなかった場合は、永井・渡辺・高木のように領知宛行が行われた当初の目的を失った譜代大名がそのまま残ってしまう状態であった。寛文期に形を整えた幕府官僚制は[34]、「職」と「職」が有機的に繋がって再生産を続けるためのサイクルや仕組みをいまだ備えていなかった。また上方内部でいえば、地域内の大部分が所司代・城代・定番就任時に幕府領からそれぞれの領地へ切り替えられ、また逆に役職退任後

には再び大名領から幕府領へと切り替えられねばならなかった。役職就退任のたびにその都度、所領の大部分が切り替えられることを意味し、所領交代もそのサイクルを仕組みとして築けていなかったのである。

これが前節で見た所司代・城代・定番の性格の変化によって一変する。居城・領地を引き渡さずに各藩主の立場でそのまま赴任してくるため、必要な部分だけ役知領として与えれば済むことになるからである。この結果当該期に領主交代は激減し、以降は幕府領と役知領とに交互に切り替えられる決まった地域だけで領主交代が行われるようになる。ほとんど方針・原則を持てないままの状態で行われていた領主交代が原則を持つようになったため、一八世紀以降はその数が激減するとともに幕府領・大名領・旗本領・役知領が固定化し、さらに例えば幕府領には大坂城の維持・管理のための役負担が課されるように、各村の所領としての役割も固定化していくことなる。[35]また藩という側面からいえば、所司代・城代交代のたびに当該地域に新たな大名が成立する可能性は消滅し、一方ですでに当該地域にあった大名は定着し始め、藩として幕末維新まで存続することになる。様々な変化と連動しながらではあるが、所司代・城代がその性格を転換させたことは、村々まで含めて当該地域の歴史に決定的な変化をもたらしたのである。

以上のように本節では、元禄―享保期以前の所司代・城代は上方全体の支配に関与するという単なる譜代大名とは大きな違いを持ちながらも、一方で二条城・大坂城を拠点として上方に領地を持つ譜代大名であり、この点においては郡山藩主や淀藩主などのその他の譜代大名とも共通する性格を持っていたことを明らかにした。彼らは幕府官僚であると同時に上方に所領を持つ一大名としての要素をも有していたことになり、所司代・城代・定番と上方に所領を持つ譜代大名は、その存在形態が最終的には分化しきっていなかったのである。所司代・城代が他地域から居城を有したまま各藩主の立場で赴任することは、上方支配の長官としてふさわしい格式・石高を

有する譜代大名が就任することを意味するだけでなく、未分離であった幕府官僚と譜代大名を分離していくことで藩を確立させ、また領主交代に原則を生むことで所領を固定化させたのであり、その結果として一七世紀段階の当該地域の様相を一変させることになったのである。

第三節　幕府官僚と譜代大名の分化

二節にわたって、元禄―享保期にその存在形態が未分離であった幕府官僚と譜代大名が分化し始めることを見たが、本節では両者の役割・権限が分離されていく過程を明らかにする。近年田中暁龍氏が、貞享二年（一六八五）に所司代に就任した土屋政直に出された職務規定を中心に分析を行い、天和・貞享期、正徳期、享保期のそれぞれの時期の所司代の職務内容とその変化を分析し、貞享―享保期にその職掌の明文化が進むことを明らかにしている[36]。またすでに触れたように小倉氏が、近世中後期の上方は「京都と大坂を中心とする二つの幕府機構が並び立つとともに、所司代が地域支配・朝廷統制・二条城守衛の三つ、大坂城代が地域支配・大坂城守衛の二つの分野にわたり、役人を指揮監督し、その業務を統括した。また、①京都においては、地域支配を代表する町奉行と朝廷統制を代表する禁裏付、②大坂においては、地域支配を代表する町奉行と大坂城守衛を代表する定番という形で、二人制をとる二つの役人がそれぞれ一人制の長官である所司代・城代のもとに合議体を構成していた[37]」ことを明らかにしている。

こうした支配機構が成立する前提として、天和・貞享期以降に多岐にわたって所司代らの職掌が明文化されていく過程は重要であろう。ここでは前節までの分析を踏まえて、幕府支配機構内部ではなく、当該地域の大名と

の関係を踏まえながら所司代・城代の役割・権限が制度化されていく過程を見ていく。

まず一七世紀中期段階の様相を、淀・高槻藩主永井兄弟の存在に注目して確認しておきたい[38]。正保四年（一六四七）の阿部正次死去以降、寛文二年（一六六二）の青山宗俊就任まで大坂城代は存在せず三人定番制であった。正保四年一一月二三日に城代阿部正次死去の報が家光に入り、家光は応急処置として正次の子重次に正次が担当していた番所三ヶ所の守衛を命じ、また正次の甥にあたる高槻藩主永井直清に重次の補佐を命じた。さらに翌五年二月一〇日には永井は将軍家光の日光社参の期間中に大坂城に入り、正次の担当した番所の受け継ぎ等を命じられて、大坂城内の阿部正次の上屋敷に入っている。そして、新たに大坂定番に命じられた保科正貞・内藤信広が慶安元年（一六四八）九月一〇日に大坂城に入るまでの間、永井は大坂城の最重要地である追手口を預かり、定番である稲垣重綱は玉造口を守衛した。

またこの期間、西国での不測の事態への対応は京都所司代や大坂定番のみならず、淀藩主永井尚政も深く関与した。例えば承応三年（一六五四）に内藤信興が定番に就任した際に、老中阿部忠秋・松平信綱・酒井忠清三名連署で内藤・保科に宛てた「定」一一ヶ条の第八ヶ条では[39]「於西国筋、何篇之儀出来たりといふとも、令遅々不苦事は言上之上可申付之、若指当儀有之節は、不及得上意、幸為近所之間、板倉周防守（重宗）、永井信濃守（尚政）遂相談、存寄通、右両人之以連判可申遣之旨、被　仰出之事」と命じられており、定番は江戸の「上意」を得ることなく、所司代板倉と永井尚政に相談しながら対応するように命じられていることがわかる。これは「西国筋船御用之時、差当儀におゐてハ、是又不　被仰出已前にも、周防守、信濃守相談之上、近国え申触之」（九ヶ条目）、「御鉄砲玉薬具足以下、何方へも急々御用ニ指遣可然におゐては、不得　御意候とも、周防守、信濃守相談を以可遣之」（一〇ヶ条目）、「不依何事、急御検使被遣之可然儀有之時ハ、是又周防守、信濃守相談之上可申

付事」とあり多方面に及ぶ。なお、明暦二年（一六五六）令でも「牧野佐渡守（親成）・永井信濃守（尚政）遂相談」という文言を持っており[40]、所司代の交代があっても変わらず所司代・永井に相談するように命じている。

前節までの分析を踏まえると、所司代・城代・定番が上方に所領を持つ譜代大名としての性格をあわせ持っていたのと同様に視点を逆にすれば、淀・高槻藩主である永井兄弟は単なる譜代大名に留まらず、所司代や大坂定番と相談したりあるいは城代の役割を代行するなど、所司代・城代らとほぼ対等の権限を持ちながら上方支配を担う幕府官僚としての性格をあわせ持っていたということである。そして結論を先取りしていえば、元禄―享保期にかけて、このような一七世紀段階における両者の関係を転換させて新しい関係が創出されていくことになる。つまり永井兄弟のように突出した権限を持つ譜代大名を最終的に否定して、均質化・平準化を伴いながら外様大名をも含めて、当該地域の全大名を所司代・城代を頂点とする幕府上方支配機構の指揮監督下に編成していくことになる。以下ではその過程を見ていきたい。

すでに横田氏によって指摘があることであるが[41]、国絵図作成に関して正保元年の作成時では尼崎・高槻・岸和田・高取・郡山・亀山・篠山・福知山・彦根・膳所藩だけでなく、八人衆を構成した永井兄弟さらに所司代・上方郡代・堺奉行・奈良奉行らが直接担当しつつも全体を統轄した。これが元禄一三年（一七〇〇）の作成時では河内のみ幕府絵図奉行が直接担当するものの、高槻・尼崎・三田・岸和田・姫路・龍野・明石・赤穂・淀・郡山・高取・福知山・園部・柏原・彦根・膳所・水口藩が実際に作成を担当し、所司代らは関与していない。この変化の端緒として延宝六年（一六七八）の幕領検地があり、京都・大坂町奉行は関与せずに隣国の大名の援助も受けながら、当該地域の譜代藩に三田・園部の両外様藩が加わって大名の役として実施された。またすでに触れたが、貞享元年発足の土砂留制度が京都・大坂町奉行の指揮監督下で一一大名が担当する形で制度化されている

ことも同様であろう。所司代も含めた八人衆が主導しつつも譜代大名と共同して国単位の事業を実施するあり方から、譜代・外様の違いが相対化されつつ大名の役として固定化されていき、一方所司代らは江戸の幕府役人らと役割を分担しながら、これら大名を指揮監督する側に移行するという方向性が見て取れる。

以下では、最も見えやすい形でこの過程が顕在化している京都大名火消制度に注目して、京都所司代・京都町奉行らと譜代大名の役割・権限が分離していく過程を見ていきたい[42]。本制度は元禄三年に外様小藩が任命され、三〇〇人前後が京都に詰めて月番を勤める京都火消御番として開始され、宝永三年（一七〇六）に一旦廃止されるものの、同五年の大火を機に翌六年京都常火消として復活した。この京都常火消は洛中を担当する大名火消として復活し、同時に御所を担当する膳所・淀・亀山・郡山の譜代四藩が勤める禁裏御所方火消が設立された。郡山藩は騎馬一〇騎・足軽六〇人を、膳所・淀・亀山藩は騎馬八騎・足軽五〇人を京都藩邸に置くように命じられ、石高に準じた人員を常駐させることになった。なお同時に、在国中の藩主には大火の場合に藩主自身が出馬することが義務付けられた。

さらに享保七年（一七二二）の制度改革により京都常火消は廃止され、禁裏御所方火消の四藩が御所・二条城に重点を置きつつも洛中をも担当する形で確立した。この京都常火消廃止の背景には、同年の都市居住者に負担を課して成立した京都町火消の制度化があり、この町火消制度化によって、京都周辺に所領を有する大名が著しい負担を課されるあり方が是正されることとなった[43]。なおこれに関連して貞享二年に郡山藩本多氏が奈良の軍事的防衛を命じられ、以降は郡山藩固有の役として定着し、さらに宝永元年から享保元年にかけて奈良では町火消の制度化がなされている[44]。

以上のように、土砂留制度も同様であるが、貞享—享保期に火消制度もいずれの大名がどの地域や都市を担

当・管轄にするか紆余曲折を経て確定し制度化している。さらにそれは大名間の担当・管轄の分担だけでなく、所司代らを含めて確立することが重要である。京都大名火消制度は「内藤大和守（重頼・所司代）死去之節者、当分彼家来出火ニ付駆付候筈ニ候処、無用之旨御老中ゟ申来候、松平因幡守（信興・所司代）時分ハ、存生之内火消小出伊勢守（英利・園部藩主）上京勤番候様ニと被申達出京相勤被申候」[45]とあるように、もともとは所司代が勤めていた火番を元禄三年の所司代内藤重頼の死去という出来事によって、園部藩主小出英利が代行する形で始まったものである。翌四年に、老中奉書で任命を受けて火消屋敷や扶持米が支給されて大名が勤める軍役（幕府課役）として制度的に定着する。元禄三年以前の所司代は二条在番、あるいは元禄一二年に廃止される二条城代とともに二条城の軍事的防衛を担当し、実働する軍事力としてあった。これが大名火消制度化によって所司代が担っていた役割を大名が担うことになったといえる。

【史料8】【史料9】はこの京都大名火消を命じる老中奉書である。【史料8】は正徳元年（一七一一）に柳本藩織田氏に出された京都大名火消任命の老中連署奉書である。【史料9】は享保一四年に郡山藩柳沢氏に出された京都大名火消任命の老中連署奉書である。

【史料8】[46]

一筆令啓候、京都火消為小出信濃守（英貞）代、其方被　仰付候、当九月朔日交代可被相勤候、委細松平紀伊守（信庸）江可被相伺候、恐々謹言

六月五日

阿部豊後守（正武）

井上河内守（正峯）

大久保加賀守（忠増）

秋元但馬守（喬朝）

織田播磨守（成純）殿

【史料9】[47]

京都火消為稲葉佐渡守（正親）代、其方江被仰付、向後本多主膳正（康敏）与在所可為交代旨被　仰出候、右之趣被得其意相談可有勤仕候、今年之儀者主膳正参府候様ニ相達候事候、恐々謹言

六月十三日

松平伊賀守信祝
酒井讃岐守忠音
松平左近将監乗邑

松平甲斐守（柳沢吉里）殿

【史料8】【史料9】は同じ京都大名火消の任命であるにもかかわらず、その文言は大きく異なる。その特徴は、任命に際して【史料8】においては所司代松平信庸に「可被相伺候」と命じているのに対し、【史料9】においては所司代に関わる文言が消滅している点である。なお、藩主代替わりの任命でも例えば延享二年（一七四五）に家督を継いだ郡山藩主柳沢信鴻が老中堀田正亮から「京都火消之儀、如父甲斐守（柳沢吉里）時被　仰付候間、本多主膳正（康敏）被相談可有勤仕候」[48]とのみ命じる書付を渡されており、京都所司代に触れるところがない点は【史料9】と同じである。正徳―享保期に所司代と老中奉書によって大名火消を命じられる大名との間に何らかの変化があったことが想定できる。

なお、享保九年に奈良の軍事的防衛を命じられた郡山藩主柳沢吉里には「於南都自然人数等可入節者、従彼地奉行其方江可相達候間、前々郡山城主之通被心得可被相談候」という老中奉書が出され、さらに奈良奉行交代の

たびに同じ「可被相談候」という文言を含む老中奉書が郡山藩主に出されることになる。[49] これは郡山藩主に対して奈良奉行の軍事指揮権を確認する必要があったためで、この奉書によって郡山藩主は奈良においては旗本役である奈良奉行の指揮下に入ることになる。【史料8】の「可被相伺候」という文言は、この段階の所司代が旗本役である奈良奉行とは明確に異なる上位の権限を持つために使い分けがなされているものと考えられる。そして、この文言が享保年間に消滅することにも何らかの理由と意味があると考えられる。

元禄四年の小笠原長重就任時に所司代の性格が転換することは先述したが、この京都大名火消成立が主要因の一つであったと考えられる。すなわち所司代はもはや全家臣団を引き連れたり、新たに上方で宛行われた所領から夫役を徴発する必要がなくなったからである。宝永三年に京都火消御番が廃止されたことはすでに触れたが、この時は「松平紀伊守（信庸・所司代）殿火消兼役ニ付為御役料壱萬俵右同年（宝永三年—注筆者）ゟ被下[50]」と、京都所司代松平信庸がこの役を兼務することになったため役料を支給されて大名火消の役割を再び代行することとなった。この段階でも、京都所司代と京都大名火消の役割・任務は完全に分離していなかったことになる。なお、「紀伊守殿正徳四午年御役替ニ付右壱萬俵被差上候事、他水野和泉守（忠之・所司代）殿ニハ御役料無之[51]」とあるが、宝永五年に禁裏が炎上する大火によって大名火消制度が復活するため、正徳四年の水野忠之の所司代就任にあたっては役料がなくなったものと考えられる。実際に火消役を担当するのが所司代から大名へと移行していく最終的段階であったといえるだろう。

次に権限について見ていきたい。田中氏が提示した貞享二年の土屋宛勤方心得の四ヶ条目で、「一、火事出来之節、　御所方并二条城御城於近所者、相模守（土屋政直）茂罷出へし、其外之所々江者、町奉行一人相越、相模守者家来并与力・同心之者斗出之可然候事[52]」と、この時の所司代は御所・二条城近辺出火の際に出馬し、他の

場所は町奉行一名が出動して対応することとした。正徳四年一〇月二八日付老中連署による所司代水野忠之宛の一三ヶ条の覚の中では、「洛中失火の時、　御所方　御城近辺の外は、其方出向はる、に及はす、町奉行中一人、其方与力・同心・家中之者等、これを防くへし、大火に及ひて、其方并相残り候町奉行出向はるへきハ、其時の様子によるへき事[53]」と、御所・二条城の他には出ないように再度明確に規定した。ただし、大火の時はその判断により出動すべきとしている。これは、享保二年一一月朔日老中連署で月番久世重之が京都所司代に就任した松平忠周に宛てた覚の一一ヶ条目でも明記されている[54]。なお所司代は御所・二条城から離れないため、実際に大名火消を指揮するのは旗本役である京都町奉行・禁裏付・上方目付などの幕府官僚であった。また所司代不在時は限定されたものであるものの京都町奉行が代行することとなり、いずれの大名も所司代・町奉行ら幕府官僚の指揮監督下に一律に編成され、その役割も制度化されたといえる。

以上のように元禄・宝永期にはいまだ所司代と大名の役割は未分離で明確に区別されていなかったが、正徳期以降に所司代は実働するよりもむしろ制度全体を運用する責任者として指揮監督する立場へと変わっていく。任命・当番交代などは江戸の将軍・老中が行うが、本制度に関する決定および改定はすべて所司代の権限であり、いずれの大名もその指揮監督下にある。ここでは所司代・城代と権限を分有したり、不在時にその役割を代行する両永井のような存在はいないのである。元禄三年から始まり享保七年に確立する大名火消制度は、大名間だけではなく所司代・町奉行らと大名の役割・権限を明確に分離する過程でもあった。以上の点から、【史料8】から【史料9】の間における「可被相伺候」という文言の消滅は、京都所司代が有する京都大名火消に対する指揮権の最終的確立を意味するものであったといえる。すなわち、所司代任命の際にすでに将軍より指揮権を委任されているため、もはや京都大名火消に命じられる大名個々に「可被相伺候」と命じる必要はなくなったのである。

前節での分析を踏まえると、京都所司代・大坂城代は上方に所領を持つ譜代大名としての性格を持っていたが、一方で永井兄弟のように幕府官僚としての性格を持つ譜代大名も存在して、同じ徳川家中から創出される両者は権限だけでなく存在形態そのものが分化しきっていなかったのである。八人衆体制とはこの両者による合議機関であったといえるのである。一七世紀段階においては、幕府官僚と一般の譜代大名の間には永井兄弟のような明らかに突出した扱いを受ける譜代大名がいたが、上方以外でも例えば高知藩・鹿児島藩の藩政指導を行った松山藩主松平定行[55]などが同様の位置付けができるものと考えられ、今後全国的な検証を行っていく必要があろう。所司代・城代の問題だけでなく、こうした譜代大名の役割・存在意義もまた転封が頻繁に行われた要因だったものと考えられる。寛文期の永井らの死去や京都町奉行所成立によって、幕府官僚と譜代大名の合議による上方支配のあり方は自然消滅したが、制度として完全に払拭されたものではなかった。つまり、元禄―享保期の転換は存在形態・役割・権限が未分離であった所司代・城代と譜代大名を分離し、所司代・城代を頂点とした上方支配機構を確立させるとともに、永井兄弟のような突出した権限を持つ譜代大名の存在を否定して平準化・均質化を伴いながら、当該地域の全大名を幕府上方支配機構の指揮監督下に置くものであったといえる。

第四節　上方支配の確立

本節では、三節にわたって明らかにしてきた上方内部で起きている変化が幕府による全国支配の中でどのような意味を持ったかを明らかにする。はじめにで述べたように、元禄期の京都・大坂町奉行・奈良奉行の定員増員および伏見・堺奉行廃止が全国の遠国奉行改革の一環であり、またそれまで繰り返されていた譜代大名の転封が

激減し一斉に定着し始める変化は、何も上方だけでなく全国各地で起こっているからである。上方内部の変化が全国各地での変化とどのように相互に関連しているかを明らかにしなければ、その正確な位置付けや評価は到底できないのである。

【史料10】は天明七年（一七八七）六月二四日に老中水野忠友が郡山藩に通知したものである。

【史料10】[56]

松平甲斐守（柳沢保光）江

稲葉丹後守（正諶）寺社奉行被　仰付候付、為代青山下野守（忠裕）当分京都火消被　仰付候、来年其方御暇被下在所到着之上、交代之心得ニ而可相勤旨申渡候間、可被得其意候

六月

【史料10】では、淀藩主稲葉正諶が寺社奉行に任命されたため京都大名火消を免除されたこと、その代行として篠山藩主が命じられたことを通知している。[57] なお、淀藩主稲葉氏はすでに延享四年（一七四七）一二月二三日に寺社奉行に任じられているが、[58] この時に他藩へ転封していないことから、稲葉氏は京都大名火消を免除されて寺社奉行に任命され高槻藩が代行したことになる。また、天明八年四月二〇日に「松平紀伊守（信道）事、御役被　仰付候故、京都火消被成御免候」と、亀山藩主松平信道が寺社奉行に任命されて京都大名火消を免除されたことが郡山藩に通達されている。[59] これらのことから延享四年以降の淀・亀山藩主に関しては、京都大名火消を免除されて幕府の役職に就任するという原則が存在したといえる。

すでに横田氏が上方の譜代大名は定府を必要とする役職には原則として就任しないこと、上方へ入封する際には役職を免職されること、役職に就任する際には上方から関東へ転封になること、しかし元禄期頃から上方に居

城や領地を持ったまま定府が必要な役職に就任するようになることなどを明らかにしている。[60] 前節での分析を踏まえれば、当該地域の譜代大名は上方で担うその役割が京都大名火消という軍役（幕府課役）として制度化がなされたため、淀・亀山藩主はこの軍役を免除されれば役職に就任することが可能になったと説明できるだろう。つまり関東へ転封することなく、淀・亀山藩主の立場のまま寺社奉行や老中に就任することになったのである。

次の【史料11】は役職就任以外の事例である。

【史料11】[61]

松平甲斐守（柳沢保光）

川々御手伝被相勤候付而は、京都火消相手代、当分御免も可被仰出候処、御人少ニ付、其御沙汰無之候間可被得其意、依之定例之通、御暇被下候而可有之候

四月

【史料11】は、天明八年四月二一日に老中牧野貞長より郡山藩が大井川・天竜川の手伝普請に命じられたため、本来ならば京都大名火消を免除すべきところ、「御人少」という状態であるため免除はしないことを通知した書付である。なお郡山藩柳沢氏に関しては、すでに宝暦一二年（一七六二）と天明元年にそれぞれ江戸城虎の門―山下門の堀浚の手伝普請、日光社参名代を命じられたことにより、京都大名火消が免除されている。[62]【史料11】やこれらの事実は、京都大名火消は二重役負担免除の原則が適用されるという性格を持つとともに、郡山藩がこの軍役を免除されることによって、上方から離れた関東・東海地域の支配のために動員される原則が存在したことを示している。

右の点に関して岩城氏は、岸和田藩の役負担のあり方が一七世紀末―一八世紀初頭に変化することを指摘する

とともに、当該期に同藩と上方支配の関係に転機があったことを展望している[63]。具体的には家譜から一七世紀段階に川普請では大和川普請、寺院普請では高野山・河内国壺井八幡の普請、あるいは延宝の幕領検地、元禄国絵図作成を担当するという形で上方において果たされ、当該地域の支配と深く関わっていたことを明らかにした。これに対して一八世紀に入ると、日光社参名代、尾張・美濃・伊勢・甲州の川普請、遠州相良城請取など上方に限定されず、広くその他の地域において負担がなされるという指摘である。役職に就任し始める変化とともに、上方支配に関わる役割を免除されて全国支配のために動員される原則ができたのは、当該地域全体に関わる変化であったといえるだろう。軍役が近世初期では直接の戦闘や城郭普請を目的に大名に命じられたが、元禄―享保期に河川普請などの行政的諸課題を目的としたものへ転換していくことがすでに明らかにされているが[64]、いずれの藩がどのような役を勤めるかが制度化・固定化されたこと、さらにその役を免除されて定府を必要とする役職に就任したり、上方以外の地域において軍役（幕府課役）を勤めるように転換したことが重要である。

以上の点から、元禄―享保期以降の上方の大名は大きく三つのグループに分類できることとなる。第一グループの郡山・膳所藩は、京都大名火消を中心にそれぞれ奈良と大津の軍事的防衛[65]や土砂留などを勤め上方支配に深く関与し、一方で京都大名火消を免除されて一時的に関東・東海の手伝普請や日光社参名代等を勤めるものの定府する役職には就任せず、全国支配への関与は限定された大名である。水本氏が土砂留制度を分析して提起した「畿内・近国大名の当該地域の全体的統治に果たす積極的役割[66]」を最もよく体現しているのがこの第一グループである。

第二グループの淀・亀山藩は、第一グループと同様に日常的には京都大名火消を勤め上方支配に関与するものの、この軍役を免除され定府して役職就任するなど全国支配にも関与する大名である。高槻藩が何故役職に就任

しないかは不明であるが、これに準ずるものと考えられる。なお、淀藩は隣接する伏見が大火の場合は出動することになるが[67]、郡山藩と奈良および膳所藩と大津とは異なる位置付けを与えられている。これは、元禄九年（一六九六）に一旦廃止された伏見奉行が同一五年に京都の軍事的防衛をも担当する役職として復活したことによるものと考えられる[68]。幕府官僚と大名のそれぞれの役割が連関しながら当該期に制度化されていることがここでも確認できる。

第三のグループが篠山藩であり、制度確立後五〇年近く経た安永元年（一七七二）に初めて京都大名火消を勤める藩として加えられ、さらにこの代行を命じられることが極めて少なかったことから、上方支配に関与することは稀である大名である。一方で藩主松平信庸の元禄一〇年の京都所司代就任を端緒にして、以降の歴代藩主の多くは寺社奉行・大坂城代・京都所司代・老中に命じられており、篠山藩は幕府官僚制機構の主たる担い手となり、全国支配に深く関与する大名となった。このグループには元禄期以降に成立する山上・宮川・三上藩など定府大名も含まれる。江戸でも頻発する大火に対応するため元禄期以降、多数の大名・旗本が火消役に命じられており、上方だけでなく江戸もまた行政需要の拡大の最中にあり、大名・旗本の担う軍役は全国規模で激しく変化しているのである[69]。このグループは第一グループとは全く逆であり、役職に就任したり定府することでその役割を果たしているといえるだろう。

以上のように元禄―享保期に上方内部で幕府官僚と明確な区別を伴いながら、大名が担う役割が軍役として制度化されたことにより、幕府が全国支配のために上方支配から切り離してこれらの大名を動員する原則が確立したといえよう。譜代大名にとっても上方支配の中で担う役割と全国支配の中で担う役割が峻別され、軍役として老中奉書による任免を受ければ事足りるようになり、わざわざ役職就任のたびに関東へ転封することがなくなっ

たのである。また大名ではなく江戸幕府の全国支配の観点から位置付ければ、全国支配を担う老中らと上方支配を統轄する所司代らの間での権限配分・機能分担の再定義が行われたといえるだろう。

そしてこれまでは視点を上方に据えて述べてきたが、江戸もしくは全国各地に視点を据えて位置付けた場合も全く同じ変化があったと言える。上方の大名が役職就任のたびに関東へ転封する必要がなくなったのと全く同じように、全国各地の譜代大名もまた所司代・城代に任じられると居城を引き渡して上方へ赴任する形式が終わり、各藩主の立場のままで上方へ赴任するからである。これは役職就任だけではなく軍役（幕府課役）賦課も同じである。宝永四年（一七〇七）の富士山噴火への復旧・復興政策のために翌年の河川浚に岡山藩らが動員され、被災地域に所領を持つ疲弊した大名に負担を課すのではなく、それ以外の地域の大名に負担が課せられることになった[70]。こうしたあり方は一旦停止されるものの享保二〇年（一七三五）以降再び開始され、全国の大名が関東・東海の河川普請に大規模に動員されていくこととなる。受益と負担の関係が大きく崩れ再定義が必要になるものの、上方以外の大名もまた所領周辺地域のためだけではなく全国支配のために動員される原則ができていくことになる。地域内部では対処できない問題が発生する中で幕府を中心に国家としての対応が迫られ、これと連動して大名と地域さらには大名と国家の関係も大きく転換しているのである。

その前提となるのが、幕府官僚と譜代大名の役割・権限を分離させることであるが、これも各地で部分的に明らかにされている。例えば元禄一五年の新居奉行所廃止によって、同年閏八月一六日に吉田藩主久世重之に新居関所の管理が命じられた[71]。従来新居奉行が担っていた役割を同年以降は吉田藩が担うことになっており、当該期の幕府官僚制機構の再編と各地において大名が担う役割の制度化が連動していることがここでも確認できる。これは淀藩と伏見奉行の関係と類似するが、淀藩主とは逆に同年を境に城地において新しい役割を担うようになっ

た吉田藩主は役職に就任しなくなる。正保四年（一六四七）入封の小笠原氏は奏者番・寺社奉行・京都所司代などを勤め、元禄一〇年に長重が老中に就任して転封している。吉田藩主は老中には就任しないものの、一七世紀段階では幕府官僚制機構の担い手としての性格を持った。しかし、代わって入封した久世重之は奏者番に就任しているものの、宝永元年に寺社奉行、翌年に若年寄に就任したためと考えられるが宝永二年に転封した。さらに享保一四年の藩主松平信祝の大坂城代就任を機に浜松藩主本庄資訓との間で交換転封し、またこの資訓の京都所司代就任により再び信祝の子信復との間で交換転封を行う。吉田藩主は一七世紀段階とは異なり、役職に就任した場合は必ず転封するという原則を持ち、この原則は天明八年の松平信明の老中就任まで維持される[72]。吉田藩主は上方の譜代大名とは逆に元禄期以前には幕府官僚制機構の担い手という性格を有したが、当該期に郡山・膳所藩と同じように、新居関所の管理という吉田藩固有の役を担うようになったため、定府を必要とする役職に就任しないという原則を有することとなった。

また長崎では松尾晋一氏が長崎の沿岸警備体制に関して、一七世紀段階では非常時の大名動員はその動員の仕方によっては長崎奉行単独ではなく、唐津藩主・島原藩主の連判を必要としたことを明らかにしている。さらに正徳新例の制定に伴い長崎奉行を補完する長崎目付が付けられ、有事における長崎奉行との連署を長崎目付が担うようになり、幕府官吏だけで諸大名の軍事力を動員する体制を幕府は作り上げたことを明らかにし、「「奉行衆」体制という長崎奉行と大名権力をセットにした体制から、幕府官吏主導の体制への変化と捉える事ができ[73]」るとしている。上方で自然消滅した幕府官僚と譜代大名の合議は長崎ではこの段階でも残っていたことになり、また本章で明らかにした変化が九州でもほぼ時期を同じくして起きていることは注目してよいであろう。

今後のさらなる実証が必要であるものの、以上のように各地の大名を各藩主の立場のまま全国支配のために動

員していく原則が成立していく中で、上方以外の地域の譜代大名も所司代・城代・定番就任のたびに上方に転封する必要はなくなり、各地で一斉に定着していくことになるのである。この結果、上方内部では以降役知領という形は残るものの領知宛行と役職就任が分離され、所司代・城代退任後も配置当初の目的を失った状態で残存する譜代大名は消滅し藩として定着していく。そして寛文期に形を整えた幕府官僚制も、当該期の上方支配機構に見られるようにそれぞれの役職の権限が明確に整備されながら、一方で全国各地を覆う形でその構成主体を変えていき、さらに「職」と「職」との連関や昇進ルートを最終的に確立させていくことになる。八人衆に顕著なように、当該期以前の江戸幕府による全国支配は江戸と上方、さらには江戸と全国各地が権限はもとより構成主体そのものが分裂した状態であった。その穴を埋めるのが元禄期以前に繰り返された譜代大名の転封であり、一七世紀段階の幕府による全国支配の特質に規定されて、譜代大名の転封は構造上必要不可欠なものであった。そしてその消滅は、幕府官僚制機構による全国支配の確立を意味するものであったのである。

なお本章では領主階級にしぼって論じてきたが、権力と社会の関係を含めて当該期の変化の位置付けを行わねばならないことを指摘しておく[74]。部分的に触れてきたが当該期に爆発的な速度で拡大し始める行政需要に対し、綱吉政権が幕府財政と大名・旗本の軍役で対応するあり方から、領主側の負担を削減しつつ新たに町人・百姓へと負担を求めていくあり方へと方向転換し、吉宗政権がこの方針を制度化することで、本章で見通しを述べた全国支配が最終的に確立するからである。具体的にいえば、自己の所領およびその周辺地域とは関係が薄いにもかかわらず命じられる軍役負担の是正や、またこれと連動して開始される宝永期の富士山噴火における復旧を目的に全国に負担を求めた諸国高役金のようなあり方から、指定河川・対象国を幕府が定めた国役普請の制度化等の紆余曲折の過程として続く。それは幕府が統一権力としてその役割・性格を転換させていくことに他ならなかっ

たが、上方では出先機関である京都・大坂町奉行所が幕府領・大名領・旗本領・禁裏御料・公家領・寺社領を問わず、直接負担を求め社会に介入していくこととなり、幕府と個別領主さらには権力と社会の間で、新たな矛盾・問題をはらんでいくことになるのである。

おわりに

本章では、元禄―享保期に上方支配に関わる幕府官僚と譜代大名の両者の存在形態・役割・権限が分離し始め、老中・寺社奉行・勘定奉行らが担当する全国支配のもとで、所司代・城代を頂点とする幕府支配機構による上方支配が確立したことを明らかにした。一方譜代大名は徳川家中の性格を残しつつも外様大名と同じ軍役体系のもとに最終的に編成され、全国各地で定着して譜代藩として確立していくこととなった。今後全国的な検証を必要とするものの、当該期の江戸幕府は法と機構を整えながら江戸および各地の奉行・代官の役割・権限を制度化して、国家的規模の政治的一体性を確立させたものと考えられる。

以上の当該期における変化を寛文・延宝期との関わりでまとめれば、「人」から「職」へと移行し形を整えた幕府官僚制が、最終的に上方だけでなく全国規模で「職」と「職」の相互関係を構築して全国を覆う官僚制機構として確立することとなった。一方領主制に注目してみれば、寛文期の将軍による統一的知行体系の掌握や藩政確立を踏まえて幕府官僚制機構を再編しながら、最終的に全国の大名が一斉に藩として定着していくものであった。[75]また宝暦―天明期との繋がりでいえば、平川新氏が近世中後期の畿内で展開した国訴を分析して明らかにしているように[76]、地域主義という観点からは国家に対して地域の成り立ちを主張する幕府官僚が登場し、また国家

の役割という観点からは地域間矛盾の調停・調整を行う統一権力としての幕府の役割が重要になり、さらにはその限界が露呈し始めると位置付けられるだろう。

最後に本章で明らかにしたことを踏まえ、今後の課題を述べて結びとしたい。第一に、本章では当該期の変化を譜代大名に視点を据えて論じてきたが、行論中にも触れてきたように全国の大名を含めて全体像を明らかにする必要があることである。例えば元禄一〇年（一六九七）六月に藩の個別領主権を確定する自分仕置令が出され、生類憐み政策に関連する第三条目が削除されて『御触書寛保集成』に収録され、以後法令として機能していくからである。[77]この法令に関しては勿論綱吉の個性を軽視すべきではないが、吉宗政権後期に至るまでの権力構造上必要なものであったと考えられる。幕府と藩さらに国家と地域の関係が連動して大きな転換を遂げていると考えられ、その相互関連性の解明が必要であるといえるだろう。

第二に、政治的側面を中心に論じてきたが、経済的側面との関連性を踏まえた当該期の変化の全体像を明らかにする必要があることである。はじめにでも述べたが、当該期には機構でいえば幕府勘定所の再編があり、政策でいえば元禄から元文年間に繰り返された貨幣改鋳がある。[78]また都市では町共同体が変容するとともに三井をはじめとする大商人・大店が成長して対極に下層社会が広範に展開し、さらに農村では地主や豪農が成長していくこととなる。[79]江戸を中心にして権力と資本が相互補完関係をなしながら列島社会を覆い始めていると考えられ、日本史全体を射程に収めた当該期の歴史的評価が必要な段階といえるだろう。[80]

【注】

（1）大石慎三郎『享保改革の経済政策』（御茶の水書房、一九六一、以下前掲大石著）、大石学『享保改革の地域政策』（吉

川弘文館、一九九六)、同『近世日本の統治と改革』(吉川弘文館、二〇一三)、村田路人「幕府上方支配機構の再編」(大石学編『日本の時代史一六　享保改革と社会変容』(吉川弘文館、二〇〇三))等参照。

(2) 大宮守友「元禄・宝永期の奈良奉行」(同『近世の畿内と奈良奉行』(清文堂出版、二〇〇九)、初出は一九九五)。

(3) 村田路人「元禄期における伏見・堺両奉行の一時廃止と幕府の遠国奉行政策」(『大阪大学大学院文学研究科紀要』四三、二〇〇三、以下前掲村田論文)。

(4) 杣田善雄「近世前期の寺院行政」(同『幕藩権力と寺院・門跡』(思文閣出版、二〇〇三)、初出は一九八一)。

(5) 辻達也『享保改革の研究』(創文社、一九六三)、高埜利彦「一八世紀前半の日本―泰平のなかの転換―」(同『近世の朝廷と宗教』(吉川弘文館、二〇一四)、初出は一九九四)。

(6) 朝尾直弘「畿内における幕藩制支配」(同『近世封建社会の基礎構造』(御茶の水書房、一九六七、以下前掲朝尾論文))、同「将軍政治の権力構造」(同『将軍権力の創出』(岩波書店、一九九四)、初出は一九七五)、山本博文『寛永時代』(吉川弘文館、一九八九)、同『幕藩制の成立と近世の国制』(校倉書房、一九九〇)等参照。

(7) 前掲朝尾論文。

(8) 八木哲浩「大坂周辺の所領配置について」(『日本歴史』二三一、一九六七)、藤野保『新訂幕藩体制史の研究―権力構造の確立と展開―』(吉川弘文館、一九七五)五七四―五八四頁。

(9) 村田路人『近世広域支配の研究』(大阪大学出版会、一九九五、以下前掲村田著)、藪田貫『近世大坂地域の史的研究』(清文堂出版、二〇〇五)等参照。また特に『歴史科学』一九二号(大阪歴史科学協議会、二〇〇八)が最新の研究史整理を行っている。

(10) 岩城卓二『近世畿内・近国支配の構造』(柏書房、二〇〇六、以下前掲岩城著)、小倉宗『江戸幕府上方支配機構の研究』(塙書房、二〇一一、以下前掲小倉著)。

(11) 横田冬彦「「非領国」における譜代大名」(『地域史研究―尼崎市立地域研究史料館紀要―』二九―二、尼崎市立地域研究史料館、二〇〇〇、以下前掲横田論文)六二一―六七頁。以下、本章における所司代・城代に関する記述は特に注記しな

い限り、横田論文および『寛政重修諸家譜』による。

(12) 国立史料館編『史料館叢書Ⅰ　寛文朱印留』上巻（東京大学出版会、一九八〇）一七〇頁。青山宗俊に関しては、大坂城代に任命されて大坂城に赴任した際の記録が『大坂城代記録』（一）―（四）（大阪城天守閣、二〇〇六―二〇〇九）として刊行されている。

(13)『寛文朱印留』上巻二一二頁。

(14)「江戸幕府日記」（請求番号二五七―〇〇〇四）国立公文書館所蔵）。なお以下で同館所蔵の「江戸幕府日記」を出典にした場合は、同館ホームページで公開されているデジタルアーカイブを使用した。

(15)「老中書状（田中城修復・堀埋立）」（「常陸国土浦土屋家文書八六二」（国文学研究資料館所蔵））。

(16)「江戸幕府日記」貞享元年七月一〇・一九日条（請求番号二五七―〇〇〇六）。

(17) 同前一〇月晦日条。

(18) 藤井讓治「領知朱印改め以外の領知朱印状発給」（同『徳川将軍家領知宛行制の研究』（思文閣出版、二〇〇八）、初出は二〇〇四）。

(19)「常憲院様御朱印写一」（「常陸国土浦土屋家文書」七五六）。

(20)「厳有院様御朱印写」（同前七五五）。

(21)『寛政重修諸家譜』四、三七七・三七八頁（太田資次）。

(22)「領知目録書抜四」（国立公文書館所蔵）。

(23)「江戸幕府日記」（請求番号一六四―〇〇一一）。

(24) 前掲横田論文六六頁。

(25)『御触書寛保集成』一三三六。

(26) 水本邦彦「土砂留役人と農民」（同『近世の村社会と国家』（東京大学出版会、一九八七）、初出は一九八一、以下前掲水本論文）、同「近世の奉行と領主―畿内・近国土砂留制度における―」（同『近世の郷村自治と行政』（東京大学出版会、

一九九三))。
(27)『寛政重修諸家譜』一〇、二七七頁(永井尚庸・永井直敬)。
(28)「領知目録書抜四」。
(29)本書第一部第三章。
(30)前掲岩城著二七・二八頁。また『国史大辞典』『藩史大事典』「伯方藩」「狭山藩」。
(31)『寛文朱印留』上巻二六一・二六二頁。
(32)「領知目録書抜五」。
(33)本書第一部第三章。
(34)藤井譲治『江戸時代の官僚制』(青木書店、一九九九)。
(35)村田路人「大坂城・蔵修復役と支配の枠組み」(前掲村田著、初出は一九九三)。
(36)田中暁龍「天和・貞享期の京都所司代の勤方心得とその変容」(同『近世前期朝幕関係の研究』(吉川弘文館、二〇一一)、初出は二〇〇九)。
(37)前掲小倉著一二八・一二九頁。
(38)前掲朝尾論文、『大阪府史』五(大阪府史編集専門委員会、一九八五)二九八—三〇四頁。
(39)『武家厳制録』四六。
(40)『御当家令條』一八五。
(41)前掲横田論文六七—七一頁。
(42)本書第一部第一章。本章における京都大名火消に関する記述は、特に注記しない限り第一部第一章に拠る。
(43)本書第二部第二章。
(44)本書第一部第二章。
(45)『京都御役所向大概覚書』上巻(『清文堂史料叢書第五刊』、一九七三)一一六頁。

(46)『柳本織田家記録』（秋永政孝編、一九七四）八八頁。
(47)「福寿堂年録」享保一九年六月一五日条（柳沢文庫所蔵）。以下で使用する「福寿堂年録」、「幽蘭台年録」、「附記」（以上柳沢文庫所蔵）は郡山藩の公用記録である。本史料は、各藩主の死去後に各種の日記をまとめ編纂したものであると考えられる。幕府より出された奉書やその他の書付、また郡山藩が幕府に提出した書付が書き留められており、幕府の諮問に対しては本史料が利用された。
(48)「幽蘭台年録」延享三年六月一五日条。
(49)「福寿堂年録」享保九年八月一九日条。
(50)『京都御役所向大概覚書』上巻一一七頁。
(51)同前。
(52)朝幕研究会編『近世朝幕関係法令史料集』（学習院大学人文科学研究所、二〇一〇）七九頁。
(53)同前九〇頁。
(54)同前九一頁。
(55)高木昭作「幕藩政治史序説―土佐藩元和改革―」（同『日本近世国家史の研究』（岩波書店、一九九〇）、初出は一九七一）。
(56)「附記」天明七年六月二四日条。
(57)淀藩主はすでに天明元年に奏者番に命じられているものの、通常通り京都大名火消を勤めていた。これは奏者番は参勤交代する役職であり（国文学研究資料館史料館編『幕府奏者番と情報管理』（名著出版、二〇〇三）一三頁）、また【史料10】の記述から免除の対象になるのは寺社奉行以上の任命であったものと考えられる。なお淀藩主稲葉正諶は天明元年四月二一日に奏者番に任命されたが、同年九月一日、同三年五月一五日に暇が出されており（「柳営日次記」（国立公文書館所蔵））、奏者番就任以降も参勤交代を行い京都大名火消を勤めたことが確認できる。
(58)『寛政重修諸家譜』一〇、一九五頁（稲葉正益）。

(59)「附記」天明八年四月二〇日条。
(60) 前掲横田論文六〇―六二頁。
(61)「附記」天明八年四月二一日条。
(62)「幽蘭台年録」宝暦一二年六月一五日条、「附記」天明元年一二月一二日条。
(63) 前掲岩城著四〇二・四〇三頁。
(64) 善積（松尾）美恵子「手伝普請について」（『学習院大学文学部研究年報』一四、一九六七、以下前掲善積（松尾）論文）、笠谷和比古「将軍と大名」（藤井讓治編『日本の近世三　支配のしくみ』（中央公論社、一九九一））等参照。
(65) 本書第一部第二章、第二部第三章。
(66) 前掲水本論文二六七頁。
(67) 拙稿「淀藩出動と石清水八幡宮の領主権―火災時における対応」（『京都府立大学文化遺産叢書』四（京都府立大学文学部歴史学科、二〇一一））。
(68) 前掲村田論文、小倉宗「江戸幕府上方支配の原理とその転換―元禄四年奉行所・地方の分離政策と明和七年大坂町奉行支配国改革を中心に―」（二〇〇五年一二月日本史研究会近世史部会報告、報告・討論要旨は『日本史研究』五二五号に掲載）。なお、小倉氏は伏見奉行廃止とその復活を二条城の城代・定番、大津蔵奉行廃止と連関させつつ、当該期の上方における軍事・財政機能の再編の中に位置付けている。
(69) 本書第二部第二章。
(70) 前掲善積（松尾）論文、松尾美恵子「富士山噴火と浅間山噴火」（大石学編『日本の時代史一六　享保改革と社会変容』）。
(71)『国史大辞典』『藩史大事典』「吉田藩」。『新居町史』一（新居町史編さん委員会、一九八九）五三四―五六〇頁。
(72)【史料11】が示すように、宝暦―天明期は大名の役に関して原則が崩れ始める時期にあたる。この点は幕藩領主の権力構造上、当該期が重要な転換期にあることを示唆している（本書第一部第四章）。

(73) 松尾晋一「リターン号事件にみる幕藩制国家の沿岸警備体制」(『日本史研究』四八一、二〇〇二) 五五頁。なお、本論文は「沿岸警備の実態と幕府の外交姿勢―寛文一三年(一六七三)リターン号事件から―」と改題・増補されて、同『江戸幕府の対外政策と沿岸警備』(校倉書房、二〇一〇) に収録されている。

(74) 本書第二部第二章。

(75) 藤井譲治「家綱政権論」(同『幕藩領主の権力構造』(岩波書店、二〇〇二、以下前掲藤井著)、初出は一九八〇)。

(76) 平川新「地域主義と国家―国訴と幕府の対応―」(同『紛争と世論―近世民衆の政治参加―』(東京大学出版会、一九九六)、初出は一九九〇)、同「交差する地域社会と権力―江戸幕府の経済政策と地域編制―」(『歴史評論』六三五、二〇〇三)。

(77) 平松義郎「旗本の刑罰権」(『法制史研究』九、一九五九)、塚本学「幕藩関係からみた生類憐み政策」(『徳川林政史研究所研究紀要』昭和五四年度、一九八〇)、藤井譲治「元禄宝永期の幕令―「仰出之留」を素材に―」(前掲藤井著、初出は一九七六) 二二二―二二五頁。

(78) 前掲大石著、安国良一「金銀貨の機能とその展開」(同『日本近世貨幣史の研究』(思文閣出版、二〇一六)、初出は一九九四) 等参照。

(79) 佐々木潤之介『幕末社会論―「世直し状況」研究序論―』(塙書房、一九六九)、久留島浩・吉田伸之編『近世の社会的権力―権威とヘゲモニー―』(山川出版社、一九九六)、吉田伸之『近世都市社会の身分構造』(東京大学出版会、一九九八) 等参照。

(80) 拙稿「一八世紀の社会変動と三都」(『日本史研究』六三一、二〇一五)。

第二章　近世都市消防制度の成立

はじめに

本章は元禄―享保期の京都・江戸・大坂の三都における消防制度成立の具体像とその歴史的意義を明らかにし、その分析を通して江戸幕府が統一権力として転換していく過程を明らかにするものである。前章では当該期に大規模な全国支配再編が行われていることを論じたが[1]、本章では特に権力と社会の関係においても同様の再編が行われていたことを明らかにする。享保改革を包括的に分析した大石学氏は、国家財政の再建、日本絵図の作成、貿易の制限、法制の整備、河川の国役普請体制、出版統制、全国人口調査、国民教育の振興、米価・物価政策、貨幣政策、諸国産物調査、薬草政策、褒賞政策などの諸政策に注目しながら、「この時期災害や疫病流行など個別の領主・地域では対応できない事態が深刻化し、国家規模で危機管理体制を強化する必要に迫られていた。幕府は強力な指導力を求められていたのである」「享保改革が官僚制の整備や増税を基礎とする国家機能・公共機能の強化・拡大という、いわば「大きな政府」を志向していた[2]」と位置付けた。本章ではこれら諸政策と関連付けながら、都市で頻発するようになった大火に対して幕藩権力がどのような政治理念を持って対応しようとしたのかを明らかにする。

江戸の消防制度に関しては享保期の江戸町奉行大岡忠相による、いろは四七組の町火消制度が有名であり、こ

の他に享保三年（一七一八）成立の近所火消などがあるが、従来の研究の問題点は享保期にのみ重点を置いて説明してきたことにある。例えば江戸では天和二年（一六八二）一二月の大火以前に享保期以降の近所火消の前身となる受取場火消が存在し、さらに元禄一一年（一六九八）に大名藩邸による近隣への消防活動が義務化されていること、一方京都では元禄三・四年に大名火消の制度化、大坂では元禄一〇年に町火消制度化が行われていることが明らかにされている。(3) まず享保期以前の状況を組み込みながら立論し直す必要があることになるが、さらに当該期の幕政全体の中で、この消防制度成立がどのように位置付けられるかを明らかにする必要があると考えられる。

右のような研究史を踏まえて、具体的に以下の二つを課題とする。第一の課題が、消防制度成立を事例に元禄—享保期に行われた全国支配再編と関連付けながら、幕府が統一権力としてその役割・性格を転換させていく過程を明らかにすることである。当該期は全国各地で転封を繰り返していた譜代大名が一斉に定着し、幕府官僚制機構が確立していく時期にあたるが、その大きな契機の一つが大名に命じられる軍役（幕府課役）の原理原則が変わっていくことにある。関東・東海の河川普請に全国各地の大名が動員されていくなど、軍役が実際の戦闘や城郭普請ではなく行政的諸課題を目的にして命じられるようになり、さらに地域単位から国家単位へ賦課のあり方が変わるという大きな転換がある。さらに東大寺大仏殿再建や富士山噴火後の復旧のための国役金賦課、これに続く国役普請制度成立などから、幕府が統一権力としての性格を拡大していくことが論じられている。(4)

本章では個々別々に見えるこれらの諸政策を一旦整理し直し、その政策基調や背景を明らかにすることで、幕府の統一権力としての変質を具体的に位置付ける。その際には、従来の研究が政策を実施する主体をすべて幕府と一括して論じてきた問題に注意したい。消防に即して言えば、将軍から軍役として命じられる大名火消と都市

内部に居住することで義務付けられた近所火消・町火消の本質的違いを踏まえて両者の制度化を分析し、さらにその歴史的変遷の意味を明らかにすることで、当該期の幕政の特質に関してその一端を明らかにする。

第二の課題は、第一の課題を踏まえつつ消防制度を素材に当該期の都市における権力と社会の関係を明らかにし、その関係が当該期を境に一七世紀とは質的に異なる段階に至った点を明らかにする。当該期の都市は町共同体が変容するとともに、三井をはじめとする大商人・大店が成長し、その対極に下層社会が広範に展開し始めるという、その社会構造が大きく変容した時期であった[5]。同時に物価の安定や衛生環境の整備、あるいは社会的弱者を対象とする扶助・救済など、都市において生起することとなった諸問題に幕藩権力が新たな対応を余儀なくされた時期でもある。従来の研究は消防制度それ自体の分析に留まり、右のような当該期の都市社会の様相あるいは変貌し始めた都市への幕藩領主による対応として分析できておらず、その結果制度化の歴史的意義が正確に評価できていないという致命的な問題がある。同時にそれは近年の近世都市史研究が権力・支配を組み込んで分析できていないという問題とも関連している[6]。

右の問題を克服するために、笠谷和比古・村田路人両氏による治水制度の研究視角・成果[7]に学びながら消防制度成立の具体像を解明する。治水や消防には権力構造内部や権力と社会の関係が見えやすい形で表面に現れてくるが、両氏の研究は水害・治水という問題に焦点をあてることで、統一権力である幕府・個別領主・村や地域社会という二者ないしは三者の関係の特質、およびそこで生起してくる諸問題を論じている点に特色がある。消防と治水は表面的には異なるものの政策基調などは共通する部分が多く、幕藩体制の特質に規定されて抱える問題なども似通ってくる。本章では大石・笠谷・村田氏らの研究視角・成果に学びながら、大きく変貌し始めた都市において幕藩権力が何を問題として捉えてどのように克服したか、さらに制度化によってどのような問題や矛盾

が生じることになったのかを明らかにする。

第一節　京都における消防制度設立

（一）問題の所在

京都における消防制度に関しては、江戸の大名火消に比べて大名火消それ自体が十分に知られていなかったため、大名火消と町火消の両者の制度化の関連性についてはほとんど不明であり、それぞれ別個のものとして分析されてきたと言ってよい。まずそれぞれの研究史の概略を示し、併せて問題点を指摘しておく。なお本章の中で京都、都市と記述した場合は、近世京都のことばで「洛中洛外町続」と呼ばれる空間を指すこととする。この「洛中洛外町続」は洛中を対象とした町触が伝達される地域＝都市域であり、元禄期頃に定着した地域概念である。[8]具体的には正徳五年（一七一五）では洛中一四九五町・寺内一二〇町・洛外二二八町の合計一八四三町を指し、以降この枠組み自体は大きくは変わらない。また、この地域は都市域として町奉行所による均質的な支配が行われていた、ないしは行おうとしていたと考えられる空間である。

大名火消に関しては、元禄三年（一六九〇）に所司代が勤めていた火番を園部藩が代行する形で始まり、翌年に扶持米給付・火消屋敷を持つ制度として確立し、以降は上方の外様小藩が任命されて、二〇〇―三〇〇人前後の藩士らが京都に常駐して勤める京都火消御番が成立した。宝永三年（一七〇六）に一旦廃止されるものの、同五年に禁裏が炎上する大火が発生し、翌六年京都火消御番を通年化する形で京都常火消が設立された。これと並

行する形で、大和国郡山・近江国膳所・山城国淀・丹波国亀山の四藩の内、藩主在国中の二藩ずつが交代で月番を勤める禁裏御所方火消が設立された。京都常火消は洛中を担当とするが、この禁裏御所方火消は禁裏御所を担当とするものであり、また郡山藩ら譜代四藩は京都が大火であれば各城下から火消部隊が出動することになった。最終的には享保七年（一七二二）に京都常火消は廃止され、禁裏御所方火消四藩が御所に重点を残しながら洛中をも担当する形で確立した。この享保七年に確立した大名火消は二条城・御所の防衛を主たる任務としており、このため、徳川家にゆかりが深い南禅寺・知恩院・養源院近辺の火災時以外は洛外には出動しないことが原則であった。その出動範囲については享保七年以降も絶えず問題となり、宝暦二年（一七五二）五月の四藩による京都留守居の協定で、洛外火災時は所司代・町奉行らの指示がない限りは洛中境で待機することが明文化された。また郡山・膳所・淀・亀山四藩の内、何らかの理由で勤められない藩があった場合は摂津国高槻藩・丹波国篠山藩が代行した。

次に町火消に関してであるが、享保七年二月の町触で京都において制度化された[9]。この制度化によって、町が失いつつあった強制力を幕府（町奉行所）が代わって発揮し、火元二町四方の町より町夫人足四人を出すことを義務化し、御所築地内出火の場合は今出川以南・二条以北・賀茂川以西・室町以東の町々が駆け付けるよう命じて、その役割を確定した。ここで重要な問題となるのが、町火消制度化が大名火消の制度改変とどのように関連して着手されたのかということである。特に大名火消と町火消の相違点を重視しつつも、両者の制度化がどのような共通した課題のもとに行われ、変遷していくのかを明らかにする必要がある。なお、京都には江戸における火事場役人に該当する役職は存在せず、京都所司代・京都町奉行・上方目付が各火消の指揮権を有し、その役割を担うことになった。

（二）大名火消制度とその改変

従来、京都の防衛は朝廷との関係から二条在番・禁裏付という直轄軍が担い、大名の軍事力を交えないことが江戸・大坂との相違点として考えられてきた。しかし、元禄三年以前に関しては従来の見解が妥当なものであるが、同年以降に関しては直轄軍のみが京都の防衛を担当していたという従来の見解は修正すべきことになる。とりわけ、京都に大名の軍事力が常駐するようになったことは特筆すべき変化であったと考えられる。ここでは何故元禄期の京都において、新たに大名の軍事力を加えることによって消防制度設立が行われたかを明らかにする。

この新しい動向を説明するためには、直轄軍と大名の軍隊が担った任務・性格の相違点に注目する必要がある。直轄軍である二条在番は二条城本丸・二の丸を、禁裏付・仙洞付はそれぞれ禁裏・仙洞御所の防衛を担ったが、当然のことながらそれぞれ両拠点を防衛することが任務である。現段階では不明な点も多いが、元禄一二年に廃止された二条城代・定番の任務も二条城の防衛にあったと考えられる[10]。このため、洛中であっても両拠点以外における火災はもとより軍事的危機が発生した場合は、これら直轄軍が対応することはなく所司代・町奉行・代官らが基本的には対応することとなっていたと考えられる。一七世紀の幕府は二条城・御所を防衛対象としており、両拠点以外つまり都市全体の防衛についての認識は希薄であった[11]。大名火消成立は、大名の軍事力が持つ機動性に基づいてこの防衛のあり方を大幅に変更させることになる。つまり、防衛の範囲を城郭を中心としつつも、洛中全体さらに洛外まで含めて再編成することとなる。以下ではその具体像を見ていくこととする。

二条城の防衛に関して、城内の本丸・二の丸は直轄軍である二条在番が担当する。一方、大名火消の任務は「二条御城近辺出火ニ而東之御門江御人数相詰、若御人数御城内へ入候様ニと御所司様御差図在之節者、御印鑑

相改候様ニ可被相心得候[12]」とあるように、二条城の中でも最も重視された東大手門を担当した。さらに、所司代の指示で城内に軍事力が必要と判断されれば、鑑札による確認が必要とされるものの大名火消も入城することになる。これは、安永三年（一七七四）八月一三日に月番の郡山藩が猪熊通近辺出火の際に二条城に駆け付けたところ、「二條御城内大御番頭稲垣長門守様御組与力頭小屋消失、尤早速火消候ニ付、此方様御人数者不及御城入旨、御所司代より御差図有之、引取[13]」と所司代より指示を受けていることからも確認できる。一方、城内に入城した後に関してであるが、亀山藩が大番頭に「同（二条城―注筆者）西内之御門」通過に必要な鑑札を提出していることが確認できる。[15]これに関しては、大番頭の職務の中に「京都火消被仰付、毎年九月より翌年三月迄、相詰有之、御城近所出火之節者、（中略）番頭より差図次第、為火消、火消の人数改之、役人判鑑引合、御城内へ入候様、西御門へ差出候家来へ兼而申付置[16]」とあり、京都常火消として通年化する以前、すなわち宝永三年まで存在した京都火消御番に関しても、入城した後に本丸を防衛する場合は西門へ向かいこの門から入ったことになる。天明大火の際は[17]、まず月番の篠山藩が伏見奉行久留島通祐らとともに東大手門の防火・消火にあたり、さらに本丸に火が移ったため城下から出動してきた膳所・亀山藩らとともに入城して消火にあたった。

御所の防衛に関しては丸山俊明氏の詳細な分析[18]があるため、ここでは氏の分析を踏まえ新たに明らかにした点を補足しながら概観しておく。ただし、氏が使用している史料が主として寛政一二年（一八〇〇）以降のものであるため、ここでは天明大火以前の状態と確定できる事実に限定しておく。なぜなら、天明大火の御所炎上により朝廷から不満が噴出し、幕府が「武威をもってたつ政権として資質が問われ」る状態になったこと、さらに寛政期以降の朝幕関係[19]を考慮した場合、京都の消防制度とりわけ御所の防衛に関しては天明大火を機に寛政期に大幅に変容した可能性が高いからである。具体的には、寛政期に老中が京都大名火消の月番の活動まで把握するよ

うになり直轄化が進展している[20]。寛政期以前と以後の御所の防衛に関する比較検討は重要な論点であり、この点は今後の課題とする。

丸山氏が明らかにしたように、京都火消御番の火消屋敷は築地内南隣にあり、京都大名火消にとって御所の防衛が最優先の任務であったことを如実に示している。また、宝永六年には禁裏御所方火消が御所を担当することとなったため、洛中を担当する京都常火消の火消屋敷は河原町三本木に建設された。しかし、正徳五年に京都常火消を勤めた小室藩が「万一非常之節之為」に禁裏付の案内で紫宸殿・清涼殿を見分していることから[21]、京都常火消も禁裏付の判断で御所内に入る場合が想定されていたことになる。こうした緊急時を除く大名火消の基本的な対応は「御築地近辺出火ニ而、御人数分ケ惣御門江相詰候之節者、二番手之御人数相詰、壱番手ハ火元江かゝり可申事[22]」と、一番手は火元へ二番手は九門のいずれかに詰めることであった。なお禁裏御所方火消設立に伴い、宝永七年二月二日に武家伝奏庭田・高野家雑掌より妙法院門跡をはじめとする九門跡に、「自今以後、右之衆中（禁裏御所方火消―注筆者）御築地十町四方之処々ハ、家来共御門前まても騎馬ニて罷越可相勤候、右之旨各迄為御心得可申入由、両伝被申候付如此ニ候[23]」と通知されており、築地近辺出火の際は公家や門跡であっても大名火消を勤める藩士はその門の直前まで乗馬が許可された。なお、丸山氏によって築地内も乗馬が許可されていたことが明らかにされているが、この時に許可がなされたものかどうかは不明である。制度改変の過程において、非常事態に対応するための権限を拡大させていったものと考えられる。天明大火の際は[24]二条城に火が移った後に御所にも火が向かったため、「主上御立退之御催も御座候由」という事態となり、禁裏付等が供奉することとなった。さらに亀山藩主松平信道は家臣団を二条城に置き自身は参内してこれに加わり、禁裏付・亀山藩主・伏見奉行が供奉して天皇は下鴨神社に立ち退いた。一方淀・膳所・郡山藩らは紫宸殿・清涼殿などの消防にあたるが、

天皇が聖護院に移ったため、これらの藩も同院を警固することとなった。

大名火消による二条城・御所の両拠点の防衛に関しては、「風並ニより御築地・二条共危候ハヽ、人数相分可申事、兎角其時之見計第一之儀ニ御座候」「御築地与、御城与之間出火ニ候ハヽ、風並又者遠近見計、人数ヲ分ケ、何レ江成共相詰可申候[25]」という活動規定があるように、特に優先順位はなくその時々の判断に基づいて配置を変更した。天明大火の際には町奉行らは当初二条城の消防にあたっていたが、「御所之方火近に相見候に付山崎大隅守（正導・町奉行）・主税（土岐頼香・上方目付）儀は御所へ罷越候、池田筑後守（長恵・町奉行）・大膳（石川貴致・上方目付）儀は御城内へ相掛り候之処」と二条城が危機になれば二条城へ、また御所が危機になれば御所へと二手に分かれ配置を変えており、これは亀山藩主の判断と同様である。

以上見てきた点に、二条在番・禁裏付などの直轄軍とは異なる大名火消の特性が現れており、状況に応じて二条城あるいは御所へとその配置を変更させながら対応するという柔軟性・融通性を有していた。元禄三年以前では二条城と御所が二条在番・禁裏付によって、それぞれ別々にいわば「点」で防衛していたが、これに大名火消が加わることによって両拠点に重点を置きながら「面」で防衛することとなった。

享保七年以降の京都大名火消の任務の中心が二条城・御所の防衛であったため、例えば天明大火時に延焼地域を放置して両拠点の防衛にあたったように極めて限定されたものではあるが、新たに洛中と場合によっては洛外をも防衛する軍事力として登場した。御所・二条城から離れた場所の火災時には、「若御差図御坐候ハヽ、違背も相成申間鋪ニ付、宮様被成御座候処ニ候者、品ニより一番手人数差遣可申候哉[26]」とあることから、町奉行の指示のもと宮門跡に特に注意を払っていたことがわかる。この点が単なる火消とは異なり、消防活動ではなく重要拠点の防衛をその本来の任務とし、この任務は町火消では担えないため京都周辺の大名の軍事力が動員されるこ

となったのである。

以上のように、京都における大名火消の成立は機動性に富んだ大名の軍事力が加わることで京都の防衛に柔軟性を与え、城郭を最優先としつつも防衛対象を都市全体に一気に広げた画期的なものであった。幕府が大名の軍事力を加えたことによって、京都の防衛に新たな局面が登場したことになる。そして、この都市全体を防衛対象とする幕府の支配方針は大名火消制度化に限定されるものではなく、次に検討する町火消制度化においても同様である。

(二)　享保七年の町火消制度化

従来、京都の消防を根底から支えていたのは町共同体である。例えば寛文九年（一六六九）の塩屋町の規定では、「火事場へ出合不申候者於有之は、其家屋敷を町中より直段指図次第ニ売払、町を立のき可申候」[27]とあるように、火災時の町人の駆け付けに関して一七世紀中期段階の町は強い拘束力を持って存在していた。近世初期以来、火災への対応に関する触書は何度か出されるが、こうした町の機能を前提としつつ都市の防火・消火の機能が維持されており、厳密に制度として存在したわけではなかった。元禄―享保期の町の変容は、この消防のあり方を根本から変えることになる。生活水準の向上が火災の発生率を上昇させる一方、小火で消し止める役割を担った町の機能が低下する中で当該期の都市は構造的に火災が発生しやすく、一旦広がり始めれば都市全体を焼き尽くす大火となるため町奉行所は新たな対応を余儀なくされた。

【史料1】は宝永四年四月に出された町触であり、研究史上におけるその評価に関しては当該町触は具体的ではあるものの以前の町触でも指示されている内容である、というものに留まる。以下ではこの点を検討していく。

【史料1[28]】

一、火事之節、町夫火事場近所之町々ニ隠れ居候由相聞不届之至候、兼而申触候通、町夫之分羽織を着シ水籠を持、火元へ罷越情出し働可申候、向後火事場近所之町々ニ隠れ居候町夫有之ハ召捕、急度可申付事

一、火事場近辺人多集り往還之妨に罷成候条、無益之者一切参間鋪候、親類縁者又者無拠方へ見廻候者ハ格別、見物ニ参候義堅ク可為無用事

一、火事場之町人年寄五人組之内一人、其町之用人召連罷出、町内并辻々無用之人立無之様ニ肝煎可申候事

一、火本町内隣町井戸有之所々、案内之者出置、水之手差支無之様ニ可仕候事

一、火事之節、諸道具等を奪取、又ハうろん成者見合候ハヽ、捕置可申来候、詮議之上可申付事

一、火事近所二三町四方ハ、年寄五人組之内之町人人足召連、早速火之元へ掛付、火を防、大火ニ不罷成候様ニ可相心得候、致油断候ハヽ、可為越度事

一、火事場遠キ町々ハ町内申合、裏借屋等迄火之元可入念候、尤町夫前々之通可差遣事

右之条々、洛中洛外町々江可相触知者也

亥四月

三条目と六条目では、火災時における町年寄・五人組・町用人の役割を位置付けようとしている。この町触に対しては、三条衣棚南町年寄九郎兵衛・与兵衛、五人組二人から「若夫役之もの羽織ヲ不着隠れ居候者有之候歟、又ハ札不相渡帰り候ハヽ、本人ハ不及申、年寄五人組迄如何様之曲事ニも可被為仰付候、為後日之一札仍而如件[29]」という、その内容を遵守する旨の一札が町奉行に提出されている。しかし、まもなくこの触書に対しては町人たちから別の反応が示された。同年九月一九日に出された町触の冒頭では、「火事出来之節、年行事町用人

牢や敷江相詰、火本へも為町夫人代を出シ両用相勤候義、迷惑之由御願申上候ニ付[30]」とあるように、もともと年行事町の町用人は火事の時牢屋敷に詰めることを役の一つとしていたが、四月の町触で町夫として火元に出動するよう命じられ役割が二つとなってしまい困る、という町人たちからの反応が示されている。つまり従来存在する消防のあり方と齟齬するという反応があったため、これを受けて町奉行所は「出火之節早速牢屋敷へ相詰可申候」と、年行事町の町用人の役割を確定するこの町触を出すこととなったことがわかる。なおこの町触に関しては、すでに朝尾直弘氏がこの九月一九日に出された町触を願触と呼ばれる方式の触として注目し、「年行事町に牢屋敷への詰夫を命じ、かつは町夫負担を免除したもの」と位置付けている[31]。

町奉行所が一方的にではなく、町人たちから出される反応を組み込みながら対応していることになるが、それは町の機能を前提とした従来の消防のあり方に、町奉行所が介入することになったために起こった新しい動向であった。また同年九月二九日には、「出火之節火本へ罷出候町夫之儀、今度親王様新御殿御造営之間、下ハ押小路通、西ハ堀川通ゟ東洛中之内、出火有之候ハヽ、堺町椹木町上ル御門之外へも町夫相詰させ候様ニ被仰付候間」とあるように期間を限定してではあるが、御所近辺の町を御所の消防のために組み込んでいる[32]。以上のような町人を消防制度に組み込んでいく宝永四年の動向は、前年の京都火消御番廃止への対応であると考えられ、さらに正徳五年二月九日に「火事出来之節、其辺弐三町四方之行事用人等召連、早速火元江欠付防可申候」等を命じる五箇条からなる町触が再び出されたが[33]、必ずしも制度化されていない状態では十分な成果が得られるものではなかった。

このため享保七年二月の町触で京都の町火消が制度化された。この制度化の画期性の第一が、先述したように町が失いつつあった強制力を幕府（町奉行所）が代わって発揮し、その役割を確定したことである。第二が、翌

月にこの追加として出された町触[34]によって「諸役免除札拝領之もの、或者由緒在之、只今迄町役不致もの共も、此間相触候通、出火之節人数出し可申候事、附、寺社門前境内之町々茂右之通相心得、人数可差出事」と触れたように、従来都市内において諸役免除の特権を有していた町人や空間までも一律の基準で賦課したことである。以下ではこの制度化に対する妙法院の対応を見ていきたい。

先述した町触を受けて、享保七年三月一三日に妙法院側は京都町奉行諏訪頼篤に問い合わせを行った[35]。妙法院側の主張は、七〇町余の境内の内三〇町に関しては元々諸役免除ではなかった経緯を踏まえて触の通りに人足を出すことを確認した。一方で残りの四〇町余が、門跡とその境内町さらに御所が火災の際に対応する火消人足であると主張した。つまり、享保七年以前に妙法院を中心に七〇町余からなるその境内町には自衛のための独自の消防体制が存在し、当該町触はこのあり方を否定するものであった。このため妙法院側は最終的には「残ル四拾町余者、只今迄之通ニ御門跡江人夫相詰候様ニ仕度、院家中私共奉願候」と、四〇町余に関しては以前の通りの独自性を願い出た。【史料2】は、この妙法院側の願出に対する町奉行所の返答である。

【史料2】[36]（記号・傍線筆者）

先達而被仰聞候出火之時分御境内より人夫被差出候儀ニ付、只今迄公儀江役相勤来候町々ハ人夫被指出、御門跡江役相勤来候町々ハ前々之通ニ御殿江相勤候様ニ被成度之旨、御口上書之趣承知仕候、Ⓐ乍去右御触之儀者従関東中来候故、諸司代へも相窺候て触候事ニ御座候、Ⓑ其故御所方役人諸役御免除之方之願も数多御座候、青蓮院御門跡よりも先達而御願被仰入候、然共右之訳故、皆々料簡難仕候、其故先達而被指出候御口上書之趣も難承届候、弥御触之通人夫差出候様ニ被仰付候て可然奉存候、右之段直ニ可申渡儀ニ御座候へ共、急御用ニ取掛り申候故、役人を以申渡候由也

これまでの状況を確認した上で、傍線部Aのようにこの指示が江戸の幕閣からのものであり、すでに所司代によって許可がなされていることを通知した。この点はこの方針が京都内部に留まらないものであったことを示唆している。さらに傍線部Bのように妙法院以外からも免除の願があったが、これらすべてを却下しているために当然妙法院側の願出も却下した。町火消の制度化は、従来諸役免除の特権を有していた寺社の境内門前と「御所方役人諸役免除之方」をも消防制度に例外なく組み込んだのである。なお、この「御所方役人諸役免除之方」は元禄一五年の町触で「町方ニ罷有候御所方地下之小役人、又ハ御用勤候諸職人等江従先々被下置候諸役免除札、并寄宿免許札所持いたし来候もの令吟味書付可指出」とある町人たちであり、これらの町人に関してはすでに吉田伸之氏によって、朝廷関係の役を勤め「役負担のうえで「禁裏被官」という非・町人として非幕藩制的な身分体系のもとに位置づけられた」と指摘されている㊲。享保七年の町火消制度はこの特権を否定して制度化がなされたのである。すなわち京都における町火消の制度化は、理念の上では各町・各寺社が自衛のためのみに消防を行う従来のあり方を止揚し、これらが有する自衛能力を幕府が編成することによって成立したものであった。

以上のように、元禄―享保期の京都では江戸幕府が大名火消設立によって天皇・公家・門跡さらには格式の高い寺社を主たる防衛対象としながら、都市全体にその防衛範囲を拡大させるとともに同時に都市空間の一部分として朝廷・寺社にまで負担を強制し、これらを組み込んで都市全体を覆う消防制度を設立しようとした。この享保七年の町火消の制度化によって洛中洛外町続は基本的に町人たち自身で消火することとなったため、二つの併存した大名火消の内の常火消が廃止された。そして、大名火消は二条城・御所という重要拠点の防衛を任務の中心とし、一方実際の火元での消防活動は町奉行の指揮のもとで町火消らが行うという両者の役割分担が確定された。朝廷・寺社・町に負担を求めることで、京都周辺の大名が過重に担っていた負担を削減したということにな

ろう。以上のように、元禄三年の京都周辺の大名が軍役を命じられて成立する消防制度から紆余曲折を経て、享保七年に大名火消を残しつつも都市居住者に負担を求める形で町火消を制度化し、ここに京都の消防制度が確立したのである。

第二節　消防制度設立の歴史的意義

（一）江戸・大坂における消防制度設立

京都に限らず、元禄―享保期の都市は構造的に大火を発生させやすい段階にあったが、各都市が武家地・町人地・寺社地の比率はもとより、常駐軍事力のあり方や寺社が持つ自律性等に関して個性を持って存在したため、それぞれが置かれた諸条件に規定されて都市ごとの対応も異なる側面を当然持った。しかし抱えている問題が共通性を持っているため、幕府直轄都市においてはその制度化には共通した政策基調といいうるものが存在した。当該期における消防制度設立の歴史的意義を明らかにするため、ここでは、その前提として前節における京都の消防制度設立の分析を踏まえて、江戸・大坂における消防制度設立を分析する。

江戸の消防制度に関しては、江戸時代全般を扱った池上彰彦氏による労作を中心に、針谷武志氏の江戸城門番・火番体制の包括的な分析等の先行研究が豊富に存在する。[38] しかし江戸も京都とほぼ同じ問題を抱えており、今一度綱吉政権期から位置付け直す必要がある。まず研究史に拠りながら、当該期の変遷を見ておく。

江戸の消防体制は、寛永二〇年（一六四三）に六万石以下の大名一六家を四組に編成した大名火消の成立に

よって開始される。また明暦の大火により旗本が任命される常火消が設立され、さらに出火の際には各町から出される町人足の集合場所が指示された。元禄・宝永年間には江戸城の主要曲輪・施設、寺社、橋梁、倉庫などに三四―三六名の大名火消が任命されていたが、正徳期には二〇―二六家、さらに享保八年以降は七家と減少した。元禄・宝永期の火消役を勤める大名の数は正徳・享保期に比べて圧倒的に多いことになる。また旗本が任命される常火消も寛文二年（一六六二）に一〇隊になったが、元禄八年に五隊増設されて一五隊となった後に宝永元年に一〇隊に戻され、この代替案として八王子千人同心が江戸火消を命じられた。この大名火消・常火消減少と並行して進められたのが、都市居住者による消防制度の設立であった。武家では天和期頃より加賀藩など特定の大名が藩邸から火消人足を出すこととなっていたが、さらに元禄一一年（一六九八）の幕令で義務化、享保三年（一七一八）一〇月令で出動範囲が明確化され、全拝領屋敷を対象に近所火消として制度化された。一方町火消については享保三年一二月に着手され、同五年に所謂いろは四七組に再編し、さらに同一五年に四七組を一番組から十番組の大組に分け、より多くの人数を火元に集めることを可能にした。

これ以後、武家火消と町火消の争いは絶えないが、町火消は武家屋敷さらには江戸城の消防活動にも参加するなど江戸消防制度において中心的役割を担っていく。これを池上氏は「町火消の成長」「武家の火消の衰退」と評価したが、岩淵令治氏は武家火消を具体的に分析し、この見解を批判している。幕末までに至る過程は今後の課題とせざるをえないが、少なくとも享保期の制度改変に関しては両者の任務の相違に注目した岩淵氏の批判に尽きる。すなわち町火消が火元における消火活動を任務とするのに対し、武家火消は火元で消火活動にあたるよりも重要拠点・施設を防衛することを主たる任務としていたということである。京都でも大名火消は延焼地域を放置して御所・二条城の防火・消火を優先しており、極端な言い方をすれば、大名火消は都市が焼けても城郭な

どの重要拠点を防衛すればその任務を果たしたことになる。なお岩淵氏による批判に付け加える必要があるのは、この元禄—享保期における武家火消と町火消の制度改変は綱吉から吉宗までの各政権の政策と関連しながら、幕府が推し進めたものであったということである。この点に関しては、すでに針谷氏が正徳・享保期の火番減少と参勤人数規制あるいは上米の制との関係性から指摘しているが、前節での分析を踏まえて深めておきたい。

元禄期の大名火消の数が多いことは先述したが、元禄一一年九月二二日には「上野・増上寺、御宮・仏殿之火消、新規被　仰付之」と、美濃国苗木藩遠山氏、豊前国小倉新田藩小笠原氏、近江国宮川藩堀田氏、備中国岡田藩伊東氏の四大名が将軍家の宮・仏殿の火消を命じられた(39)。また、当時の増上寺の火消番である米沢藩上杉氏と仙台藩伊達氏には「御仏殿ハ今度別而火消被　仰付候へ共、猶又申談防可被申候」と命じており、従来存在する火消番に加えて大名が新規に火消役を命じられていることがわかる。なお、こうした元禄・宝永期の江戸の大名火消に関しては福留真紀氏が当時の幕政に対する大留守居酒井忠挙の意見書を分析し、その中で忠挙が大名火消の問題点を指摘し、改善策を提言していることを明らかにした(40)。具体的には元禄一二年八月二八日付柳沢吉保宛書状、同一五年四月八日付稲葉正往宛書状を分析し、忠挙は直接の担当以外の所への大名火消の出動等を問題点としてあげ、また本丸表・奥火消や方角火消などの四月から九月までの停止や元禄一一年一二月二六日設置の方角火消の廃止等の提言を行い、さらに宝永元年七月二五日付柳沢吉保宛書状「火消之儀ニ付存寄之覚」では火消全体のシステムを問題にしていることを明らかにした。元禄末年から宝永期にかけて、大名・旗本が命じられる軍役を中心とした消防制度が存在し、同時にその著しい役負担が問題となっていたことになる。こうした問題に関わって、武家地が大部分を占める江戸の性格によるものと考えられるが、都市居住者＝屋敷所持者として負担する形で、各藩邸から火消人足を出す近所火消の前身が元禄一一年一〇月一〇日の幕令で義務化されたものと考

えられる。

綱吉に継ぐ六・七代将軍の幕政の中心人物である新井白石は、「明ぬれば壬辰の年（正徳二年―注筆者）、（中略）此のほどまた議し申せし事あり。其大要は、前代より此かた、諸大名に課せらる、所の役重く[41]」と過重な大名の役負担をいかに減らすかを課題として認識していた。とりわけ「これよりさき、庚寅（宝永七年―注筆者）四月十六日に、前代に諸大名火の番の事仰かうぶりし所々、十五所をとゞめられしかど、急火消・増火消などいひて、臨時に仰下されし時の人数の事、いまだ其定なかりしが故也」と、すでに宝永七年に綱吉政権期の大名火消の見直しを行い、さらに臨時の火消などを含めて江戸の大名火消制度を改変する必要性を示している。一方で正徳二年二月二七日の町触で、従来より一歩踏み込んだ名主を中心とした町による火消を命じ、また翌年九月の町触では「近年町、ニ而順々火之番を相定、火之元之儀入念候ニ付[42]」と触れられていることから、町人側でも頻発する火災への対応があったものと考えられる。

八代将軍吉宗は基本的にこの正徳期の路線を受け継ぎ、大名の役負担を減らしつつも大火をくいとめる消防制度をいかに確立するかを政治課題の一つとした。吉宗はこれまで見てきたように、江戸・京都両都市においてすでに綱吉政権期から部分的に進められていた都市居住者による消防を都市全体に制度として確立させた。江戸においては享保三年に藩邸の火消部隊を近所火消として制度化し、同時に町人らによる町火消を制度化した。なお、この際には「大岡越前守（忠相）様御番所江名主共被召出、出火欠付組合之儀、寺社方御支配も町方も近所之分ハ、寺社方町方共組合入込ニ罷出候筈ニ有之候間[43]」とあるように、延享二年（一七四五）に寺社奉行支配から江戸町奉行支配へ管轄が移行される都市内の寺社地を組み込んで制度化していることは重要である。京都においても、同七年には諸役免除の特権を持っていた町人と寺社の境内門前の町人に他の町人と同様の負担を強制し、都

市全体をおおう消防制度が成立した。一方これら都市居住者による消防制度の確立をもって、初めて大名が担う火消役を削減することが可能となった。針谷氏が指摘する通り、江戸においてはこの制度化によって大名の在府期間を減らすことが可能となり、享保七年の上米の制実施の前提でもあった。

以上のように、京都・江戸両都市においては元禄期に大名・旗本に軍役を命じることで成立する消防制度が存在し、徐々にこの軍役中心の消防から都市居住者に負担を求める方針に転換し、享保期に近所火消・町火消として制度化されることを明らかにした。京都において宝永三年に一旦大名火消を廃止したのはこうした一連の動向によるものと考えられるが、結果として同五年禁裏炎上という結果を招くこととなり、代替案を見出せぬままさらに大名火消を増やすものになったと考えられる。

大坂は「西国支配の軍事拠点」として、大坂城代さらに大番・定番・加番など重点的に幕府軍事力が配置され、時期的変遷は不明ながらもこれに加えて近隣の尼崎・岸和田藩らが大火時には城下から出動した[44]。大塩の乱の際、尼崎藩は「早速増人数とも差出、大坂　御城追手先厳重ニ相固」とあるようにまず大手門を守衛したが、「且右人数之内引分、摂州吹田村、河州守口町辺江捕方として相越」と人数を分けて郊外へも出動した[45]。なお「兼而之手当申付方行届候由ニ有之、右固之儀ハ元来主役ニ候得共、捕方として所々江立向候段、臨時之働ニ有之」とあるように、本来の任務は大手門守衛であるが臨時に郊外まで出動する点は京都大名火消と共通する。注目すべき点は元禄一〇年一〇月二七日に、「出火之節火消人足働不相見其外無用之人相集リ紛敷妨ニ成候付、此度相改、組合人数手賦申渡覚[46]」が大坂三郷に触れられ、町火消が制度化されたことである。これにより、三郷を上町・北船場・南船場・西船場・天満の五区に分けて各区ごとに三ないし五番の組を置き、町人足の人数を定め町役人らの役割を定めた。江戸・京都に先立つこと元禄一〇年に町火消の制度化が始まっていることになる。大名の軍事

力を新たに投入できなかったのか理由は不明であるが、先に指摘した幕府直轄都市における大名火消中心の消防から都市居住者中心の消防への転換の基点はここに求めうるといえる。

また、三都以外に関しては今後の課題とせざるをえないがほぼ同様の変遷をたどることが展望できる。奈良に関しては、[47]貞享二年（一六八五）に隣接する郡山藩が大火の場合に城下から出動することが制度化された。しかし宝永元年四月一一日に奈良は大火にみまわれ、これを契機に翌二年には奈良に三ヶ所の火の見櫓が設置されて近隣の町が火見番を勤め、同四年には奈良町全体から人足百人を出すこととなり、享保元年にはこの百人分の人足を銀納に改めて火消を専門とする鳶を組み込むこととなった。宝永五年には火災時における惣年寄・町代の役割が確定された。いくつかの類型を持ちつつ大名が幕府直轄都市の防衛を担当するようになり、さらに元禄末年から宝永期にかけて町人たちを含めて消防制度を設立する方向へと進んでいくものと考えられる。

（二）政策基調の転換

これまでの分析から、元禄―享保期は幕府が城郭とその周辺を防衛する体制から城郭に偏っているという限界を持ちつつも都市全体を防衛する体制へと防衛対象を転換させた時期であったといえよう。そして元禄期から享保期の間の変化は、元禄期が大名・旗本に課される軍役による都市の消防制度であったのに対し、享保期は大名らの役負担を減らしながら重要拠点の防衛に専任させ、一方で都市内に居住する武家・寺社・町が個々に有した自衛能力を幕府が編成することによって成立する消防制度への移行であった。都市火災は一旦広がれば都市全体を焼き尽くす大火となるため、居城を有する幕府自体も都市内に居住する個別領主や町人とは一蓮托生の運命にあり、消防制度の設立は幕府にとっても死活問題であったのである。また、当該期において都市が火災によって

壊滅的な被害にあえば幕藩体制が機能不全に陥ることは明白であり、消防制度の設立は、ただ単に都市居住者の生活を保障するという以上の意味を有していたことも見逃すべきではない。このため、これまで見てきたように都市における消防制度設立が当該期の幕政の中心課題となったのである。また消防という側面に限定されるが、江戸幕府が都市内に存在する町人や空間が従来有していた特権を否定しながら、都市支配の均質化・平準化を大きく推し進めたことも注目すべき点である[48]。しかしそれは例えば寺社であれば、新規に土地を拝領して成立した寺社も旧来の特権を安堵する形で組み込まれた寺社も一律にそれらが持つ独自性を否定していくものであったため、次節で検討するように寺社によっては幕府権力との新しい対抗関係を生み出していくことになる。

なお、こうした政策基調の転換は消防制度に限らないことを付け加えておく。これまで明らかにされているように軍役が戦時動員から城郭普請等へ移行し、さらに宝永元年の大和川付替手伝普請を皮切りに、以降は軍役が主として行政的諸課題への対応として命じられることとなったことは周知である[49]。荻生徂徠が「御先々前御代の頃は、御手伝等仰せ付らるる事盛んなる故[50]」と述べているように、綱吉政権は拡大する火消や河川普請等の行政的需要に対し、当初は大名に軍役を命じることで対応していくこととなった。しかし、消防だけでなく河川・寺社普請においても、軍役中心の対応から新しい対応を模索することになる。河川普請では宝永元年以降は大名の手伝普請によって担われるが、享保二―同二〇年の間はこの手伝普請を停止し、一方で享保五年に対象とする河川・国を限定する形で幕府が費用の一〇分の一を負担し、残余を国役として幕領・私領を問わず百姓に高掛りで一円的に賦課する国役普請制度が設立され、手伝普請と国役普請の両者が併用されることとなる[51]。この国役普請制度は、宝永四年の富士山噴火における復旧を目的とした諸国高役金に端を発するものである。また、この制度化の大きな特徴の一つが従来は免除されていた禁裏御料・公家領・寺社領にまで負担を課したことであり、以降

これに対して免除闘争が行われることになる[52]。この点は消防の制度化と共通する点であり、当該期に幕府の領域支配は拡大していくことになった。

寺社普請に関しても元禄期の幕府財政からの支出や大名の手伝普請による修復を削減し、代替案として享保七年に本格的に開始され寛保二年（一七四二）に最終的に確立する御免勧化制によって、幕府は寺社の造営・修復費の取り集めを目的として対象地域を指定する形で、宗教者が幕領・私領・寺領を問わず巡行することを保証した[53]。本制度も東大寺大仏殿再興を目的に、幕府が元禄七年に龍松院公慶に「御免勧化」を許可したことに端を発するものである。結果としてこれは「民衆に対する勧化の強制」となり、郡中議定制定による排除等、社会の側に新しい矛盾と関係を生み出していくことになる[54]。

以上のように、綱吉政権は消防に限らず拡大する行政需要に幕府財政と大名・旗本の軍役で対応するあり方から領主側の負担を削減しつつ、新たに町人・百姓に負担を求めていくあり方へと方向転換を模索し、最終的には吉宗が綱吉政権末期の方針を制度化していることになる。また、この政策基調の転換は元禄期のような受益と負担の関係が著しく乖離したあり方から、不完全ではあるものの極力両者の関係を一致させる方向への転換という意味を持っていたことを見逃してはならない[55]。すなわち、自己の所領や地域とは関係が薄いにもかかわらず命じられる軍役や諸国高役金のようなあり方から、町火消の制度化や指定河川・対象国を幕府が定めた国役普請・御免勧化の制度化に見られるような受益者負担の方向へと転換しているのであり、消防制度の変遷もこの動向の一環といえよう。

第三節　消防の制度化と都市社会

二節にわたって、元禄—享保期の江戸幕府が都市において防衛対象を拡大させ統一権力として大きく踏み出したこと、またそれは大名・旗本が勤める軍役のみならず、都市居住者の全階層に負担を求めることで成立する消防制度の設立として現れたことを明らかにした。こうした当該期の幕府の性格に関しては、笠谷氏が享保期の国役普請制度を分析する中で以下のように位置付けている。笠谷氏は国役普請制度成立の歴史的必然性を「水害激発状況の下、個別領主は二重の意味において危機への対応をなし得なくなっていた。一つには、周期を短縮しつつ、かつ、その規模を拡大させつつ激発していく水害が、個別領主の持つ統御力の限界を突破していったということ。今一つには、その統御力の有無に拘わらず、水害激発が河川水利体系全体の諸要因によって生起する以上、それへの対応は個別領主の統御力の範囲を超えた、より超越的な権力主体にこれを求めねばならなくなっていた」とし、「幕府の公儀としての権能の強化拡大のみが全領主階級の直面する危機に対して有効たり得た」と述べている。(56) この指摘の中の「水害」を火災に、「個別領主」を都市内に集住する武家・公家・寺社・町人に、「河川水利体系」を都市に置き換えることで、当該期における消防制度成立の歴史的必然性を説明することが可能である。

当該期は、すでに各町・藩邸・寺社が持つ防火・消火の機能の積み上げが都市全体の防火・消火に直結する時代ではなく、幕府が統一権力としての側面を拡大させて消防制度を設立させない限りは、もはや都市を火災から守ることができなかったのである。当該期の都市がこうした権力を不可欠とする歴史段階であったことを軽視

してはならない。そしてこのことにより消防をめぐって近世都市に新しい局面が生まれたのであり、本節では権力主体である幕府を視点にしつつも近年の都市史研究の成果を踏まえながら、江戸時代における消防および近世都市の特質を明らかにする。

本章と共通する視角を持つものとして、吉田・安国良一・岩淵氏の研究視角・成果がある。[57] 吉田氏は江戸加賀藩邸の火消組織を分析し、以下のような注目すべき指摘を行っている。それは文政四年（一八二一）の上野山内出火に伴う喧嘩、天保五年（一八三四）のた組の町鳶との争闘を取り上げる中で、加賀藩抱鳶の行動が「加賀藩という大藩の権威と、藩邸に充満する多数の詰人層の強力とに大きく依存しかつ拘束されて」おり、「これは、抱鳶が加賀藩の藩主と御殿、さらには藩邸の防災・守衛を本務とし、藩によってその存立を丸抱えにされていることの所以でもある。ここに、江戸城の防災と、巨大都市江戸の町方社会全般の守衛をその本務として自負する町鳶との落差を見出しうるのではなかろうか[58]」というものである。近世の消防さらには都市の特質を指摘した重要なものであるが、加賀藩邸だけでなく比較対象としている町方全般の守衛を担う町鳶も同様に分析する必要がある。

また安国氏は消防制度それ自体を分析したわけではないが、京都を事例に近世を通じて寺社の境内門前には土地領主の消防指揮権が留保されていたこと、破壊消防がどの範囲で合意を得ていたかが近世の消防制度を考察する上で不可欠な論点であることを指摘した。さらに氏は京都の東南部にあたる四条芝居小屋付近が近世京都における大火発生の火元となる構造的要因の一つとして、こうした個々に消防指揮権を有する寺社の境内門前の混在を指摘している。吉田・安国両氏は火事場における火消の争闘・衝突あるいは消防制度の限界を、従来のように技術面に求めるのではなく都市構造の特質から解明しようとしたといえよう。岩淵氏はこれらの研究成果を踏ま

えて、こうした諸消防組織が入り乱れる火事場の秩序を維持する幕府の火事場役人の役割を明らかにした。統一権力である幕府の役割とその限界を明らかにした重要な成果であるが、享保期以降の実態を分析するに留まり、当該期に制度化される意味やその歴史的意義を明らかにはしていない。

右の先行研究の成果と課題を踏まえつつ、消防制度化によって都市社会にどのような新しい矛盾・問題が生まれたのかを見ていく。【史料3】は膳所藩士が文政期頃に書き留めた京都大名火消を勤める際の規定である。

【史料3】(59)

一、妙法院宮・青蓮院宮・両本願寺境内出火之節駈付候共、直ニ御纏者上ケ申間鋪候、出役之方江応対之上、御纏上ケ可申候、其外何れニ而も実火之節駈付候共、此方差図無之候ハヽ、御纏上ケ申間敷候、何れ差図致候上ニ而揚可申候事

纏を上げることは消火活動の開始を意味することになるが、妙法院・青蓮院・両本願寺の境内では寺院側の「出役之方」へ断った上で纏を上げることとする規定である。中小の規模の寺社は別としても、これらの大寺院は別格の扱いを受けており、その境内において自由に消火活動を行えたわけではないことになる。この点に関してはすでに触れたように安国氏が指摘しており、【史料3】はこの指摘を裏付けるものであろう。さらに次の【史料4】は、京都のほとんどすべてを灰燼にきした天明八年（一七八八）一月三〇日に発生した大火に関する妙法院の記録である。

【史料4】(60)

一、今晩団栗図子、建仁寺町西へ入所より火出、宮川町新道へ焼抜、早速代官方・修理方・町役人歩等召連罷出、御境内ニ差控、追々風強、新宮川丁・故宮川丁へ焼出、入夜御境内間屋丁・鞘町・伏見海道へ焼

下り、然レ共壱丁計焼、子刻過火鎮リ、何れも引取也、珍重々々、但、洛中大火、委細来月二日ニ有記也

傍線部にある通り、妙法院の火消部隊は境内境で控えて消火活動を行わずに退却した。様々な理由が重なったこともあるが安国氏が注目した通り、近世都市の消防が持つ特質がこの大火を招いた重大な要因であったといえる。つまり第一節で、当該期の幕府は二条城・御所を中心としつつも都市全体に防衛対象を拡大させたことを見たが、それはこれら大寺院側の消防指揮権に制限されて理念上に留まり、実際は貫徹できなかったということが推測できる。同時にそれは、幕府が都市全体を防衛対象としてその消防制度の中に組み込もうとする理念・方針と、実際に寺院側が有した領主権といいうる権限が衝突することを意味する。このことが元禄期以前の近世都市には存在しなかった新しい問題を生み出すことになる。以下では妙法院を事例に見ていくことにする。

第一節で、享保七年（一七二二）に町火消を制度化する中で寺社の境内門前にも例外なくこの役を賦課し、町奉行所は妙法院からの免除の願出を却下したことを明らかにしたが、妙法院はこの後もこの支配方針に抵抗し続ける。安国氏が明らかにしたように、実際に同年以降も妙法院坊官に率いられた火消人足は境内の外で出火した場合は境内の境で待機している。[61]これら妙法院の火消人足は境内の防火・消火のために存在し、都市の消防のために存在したわけではないからである。町火消の制度化は、こうした消防のあり方を否定するものであったにもかかわらず、妙法院側は享保七年以降も従来のあり方を変更しようとはしなかったのである。

これを町奉行所は問題として、享保一八年五月に雑色松尾左兵衛より「出火之節、大仏廻町々より妙門様江相詰候而、他所へ水夫等出シ不申候町も有之候ハヽ、御吟味候而、其町々名前書付、明朝四つ時迄之内私宅へ御越可有之候」と通知し、明和七年（一七七〇）一二月にも町奉行所より「妙法院御門跡境内其外出火之節、人数被

差出候儀ニ付、相尋候儀御座候間[62]」と家来が奉行所へ出頭するように命じられており、同じ用件かと考えられる。町奉行所は理念の上では享保七年に都市全体に町火消制度を構築しようとするが、妙法院側の消防指揮権に制限を受けて貫徹できないでいる。また大名火消が消火活動する際も、例えば宝暦四年（一七五四）六月一六日の坊官である「菅谷大輔自宅之小屋消失」の際は、「門前之者出入候もの共打消之、松平紀伊守（信岑・亀山藩主）火消役人罷越候へ共、御家来之輩出会令挨拶、門内江者不入[63]」という対応である。妙法院側の消防指揮権が優先されており、妙法院側からの要請・許可がない限りは消火活動に取りかかれないのである。これは安国氏の指摘や【史料3】で見た通りである。

こうした妙法院側の対応の一方で町奉行や大名火消が頻繁に出動し、実際にその境内で消火活動している事例も確認できる。それは小火の段階で消し止めて大火を未然に防ぎ、都市全体を守ることが幕府が果たさねばならない役割だからである。都市を支配する幕府は、都市空間の一部にすぎない自己の境内さえ守ればすむ妙法院側とは異なる論理で動くことになる。消防をめぐって異質な論理の対抗が発生したことを意味し、ここに在方とは異なる近世都市における消防の特質が現れることとなる。例えば宝暦一一年四月二九日、「御境内七條通大宮町失火之節、月番火消松平美濃守（柳沢信鴻・郡山藩主）殿人数狼藉之事有之ニ付[64]」とあるように、その境内において妙法院側と大名火消が衝突することになる。寺社の境内門前は幕府の消防指揮権と寺社側の消防指揮権が衝突する、争論が多発する地帯であったといえるだろう。つまり当該期における消防制度の成立によって、都市内に存在する寺社の境内門前は寺社にとっては自力で防衛すべき領域であると同時に、幕府にとっては防衛すべき都市空間の一部、という二重の性格を持つこととなった。これが元禄期以降の都市内における寺社の境内門前が持った特質である。

　こうした都市内に存在する寺社の境内門前の性格に関しては、すでに吉田氏が指摘している。吉田氏は浅草寺を中心とする寺院社会を分析する中で、「十八世紀初め以来、これらの町々（浅草門前町々―注筆者）は江戸町人地のうちに包摂され、支配名主は江戸惣町の名主組合の三番組に編成されて、町奉行支配の下におかれた。しかし一方で浅草寺を地頭とし、その朱印地としてほぼ一円的な領域を形成した門前町々においては、「御門前町々惣町人」「御門前町之名主とも一同」という独自の一体性を存続してゆく(65)」と指摘している。しかし、吉田氏の研究は後者の門前町々の「独自の一体性」のみを分析し、前者の「江戸町人地のうちに包摂され」「町奉行支配の下」という性格は分析していない。二つの性格を内包している点が近世都市の特質として重要であり、両者を併せて分析することが不可欠である。また境内町屋に関しても、延享二年（一七四五）以降は町奉行所支配に属することになると指摘されており、門前と同様である。都市内に限ったことではないが明治以来寺社領そのものの性格に関して論争があり、境内地もこの例外ではなく(66)、これらの性格を明らかにすることは今後も重要な課題であろう。とりわけ都市内に存在する寺社の境内門前は複雑な性格を持ったことはすでに指摘(67)がある通りで、こうした複雑さを解明するために権力による把握という視角が不可欠なことに異論はないであろう。

　なお、この場合に消防に限らず元禄期が重要な画期であったことを指摘しておく。京都では、元禄一五年に「寺社領門前境内ニ造酒屋有之候ハヽ、前々酒造米員数并元禄十丑同十一寅両年酒造米員数両年分年切ニ書付可被差出候」、正徳四年に「寺社境内に有之能、説教、操、物まね等芝居之事、元禄年中既に停止之処に、（中略）依之自今以後ハ急度彼芝居一切に禁制せしめ候者也」、享保八年に「江戸年頭御礼之入用之儀、向後洛中洛外寺社門前迄不残掛り申候、只今迄割合出シ不申候町々茂割合掛り申候事(68)」と消防に限らず、幕府権力が独自性を有していた寺社の境内門前支配に直接的に介入し始めているからである。消防の制度化も、これら諸政策と連動し

ながら進められたものと考えられる。

以上のように、当該期の消防の制度化を契機にし寺社の境内門前において、異質な二つの論理が衝突することになった。こうした消防のあり方は、大名火消の規定に「一、火防候節纏上ケ候義公家・武家屋敷ニ候者案内可申候事」あるいは京都町奉行所同心の規定でも「御築地内外摂家・宮方・堂上方出火ニ候者、向々家司等江引合候上及差図、人数繰入消防為仕申候[69]」とあることから、寺社だけでなく公家・武家屋敷に関しても基本的に同様である。武家屋敷に幕府権力が介入できなかったことはよく知られた事実であろう[70]。

町奉行所・大名火消と都市内の武家・公家・寺社との関係では、家屋破壊を伴う消火活動が最も深刻な問題であったが、京都大名火消を勤めた膳所藩士が残した史料には、この他にも多くの問題が書き留められている[71]。なかでも日常的に問題になっていたのが、家屋敷に梯子を掛けて高い位置から遠方での火元を確認する行為であり、こうした行為については、天明六年に「葉室様雑掌ゟ侍使を以尋候者、此方屋鋪見越ニ相成候、御存知ニ而中見被成候哉、御存知も無之候哉、先年紀伊守（松平信志・亀山藩主）様御人数も中見有之候ニ付、其段申入置候」と公家の葉室家から膳所藩に抗議があった。また文化一二年（一八一五）には閑院宮家から使者をもって抗議があり、それは同家の用達を勤める四条東洞院南西角の町の町人から膳所藩の火消人足が屋敷に梯子を掛けた際に、これを拒否したところ手荒な真似をされたという抗議であった。これに対して膳所藩は「禁理御所方火消役之事ニ御座候得者、公家・武家屋敷之儀者差控候得共、其外町続之分ハ、宮様方御境内とても差扣候義ハ難致候間、此義ハ御断申上候、且手荒成儀ハ兼々急度申付置候」と、任務の遂行上受け入れられない旨を返答した。大名火消は消火活動時のみならず日常的に多くの課題を抱えながら任務を果たしていた。それは京都における大名火消が、都市全体を防衛対象にするという全く新しい任務を帯びて成立したからに他ならなかった。

消防の制度化あるいは江戸幕府が統一権力として新しい役割を担うことにより、消防をめぐって近世都市が新たな段階に至ったことになる。それは都市内に居住する武家・公家・寺社と京都町奉行所・大名火消らの対抗関係として顕在化するが、これは江戸における加賀藩抱鳶と町鳶の関係に関する吉田氏の指摘と共通するであろう。消防の制度化によって、近世都市の中に二つの異なる論理が発生したことが重要なのである。また岩淵氏は、火事場秩序の維持の困難な要因を武家屋敷の火消人足が「日用」層として町火消の鳶と同質のものであるという認識から、「現場の消防の担い手である「日用」層の心性や行動にある」「「日用」層を編成しきれない消防体制の構造の限界こそが問われるべき」と捉えた[72]。担い手にかかわらず各藩・各寺社が自衛を目的として、一方で幕府が都市全体を防衛することを目的として、それぞれが個々に火消人足を編成して消防活動を行う限り衝突と抗争は繰り返されるものであった。繰り返し述べてきたが、これは町奉行所の支配権で解決できる問題ではなく幕藩体制が生み出す構造的な問題であった点が重要である。

以上見てきたように、当該期に成立した消防制度は幕藩体制の特質に規定されて限界や矛盾を内包していた。それは第一に幕府権力そのものの性格であり、統一権力としての側面を拡大させつつも、最終的には京都では二条城、江戸では江戸城を優先して防衛したように個別領主としての側面を払拭しきれなかったことである。また縷々述べてきたが、二条城以外では御所・宮門跡などを重点的に防衛するが、あくまで領主階級の防衛が中心であったことである。第二に武家・公家・寺社が持つ領主権ともいいうる権限に制限を受け、最終的には均質な消防制度を構築できなかったということである。なお、この二つの問題は言うまでもないが表裏一体のものである。幕府が城郭・御所を重点的に防衛する限り個別領主・町人たちは自衛せざるをえず、逆に個別領主が自衛能力を有する限り幕府はこれに介入できなかったからである。以上の点は、国役普請制度において直轄都市や幕領中心

主義であったという指摘、あるいは国持大名領で災害が起こった場合の幕府による干渉のあり方を検討する必要性があるという指摘[73]と共通する。幕藩体制そのものを解体させない限り均質な消防制度の最終的な構築はありえなかったこと、一方で当該期に江戸幕府が統一権力として新たな段階に踏み出したことにより、こうした矛盾や政治権力としての限界が顕在化し始めたことは重要であろう。

おわりに

本章では京都を主たる事例として元禄―享保期の三都における消防制度設立の具体像を分析し、当該期の幕政の特質および都市における権力と社会の関係の一端を明らかにした。最後に本章で明らかにしたことをまとめつつ今後の課題を述べて結びとしたい。

第一に、従来江戸時代の消防制度設立は享保改革の重要政策の一つと考えられてきたが、すでに元禄期に着手され具体的な政策もほとんど出揃っていることを明らかにした。吉宗政権は元禄―正徳期の間に積み残された課題を解決することで消防制度を確立させたとするのが正確な歴史的評価であり、またこれは消防制度に限られたことではない。特に当該期には将軍が大名・旗本に軍役を命じて行政需要に対応していくあり方から、幕領・私領・寺社領を問わず、直接町人・百姓に負担を求め社会に介入していくあり方へという重要な転換がある。当該期は軍事政権として発足した江戸幕府が統一権力としてその性格と役割を転換させた時期にあたり、綱吉政権から吉宗政権までの政治史を今一度検討し直す必要があろう。

第二に、消防制度成立を事例に元禄―享保期における変貌する都市への幕藩領主の対応を分析し、この制度化

により、消防をめぐって協調と対抗の両側面を持ちながら権力と社会に新たな関係が生まれたことを明らかにした。なお行論中にも触れたが、こうした動向は社会構造が急激な速度で変容し始めた都市に見えやすい形で顕在化しているにすぎず、村落においても同様である。例えばすでに渡辺浩一氏が在方町守口の呼称変化に注目しつつ、元禄三年（一六九〇）の助郷設置を機に中世末以来存在する水利組合の地域秩序の中に、これを分断する形で宿駅―助郷という公儀によって編成された「地域」が入り込んでいく様相を明らかにしている[74]。当該期の権力と社会の関係のみならず、社会内部に新しい関係が形成されることになった様相まで明らかにした重要な研究である。また幕府の性格等については行論中にも触れてきたが、社会構造の変容が権力構造に与えている影響を軽視すべきではなく、当該期は権力と社会という視角から明らかにすべき課題が少なくないといえるだろう。

【注】

（1）本書第二部第一章。

（2）大石学『近世日本の統治と改革』（吉川弘文館、二〇一三）六（はじめに）・五頁。なおその前提として、同『享保改革の地域政策』（吉川弘文館、一九九六）等がある。

（3）江戸に関しては、吉田伸之「加賀藩江戸藩邸の火消組織について」（同『巨大城下町江戸の分節構造』（山川出版社、二〇〇〇、以下前掲吉田著①）、初出は一九九四、以下前掲吉田論文）、岩淵令治「江戸消防体制の構造」（『関東近世史研究』五八、二〇〇五、以下前掲岩淵論文）等、京都に関しては、本書第一部第一章、丸山俊明『京都の町家と火消衆―その働き、鬼神のごとし―』（昭和堂、二〇一一、以下前掲丸山著）等、大阪に関しては、『新修大阪市史』四（新修大阪市史編纂委員会、一九九〇）一八三―一八六頁がある。なお丸山著は、本章のもととなった拙稿「元禄―享保期三都における消防制度設立」（『ヒストリア』二〇九、二〇〇九）公表後に刊行され、拙稿に対する批判を行っているが、拙稿の論旨

を変える必要はないと判断し、本章では必要な箇所のみ改稿した。

(4) 笠谷和比古「宝永五年の「国役普請」をめぐって」(『日本史研究』一六二、一九七六)、同「国役普請論」(同『近世武家社会の政治構造』(吉川弘文館、一九九三、以下前掲笠谷著)、初出は一九七六、以下前掲笠谷論文)。

(5) 吉田伸之『近世都市社会の身分構造』(東京大学出版会、一九九八、以下前掲吉田著②)、同『成熟する江戸』(講談社、二〇〇二)等参照。

(6) 塚本明「日本近世都市史研究のあらたな展開のために」(『歴史評論』五〇〇、一九九一)等参照。

(7) 前掲笠谷論文、村田路人「国役普請制度の展開」(同『近世広域支配の研究』(大阪大学出版会、一九九五)、初出は一九八〇)、同「吉宗の政治」(『岩波講座　日本歴史』一二(岩波書店、二〇一四))等参照。

(8) 朝尾直弘「「洛中洛外町続」の成立―京都町触の前提としての―」(『朝尾直弘著作集』第六巻(岩波書店、二〇〇四、以下前掲朝尾著)、初出は一九九六)一四―二〇頁。

(9) 『京都町触集成』一(岩波書店、一九八三)一二三四。秋山國三『近世京都町組発達史』(法政大学出版局、一九八〇)一九九―二〇五頁、樋爪修「江戸時代の京都町火消」(『京都市歴史資料館紀要』一〇、一九九二)、安国良一「京都の都市社会と町の自治」(岩崎信彦編『町内会の研究』(御茶の水書房、一九八九)、以下前掲安国論文①)、前掲丸山著等参照。

(10) 小倉宗「江戸幕府上方支配の原理とその転換―元禄四年奉行所・地方の分離政策と明和七年大坂町奉行支配国改革を中心に―」(二〇〇五年一二月日本史研究会近世史部会報告、報告・討論要旨は『日本史研究』五二五号に掲載)。

(11) 安国氏は、確認できる範囲内では貞享二年(一六八五)以降所司代の出馬が二条城・御所近辺の出火に限定されたことを指摘している(同「京都天明大火研究序説」(『日本史研究』四一二、一九九六、以下前掲安国論文②)五六頁)。

(12) 「京都火消覚方」(「高橋正孝家文書」)。「高橋正孝家文書」に関しては、大津市歴史博物館架蔵紙焼資料を使用した。本史料は、京都大名火消を勤めた膳所藩士が文政期頃に月番の任務規定や先例を書き留めたものである。

(13) 「附記」安永三年八月一五日条(柳沢文庫所蔵)。本史料は、郡山藩藩主の死去後に各種の日記をまとめ編纂したものであると考えられる。幕府より出された奉書やその他の書付、また、郡山藩が提出した書付が書き留められており、幕府

の諮問に対しては本史料が利用された。

(14) 以下の引用史料中における（　）の中の役職・人名・年代等の注は、特に断らない限り筆者によるものとする。

(15)「京都火之御番諸事覚」（『資料館紀要』七、京都府立総合資料館、一九七九）一三二頁。本史料は「及川家文書」二八八（京都府立京都学・歴彩館所蔵）を翻刻したものである。

(16)『古事類苑』官位部六七（「大御番頭格式之留」）。

(17)「一話一言」一（『日本随筆大成』別巻一）二九四—二九五頁。天明大火の際の対応は、前掲安国論文②において詳細な分析がなされているので参照されたい。

(18) 丸山俊明「御所群は京都で最重要の消防対象—所司代・町奉行所体制と譜代藩の役割—」（前掲丸山著、初出は二〇〇五）。

(19) 前掲安国論文②六〇・六一頁、藤田覚『近世政治史と天皇』（吉川弘文館、一九九九）。

(20) 本書第一部第一章。

(21) 同前。

(22)「京都火之御番諸事覚」（『資料館紀要』七）一三〇頁。

(23)『妙法院日次記』三（『史料纂集』七八、続群書類従完成会、一九八六）八一頁。

(24)「一話一言」（『日本随筆大成』別巻一）二九四・二九五頁。なお、天明大火の際の御所の消防と天皇の避難に関しては、前掲安国論文②に詳細な記述がある。

(25)「京都火之御番諸事覚」（『資料館紀要』七）一二六・一二八頁。なお、丸山氏は京都所司代—町奉行による消防が二条城より御所を優先していたと指摘している（前掲丸山著）。二条在番という直轄軍が常駐していること、また大名火消が両拠点に軍事力を分割していることを考慮すると、京都の防衛そのものについては両者の優先順位は断定しがたいと考えられる。時期的変遷とともにこの点は今後の課題としたい。

(26)「京都火之御番諸事覚」（『資料館紀要』七）一二七頁。

(27)『京都町式目集成』（京都市歴史資料館、一九九九）二八八頁。
(28)『京都町触集成』一、四五九。
(29) 同前。
(30) 同前四六八。
(31) 朝尾直弘「近世京都の「町」と町触―願触について―」（前掲朝尾著）三七七頁。年行事用人に関しては、塚本明「町抱えと都市支配―近世京都髪結・町用人・「年行事」を中心に―」（『日本史研究』三三一、一九八九）参照。
(32)『京都町触集成』一、四七一。
(33) 同前七四七。
(34) 同前一二四〇。
(35)『妙法院日次記』五、八九・九〇頁。なお、前掲安国論文②でもこの願出に関して指摘がある（五六・五七頁）。
(36)『妙法院日次記』五、九四頁。
(37)『京都町触集成』一、三二六、吉田伸之「城下町の構造と展開」（同『伝統都市・江戸』（東京大学出版会、二〇一二）、初出は二〇〇一）五四頁。なお吉田氏の記述の前提として、同「公儀と町人身分」（前掲吉田著②、初出は一九八〇）がある。
(38) 池上彰彦「江戸火消制度の成立と展開」（西山松之助編『江戸町人の研究』五、吉川弘文館、一九七八、以下前掲池上論文）、針谷武志「軍都としての江戸とその終焉―参勤交代制と江戸勤番―」（『関東近世史研究』四二、一九九八）、前掲吉田論文、前掲岩淵論文等参照。
(39)「仰出之留」（国立公文書館所蔵）。
(40) 福留真紀「酒井忠挙の幕府政治改革案―綱吉から吉宗政権期へ―」（同『徳川将軍側近の研究』（校倉書房、二〇〇六））一六六―一六八頁。
(41)『折りたく柴の記』（松村明校註、岩波書店、一九九九）二三四―二三七頁。

(42)『江戸町触集成』三（塙書房、一九九五）四三五五、四八一四。

(43) 同前五五八八、前掲池上論文一二三頁。

(44) 藤井讓治「平時の軍事力」（『日本の近世三　支配のしくみ』中央公論社、一九九一）一二二頁、岩城卓二『近世畿内・近国支配の構造』（柏書房、二〇〇六、以下前掲岩城著）等参照。

(45) 国立史料館編『史料館叢書9　大塩平八郎一件書留』（東京大学出版会、一九八七）三三〇頁。

(46)『新修大阪市史』（四）一八三―一八六頁、『大阪市史』（三）一四五―一四七頁。

(47)『奈良市史』通史編三（奈良市史編集審議会、一九八八）二一〇―二一四、二八八―二九一、三六〇―三六三頁。本書第一部第二章。

(48) 安国氏が、支配の基本単位である町は様々な個性と格差を持って存在していたが、貨幣経済の進展で町間格差が均質化していく一方、一七世紀中期より権力による上からの町の均質化が進められ、享保八年の新軒役設定とこれに基づく大割勘定廃止をもって支配の均質化がほぼ確立することを指摘している（前掲安国論文①六七頁）。

(49) 善積（松尾）美恵子「手伝普請について」（『学習院大学文学部研究年報』一四、一九六八）、笠谷和比古「将軍と大名」（『日本の近世三　支配のしくみ』）等参照。

(50)『政談』（辻達也校注、岩波書店、一九八七）一一八頁（「諸大名の困窮を救う事」）。

(51) 前掲笠谷論文。

(52) 村田路人「国役普請制度の展開」（同『近世広域支配の研究』（大阪大学出版会、一九九五、以下前掲村田著）、初出は一九八〇）、岩城卓二「村高をめぐる公儀と百姓―国役賦課を中心に―」（『ヒストリア』一二五、一九九〇）、保垣孝幸「江戸近郊地域における「寺社領」の位置―近世「寺社領」論の前提として―」（竹内誠編『徳川幕府と巨大都市江戸』（東京堂出版、二〇〇三）、以下前掲保垣論文）等参照。

(53) 倉地克直「「勧化制」をめぐって」（京都大学近世史研究会『論集　近世史研究』、一九七六）、杣田善雄「元禄の東大寺大仏殿再興と綱吉政権」（同『幕藩権力と寺院・門跡』（思文閣出版、二〇〇三）、初出は一九八〇、以下前掲杣田論文）。

(54) 前掲杣田論文一一九頁、藪田貫「国訴と郡中議定」(同『国訴と百姓一揆の研究』(校倉書房、一九九二)、初出は一九八六)、澤博勝「近世一民間宗教組織と地域社会」(塚田孝・吉田伸之・脇田修編『身分的周縁』(部落問題研究所、一九九四))等参照。

(55) 村田路人氏が、主に治水・水利普請に関して受益と負担の関係に注目して権力と地域の関係を描いている(前掲村田著第二部参照)。

(56) 前掲笠谷論文三八二頁。

(57) 前掲吉田論文、前掲安国論文②、前掲岩淵論文。

(58) 前掲吉田論文三三九頁。

(59)「京都火消方覚」(「高橋正孝家文書」)。

(60)『妙法院日次記』二二、二二二頁。

(61) 前掲安国論文②五六・五七頁。

(62)『妙法院日次記』七、二四一頁、同前一七、一〇八頁。

(63) 同前一二、二七一頁。

(64) 同前一四、三六七頁。

(65) 吉田伸之「巨大城下町—江戸」(前掲吉田著①、初出は一九九五)一七・一八頁。

(66) 中田薫「御朱印寺社領の性質」同「徳川時代に於ける寺社境内の私法的特質」(『法制史論集』二、岩波書店、一九三八)等参照。なお、この点に関しては、豊田武『日本宗教制度史の研究』(厚生閣、一九三八)、前掲保垣論文が包括的な整理を行っている。

(67) 吉田伸之「都市民衆世界の歴史的位相—江戸・浅草寺地域を例として—」(前掲吉田著①、初出は一九九七)、金行信輔「江戸寺社地の空間と社会」(都市史研究会『年報都市史研究八　都市社会の分節構造』(山川出版社、二〇〇〇))等参照。また都市に限定されないが、平沼淑郎著・入交好脩編『近世寺院門前町の研究』(早稲田大学出版部、一九五七)

は本章と同様な視角を組み込みつつ、寺社の境内門前の具体像を明らかにしている。

(68)『京都町触集成』一、三一八・六八五・一四一五・一四三〇。なお正徳四年令は『御触書寛保集成』一一八九に収録されており、三月付で江戸においても出されている。

(69)「諸事火消方覚」(「高橋正孝家文書」)、「出火心得之事」(「喜多尾家文書」)。なお「喜多尾家文書」に関しては京都市歴史資料館架蔵紙焼資料を使用した。

(70)笠谷和比古「近世武家屋敷駆込慣行」(前掲笠谷著、初出は一九八〇)等参照。

(71)「京都火消方旧記抜書」(「高橋正孝家文書」)。なお、本史料は表紙に「文政元寅年十二月詰之砌抜書」とあるため、文政元年(一八一八)に先例を書き留める目的で作成された史料である。

(72)前掲岩淵論文二五・二六頁。なお、この日用層の把握については市川寛明氏による批判がある(同「岩淵報告コメント―江戸における消防組織の存在形態と結合原理」『関東近世史研究』五八、二〇〇五)。

(73)岩城卓二「畿内・近国の河川支配―大和川堤防を中心に―」(前掲岩城著、初出は二〇〇五)、原昭午「幕府法における国役普請制について」(『岐阜史学』五七、一九七〇)、松尾美恵子「富士山噴火と浅間山噴火」(大石学編『日本の時代史一六　享保改革と社会変容』吉川弘文館、二〇〇三)一七六頁。

(74)渡辺浩一「在方町の「町」呼称と地域社会―摂津国守口と水利組合―」(同『近世日本の都市と民衆―住民結合と序列意識―』吉川弘文館、一九九九)、初出は一九九四)。

第三章　江戸幕府軍事戦略の転換

——上方幕府直轄都市と譜代藩——

はじめに

本章は江戸幕府の軍事戦略の特質およびその転換に注目しながら、元禄―享保期に行われた全国支配再編の具体像および近世上方の支配構造に関する変容過程を明らかにするものである。幕府の軍事戦略に関しては、幕府による大名の創出・改易・転封・定着等の諸事実を確定しつつ、西国における外様大名改易と徳川系大名の配置を論じた藤野保氏の研究がある(1)。同時に藤野氏は各地で転封を繰り返していた譜代大名が綱吉時代末期までにその約五分の二が定着を完了し、この動向が正徳・享保期になって決定的となり全国各地で定着していくことを明らかにしている。本章ではこの藤野氏の研究視角・成果を発展的に継承し、幕府がその軍事戦略を転換させることで譜代大名が各地で定着し、さらに定着したことによって国家的規模での政治的一体性が生み出されていく過程を明らかにする。

幕府の軍事戦略という観点に関しては近年の岩城卓二氏による研究視角・成果が重要であり、岩城氏は「天下の台所」としてその経済的機能に注目が集まっていた近世大坂に関して、「軍事拠点としての畿内・近国と、その中心に位置する大坂(2)」という新しい観点からその支配構造の解明を行った。さらにこの視角から岩城氏は尼崎・岸和田藩による大坂城守衛を分析し、当該地域の譜代大名の軍事的役割を明らかにした。本書ではこの岩城

氏の成果を継承して、膳所藩らが勤める京都大名火消や郡山藩による奈良の軍事的防衛に関する具体像を明らかにした[3]。以上の研究成果によって、従来の近世上方支配研究の中で大きな課題として残されていた諸藩の存在を歴史的・論理的に説明できることになり、さらに他地域に比較して上方には軍事的役割を担う大名が重点的に配置されているという特徴も明らかになった。

当該地域が右のような特徴を持つのは、江戸で敵を迎え撃つことは現実的ではなく幕府は敵により近い所を拠点にし、その敵を封じ込める軍事戦略を採っていたためと考えられる。長州征伐で幕府は大坂城を拠点としたように、幕末期にその特質は目に見える形で顕在化する[4]。本章では、右の研究視角・成果を上方内部に留めずに全国支配の中に位置付け直すことで、戦時と平時が構造的な連関を有していた幕藩体制の特質を明らかにする。またその特質が元禄―享保期に転換する歴史的背景を考察し、明和期の尼崎藩上知などに注目して「軍事拠点としての大坂」の位置付けが田沼政権期に転換していくとする岩城氏の成果のその前提を明らかにする。

以上の問題関心に基づいて、具体的には以下の二つの課題を明らかにする。第一の課題は「軍事拠点としての大坂」と対になっている江戸・関東に注目し、幕府の軍事戦略をより立体的・構造的に明らかにすることである。具体的には西国有事に備えて上方が前衛、関東が後衛という役割分担があったこと、その結果配置される大名の性格が大きく異なり、両地域が大きな地域差を持っていたことを明らかにする。同時にこの軍事戦略を通して上方・関東の両地域が相互連関性・連動性を有していたこと、その際に徳川将軍による領知宛行・転封が重要な役割を果たしたことに注目する。以上の分析を通して、従来見過ごされてきた将軍による領知宛行・転封の本来の意味・機能を明らかにし、さらに元禄―享保期にその意味・機能が転換していく過程を明らかにする。

第二の課題は日本近世における軍事の位置付けに関して、ただ単に平和の時代の到来により軍事が自然と後景

に退いたというような表面的な理解に終わらせずに、当該期に軍事の位置付けそのものが転換し、その結果新しい支配構造が生み出されることを明らかにすることである。元禄―享保期は、大名に命じられる軍役が直接の戦闘や城郭普請から河川普請や火消などの行政的諸課題を目的としたものへ転換していくことがすでに明らかにされているが、[5]さらに本書では江戸を中心とした幕府官僚制機構による全国支配が確立し、また軍事政権として発足した江戸幕府が統一権力としてその性格と役割を転換させていくことを明らかにした。[6]本章では軍役の原理原則や性格が転換していく点に注目して、個々別々に見えるこれらの動向を一旦整理し直し、政治・社会の仕組みの上で軍事の占める位置付けが転換していく過程を明らかにする。

その際には朝尾直弘氏の研究視角・成果を参考としたい。[7]朝尾氏は一七世紀末から一八世紀初頭に行われる軍役削減により、武士身分から町人・百姓身分への移動やまたその逆の移動が恒常化し、一八世紀にかけて中間的な身分階層が形成され成長していくことを明らかにしている。その発端となったのが、新井白石が「軍役の出費を「虚費」」とする認識に基づいて軍役軽減を進めたことであり、さらに武断路線を歩んだと理解されがちな徳川吉宗もこの軍役軽減の時代的趨勢を覆すことはできなかったことを明らかにしている。この軍役削減が、綱吉から吉宗までの各将軍・政権の個性など個々の条件を超越した継続性を持った政治課題であった点が重要である。ここでは朝尾氏の研究視角に学びながら、戦乱の余波を残した一七世紀において軍事に費やされていた多大なエネルギーが、一八世紀にかけて新しい国家・社会形成へと振り向けられていく過程を明らかにする。

第一節　上方譜代大名の領知宛行・転封

江戸幕府の拠点である関東・上方の両地域は、譜代大名の配置でも似通った特徴を持つこととなった。北島正元氏が、天正一八年（一五九〇）の徳川家康の江戸城入城時に関東新領国に配置した徳川家臣と居城に関して以下のように説明している。[8] 第一に徳川氏の蔵入地を江戸付近に集中させること、第二に家臣の配置にあたっては小知行取を江戸付近、大知行取を遠方の地域に配置し、第三に万石以上の上級家臣を後北条氏の旧支城に配置する支城駐屯制を実施し、新領国の軍事態勢を整えたとする。上方ではほぼ同様の視角から、八木哲浩氏が大坂城周辺の秩序立った所領配置を明らかにして幕府領国論を提唱している。[9]

従来の研究では右のように両地域が持つ共通点に注目が集まっていたが、[10] 本節では従来とは異なり一七世紀段階における両地域の差異・相違点に注目する。具体的には徳川幕府領国をノッペラボウで均質なものと考えるのではなく、また関東・上方を個々別々の独立した「点」と「点」として捉えるのではなく、西国有事に備えるために上方が前衛、関東が後衛という役割分担や連動性があったことに注目する。本節では、右の点を重視しつつ関東・上方両地域に配置される譜代大名の差異・相違点に注目して、一七世紀の上方が全国支配の中でどのような位置付けを占めたか確認し、西国有事に備える軍事拠点[11]の性格・位置付けをより具体的に明らかにする。

まず、右のような幕府の軍事戦略に基づく上方の城郭建設および大名配置に関しては白峰旬氏の研究がある。[12]

慶長五年（一六〇〇）の関ヶ原の戦いにおける勝利以後、徳川家康・秀忠の意向に基づいて幕府奉行が担当し、また西国大名を動員しつつ亀山・篠山城などが天下普請の城として築かれて大坂包囲網が形成され、さらに大坂

の陣終結後に尼崎・明石城などが幕府の支援を受けて建設されたことを明らかにし、「大坂の陣以後の畿内及び周辺地域において、幕府の譜代大名移封政策とその居城修復、及び直轄の大坂城・二条城の再築・修復に関しては、当初から幕府の統一的なマスタープランが存在していたことを強く窺わせる[13]」と述べている。また、三宅正浩氏が近世初期における戦時動員を想定した譜代大名とその与力大名の一括配置から、寛永一〇年代に大名配置の基準がいくつかの重要な城郭へと転換していくことを明らかにしている[14]。

ここでは白峰・三宅両氏の研究視角・成果を踏まえつつ、一七世紀において上方に配置される大名の特徴およびその配置の特質を確認しておきたい。表は、寛永一一年（一六三四）以降に上方八ヶ国で幕府が大名改易を命じた際のその後の対応をまとめたものである[15]。同年を基準にするのは、前年に八人衆を構成する永井兄弟が淀・長岡に配置され、さらにこの寛永一一年七月に将軍家光が上洛して大規模な転封を行い、また五万石の大名と城持大名に代替わりの領知宛行状を発給して上方の大名配置がほぼ固まるからである[16]。なおこの表は、改易の項目に関しては大名・改易の年・城地・石高に関するデータ、転封①は無主空白地となった改易地に新たに入封した大名に関して転封の年・新石高・旧城地・旧石高に関するデータ、転封②は大名が動くことで無主空白地となる①の旧城地に新たに入封した大名に関する同様のデータをまとめたものである。以下③、④、⑤、⑥、⑦は同様である。

表からわかることは、幕府が上方八ヶ国で無嗣断絶などを理由に大名改易を命じる場合、ある原則に基づき対応していたことである。その原則とは、軍事的役割を担うなど上方支配の中で重要な位置付けにあった岸和田藩などは他の大名を入封させ藩として維持する方針を採ったことである。またこの場合に一大名だけを動かすのではなく、全国各地を巻き込みながら複数の大名を玉突きのように動かしていることもわかる[17]。幕府が何故こうし

				転封②・④・⑥				
新石高	旧城地	旧石高	←	年月	大名	新石高	旧城地	旧石高
25000	旗本		←					
			←					
60000	和泉岸和田	50400	←	寛永17年９月	岡部宣勝	60000	摂津高槻	50000
36000	下総佐倉	36000	←	寛永19年７月	堀田正盛	110000	信濃松本	100000
70000	三河吉田	45000	←	寛永19年７月	水野忠善	45000	駿河田中	45000
25000	旗本		←					
			←					
53500	常陸笠間	53500	←	正保２年６月	井上正利	50000	遠江横須賀	47500
43440	三河岡崎	55000	←	正保２年７月	水野忠善	50000	三河吉田	45000
45000	豊後杵築	45000	←	正保２年７月	松平英親	37000	豊後高田	37000
			←					
38000	遠江掛川	30000	←	慶安元年閏正月	北条氏重	30000	駿河田中	25000
25000	常陸土浦	20000	←	慶安２年２月	朽木植綱	30000	下野鹿沼	25000
15000	下総等内	10000	←					
45900	三河刈谷	30000	←	慶安２年２月	松平定政	20000	旗本	
			←					
			←					
			←					
10000	大和郡山内	—	←					
150000	陸奥福島	150000	←	貞享３年７月	堀田正仲	100000	出羽山形	100000
100000	豊後日田	70000	←					
60000	越前大野	50000	←	天和２年３月	土井利房	40000	下野足利	40000
10000	大和内	10000	←					
			←					
			←					
33000	下野烏山	30000	←	元禄15年９月	板垣重冨	25000	上総大多喜	25000
20000	相模甘縄	17000	←					
			←					
151288	甲斐甲府	151288	←					
			←					

【表】

	改易					転封①・③・⑤・⑦	
	年月	改易大名	石高	藩	←	年月	大名
1	寛永14年７月	本多正武	25000	大和高取	←	寛永17年10月	植村家政
2	寛永15年８月	片桐孝利	40000	大和竜田	←	弟為元に１万石	
3	寛永17年７月	池田輝澄	63000	播磨山崎	←	寛永17年９月	松平康映
3続					←	寛永17年９月	松平康信
3続					←	寛永19年７月	水野忠清
3続					←	寛永19年９月	松平忠晴
4	寛永20年３月	一柳直家	28600	播磨小野	←	子直次に１万石	
5	正保２年３月	池田輝興	35000	播磨赤穂	←	正保２年６月	浅野長直
5続					←	正保２年６月	本多利長
5続					←	正保２年７月	小笠原忠知
6	正保３年３月	柳生宗矩	12500	大和柳生	←	三子で分封	
7	正保４年９月	菅沼定昭	38000	丹波亀山	←	慶安元年閏正月	松平忠晴
7続					←	慶安２年２月	西尾忠昭
7続					←	慶安２年８月	内田正信
8	慶安元年８月	稲葉紀通	45700	丹波福知山	←	慶安２年２月	松平忠房
9	慶安３年５月	織田信勝	34000	丹波柏原	←	幕府領	
10	寛文５年12月	池田政直	10000	播磨福本	←	二弟で分封	
11	寛文10年１月	池田邦照	10000	播磨新宮	←	幕府領	
12	延宝７年４月	池田恒行	30000	播磨山崎	←	延宝７年６月	本多忠英
13	天和２年２月	松平直矩	150000	播磨姫路	←	天和２年２月	本多忠国
13続					←	貞享３年７月	松平直矩
14	天和２年２月	本多政利	60000	播磨明石	←	天和２年３月	松平直明
15	天和２年５月	桑山一尹	11000	大和新庄	←	天和２年ヵ	永井直円
16	元禄８年２月	織田信武	28200	大和松山	←	幕府領	
17	元禄９年８月	小出重興	10000	和泉陶器	←	幕府領	
18	元禄14年３月	浅野長矩	50000	播磨赤穂	←	元禄15年９月	永井直敬
18続					←	元禄16年２月	松平正久
19	享保７年９月	本多忠村	110000	大和郡山	←	弟忠烈に５万石	
20	享保８年11月	本多忠烈	50000	大和郡山	←	享保９年３月	柳沢吉里
21	天明８年５月	小堀政方	10630	近江小室	←	幕府領	

た対応を採るのか、寛永一七年七月の山崎藩池田氏改易時の対応を事例として考えてみたい。表では3にあたるが、この表が意味するところは改易の二ヶ月後の同年九月に山崎へは岸和田から松平康映が移り、岸和田へは高槻から岡部宣勝が移り、高槻へは佐倉から松平康信が移り、以下数珠つなぎのように複数の大名が動いたことを意味している。この一連の転封を「江戸幕府日記」を用いて確認しておく。

【史料1】(18)

（寛永一七年九月一一日条）

一、(A)岡部美濃守（宣勝・高槻藩主）岸和田江壱万石御加恩、都合六万石ニ而被遣之

一、(B)松平淡路守（康映・岸和田藩主）播州山崎江以本知之高被遣之

右両輩得替之趣、於御次間老中伝之、其後御前江御礼申上之、井伊掃部頭・酒井讃岐守御挨拶申之

（同月二八日条）

一、(C)松平若狭守（康信・佐倉藩主）於高槻本高三万六千石被下之旨、御前へ被　召出得替被　仰付

（同月二九日条）

一、(D)佐倉所替付、為御目付徳永式部少・妻木吉左衛門被遣之

【史料1】では、九月一一日に無主空白地となる山崎へ岸和田藩主松平康映が（B）、岸和田へは高槻藩主岡部宣勝が（A）、同月二八日に高槻へは佐倉藩主松平康信が転封を命じられ（C）、翌二九日に無主空白地となる佐倉へ幕府目付が派遣されたこと（D）が記述されている。四大名を一斉に動かすことで、山崎・岸和田・高槻という上方の三城郭をひいては上方全体の軍事態勢を維持し、とりあえず無主空白地としてもよい佐倉を利用しているものと考えられる。上方の城郭が連動して一つの軍事態勢を有しているため、どこか一つを廃藩にすること

はできず、一斉に動かし関東の譜代藩を一旦廃藩にしているものと考えられる。なおこの段階で無主空白地となった佐倉であるが、次の【史料2】にあるように約二年後の同一九年七月一六日に堀田正盛が松本から移ってくることになる。

【史料2】[19]

（寛永一九年七月一六日条）
一、堀田加賀守（正盛・松本藩主）総州佐倉江得替本領信州松本、御加増壱万石、都合拾壱万石也

（同月二八日条）
一、未刻御黒書院出御、水野隼人正（忠清・吉田藩主）被召出　御前、信州松本之城主被仰付之、弐万五千石　御加恩、本知四万五千石、都合七万石拝領之
一、水谷伊勢守備中松山城主被　仰付之、并従最前取来播州領之内壱万石余所悪付而、今度松山領之内ニ而被替下之、五万石一所ニ拝領之
一、水野監物（忠善・田中藩主）三州吉田江以本高得替被　仰付之

（九月一二日条）
一、松平伊賀守（忠晴）御前江被　召出、弐万石御加恩、都合弐万五千石ニ而駿河田中之城主被　仰付之

【史料2】では七月一六日に松本藩主堀田正盛が佐倉へ転封となり、同月二八日に松本へ吉田藩主水野忠清が(A)、吉田へ田中藩主水野忠善が転封を命じられ(B)、九月一二日に田中へは旗本であった松平忠晴が二万石の加増を受けて入ること(C)が記述されている。四大名に極力間を置かずに転封を命じ、また松平忠晴を旗本から大名に取り立てることで佐倉藩を再度立藩させ、さらに松本・吉田・田中藩を維持しているものと考えられる。

そしてこの対応によって山崎藩改易以前の状態に戻していることになる。ここで確認しておきたいのは城郭一つ一つが個々別々にあるわけではなく、幕府の軍事戦略に基づいて複数の城郭が連動して一つの秩序を形成していること、さらにこのため維持すべき城郭に優先順位が存在し、場合によっては将軍の命令で一旦は廃藩にすることが可能であることである。

右で見た原則をもう一つ別の事例で確認しておきたい。表の14は天和二年（一六八二）二月に起きた明石藩主本多政利改易時の対応である。「江戸幕府日記」の記述から、同年三月一六日に明石へ越前大野から松平直明が移り、連動して大野へ下野足利から土井利房が移ることになったことが確認できる。(20)土井は足利を中心としつつ常陸・下総・武蔵国にも領地を持つ著しい分散知行の大名であったが、この転封によって越前国大野・丹生・足羽郡に領地を持つ城持大名となった。(21)なお土井の旧領地は幕府領に切り替えられたものと考えられ、また足利は戸田氏が宝永二年（一七〇五）に一万石で入封するまでその後も立藩・廃藩が繰り返される。(22)旗本から大名への取り立てがない場合は、こうした分散知行の大名を利用することによって、大名領から幕府領へと切り替えても影響がほとんど出ないように対応しているものと考えられる。先の事例で取り上げた佐倉藩にもあてはまるが、関東の親藩・譜代藩は幕府の都合で立藩・廃藩を繰り返す特徴を持つといえるだろう。幕府は幕府領・旗本領・大名領の互換性が高いという関東の特質を利用することで、できあがった幕藩体制のあり方を大きく変容させないように対応していたのである。

以上のように、大坂を中心にして幕府が建設した城郭が囲み、そうした城郭の城主が改易を命じられた場合にはそのまま無主空白地とすることはなく、関東の譜代藩を廃藩にするなどして大名を上方に入封させて、この軍事態勢を維持していたのである。これは実際に配置される大名の特徴にも反映され、関東とは異なる性格を持っ

た譜代大名が上方には重点的に配置されることとなった。すでに横田冬彦氏が上方の譜代大名は定府を必要とする役職には原則として就任しないこと、上方へ入封する際には役職を免職されること、藩主が幼少であった場合は他地域へ転封を命じられたことを明らかにしている。[23] 右の点に関しては、宝永六年に酒井忠挙が当時の前橋藩主転封を幕府に願うにあたって、「石川主殿頭殿（義孝・淀藩主）・青山播磨守殿（幸督・尼崎藩主）気分重有之候由、万一死去被申候ハヽ、淀・尼崎者御要界之地之由下々申候間、若年之衆者被差置間鋪候哉」と述べて、[24] 藩主幼年を理由にあげて軍事的要衝である淀・尼崎を避けてほしいと願い出ている。この史料から逆に言えば前橋藩主は幼少でも構わなかったことになる。また荻生徂徠も「姫路・兵庫・淀・郡山など、要枢の地也とて、幼少にては替る事も、古きかたばかりを守りたる分にて詮なき事也」と、上方の譜代大名が幼少であった場合に転封することが慣例であったことを述べているが、同時にこうした転封は不要だとも述べている。[25]

徂徠が述べているように享保期以降は藩主幼少を理由に転封することはなくなり、この点も譜代大名の転封が激減していく主たる要因になったと考えられる。例えば郡山藩主本多氏に幼少藩主が続いたため、享保二年（一七一七）に「大和郡山城主本多唐之助（忠村）幼年に候得共、思召旨有之候ニ付、其侭被指置候間」、同七年に忠村死去、跡目を弟忠烈が継ぐものの、「郡山之儀ハ、所柄ニも候間、追而引替被下ニ而可有之候旨」とあるように、[26] 幕閣でも再三転封が問題として取り上げられていた。ところが最終的に本多氏に転封を命じることはなく、同八年一一月に忠烈死去によって本多氏が断絶したために同九年三月に甲府藩主柳沢吉里に郡山転封が命じられ、甲府藩は廃藩となり幕府領となって明治維新を迎える。従来より指摘がある通り、この転封は異例の形で配置した柳沢氏を他藩へ移動させて甲府を幕府領とすることが主たる狙いであるが、一方でこれまで見てきたように郡山を無主空白地のままにできずに、いずれかの大名を入封させる必要があったために採られた措置でもあった。[27]

右の事例のみならず、実際に享保期を過ぎると本節で見たような大規模な転封は消滅していくことになり、以後転封は役職就任時にその城地に何らかの固有の役割が付属していて差し支えがある場合に交換転封を行うに留まり[28]、全国各地で譜代大名が定着していくことになる。

以上のように、上方は西国支配の軍事拠点としてこれを支える譜代大名が重点的に配置され、それは享保期まで全国各地を巻き込みながら維持され続けてきた。近年、寛文二年（一六六二）に大坂城代に就任した青山宗俊の城代在職中の日記を翻刻した『大坂城代記録』が発刊され、西国大名の監視など、姫路・尼崎藩からの報告を受けつつ遂行された城代の職務が一次史料で明らかにされることになり、「大坂城代を筆頭とした「大坂の幕閣」に与えられていた西国支配の権限は、常に譜代大名との緊密な連携によって支えられていた[29]」ことが明確となった。大坂の陣終結後、幕府が設定した軍事戦略が一七世紀中も変わらず存在したといえるが、それは領知宛行・転封という将軍独自の権能によって維持されていたものであった。

江戸・関東との連関で位置付け直すと、前衛としての位置付けにある上方には軍事的役割を担う譜代大名が重点的に配置されたのに対し、将軍のお膝元でありかつ後衛の位置付けにある江戸周辺・関東地域には幕府領とともに、親衛隊にあたる幕府直轄軍を形成する旗本が重点的に配置されたといえる。すなわち、城郭建設はもとより大名・旗本への領知宛行それ自体が、戦時を想定した陣立・備を形成していることが重要なのである。一七世紀の徳川幕府領国はその所領構成自体が西国有事への備えそのものなのであり、戦時と平時が直結している支配構造・所領構成であった。

第二節　幕府官僚・旗本・譜代大名の分離

譜代大名が頻繁に転封を命じられて全国各地を移動していた理由として、前節で述べた西国有事への陣立・備を形成することに加えて、一七世紀における幕府官僚制の特質があげられる。【史料3】は「江戸幕府日記」の天和二年（一六八二）二月の記述である。

【史料3】[30]

（天和二年二月一二日条）

一、本多中務大輔殿（忠国）奥州福嶋ゟ播州姫路へ所替

一、土屋相模守殿（政直）土浦ゟ駿州田中へ所替

（同月一五日条）

一、戸田山城守殿（忠昌）、岩築城主ニ被　仰付并壱万石御加増賜ル、都合五万五千石

（同月一九日条）

一、松平因幡守殿（信興）、土浦城主ニ被　仰付、上総五千石御加増、都合二万二千石、若老中御免、御奏者役被　仰付

まず天和元年一二月の田中藩主酒井忠能改易に伴って、【史料3】にあるように翌年二月一二日に土浦藩主土屋政直が田中へ転封を命じられ、同月一九日に土浦には武蔵・下総で一七〇〇〇石を有していた松平信興が、五〇〇〇石の加増を受けて城持大名として入封することが命じられた。松平信興はこの転封以前には藩として伝わ

らない大名であったが、この特徴は同月一五日に岩槻へ転封を命じられた戸田忠昌も同じである。戸田は延宝四年（一六七六）に所司代となり上方に領知が宛行われて赴任していたが、天和元年に老中に就任したため、【史料3】の中に記述されているように岩槻藩主となった。戸田は延宝四年―天和元年の所司代就任期間は上方の譜代大名であることは間違いないが、後代に藩という形では伝わらないのである。[31] これは、【史料3】の中で田中藩主となった土屋政直が貞享元年（一六八四）七月に大坂城代となり、元大坂城代太田資次の嫡子資直に田中城を明け渡して上方へ新たに赴任することになっており、戸田の所司代就任期間と同じで藩としては伝わらない。[32] さらにその土屋は貞享四年に老中となるが、同時に大坂城代となった松平信興がその居城土浦城を新老中の土屋に明け渡して上方に赴任することになっており、この松平信興の大坂城代・所司代就任期間も同様である。[33]

「藩」という用語を使用する場合、これらは「大坂城代藩」としか言いようがないのであるが、[34] 一七世紀の京都所司代・大坂城代は郡山藩主ら上方譜代大名と同じ性格を持っており、幕府官僚と譜代大名はいまだ分化しきっていなかったのである。これが元禄―享保期を境に変わる。[35] 元禄四年（一六九一）に吉田藩主小笠原長重は吉田藩主の立場のまま京都所司代へ、享保三年（一七一八）に加納藩主安藤重行は加納藩主の立場のまま大坂城代に就任することになり、一八世紀半ばには最終的に切り替わる。元禄―享保期にかけて、全国各地の譜代大名が各藩主の立場で所司代・城代に就任するようになり、上方譜代大名と分化し始めることとなったのである。

以下では、幕府官僚と譜代大名が分化していく変化が自然発生したものではなく、幕府が行った政策によるものであったことを見ていく。すなわち幕府は、当該期に知行・課役・領主権のあらゆる制度面で同じ徳川家中である旗本から最終的に分離して、譜代大名を外様大名と同じ藩として位置付けていくのである。まず知行面であるが、元禄七年五月朔日の「覚」によって、一万石以上の大名の加増・転封に際しては朱印状が発給されること

となった[36]。この点に関しては藤井讓治氏によって、同年正月の転封に遡って適用され柳沢吉保を始めとする五大名に五月二五日付の領知宛行状が発給されたことが明らかにされている[37]。また種村威史氏は、柳沢吉保に代表されるように徳川綱吉の寵愛を受けて取り立てられ加増を受ける大名らの存在に注目して、当該法令が領知宛行状の大量発給が予想される中で領知判物の権威を維持するためのものであったことを明らかにしている[38]。

ここでは両氏とは異なる点に注目して、この「覚」の歴史的意義を考えてみたい。「覚」では「壱万石以上之面々江御加増又ハ所替被仰付候ハヽ、向後御書出之節、御朱印被下候」と記述されており、種村氏もこの「向後御書出之節」という文言に注目しているが、ここでは「御書出」が具体的に何を指すかを明らかにすることで、氏とは異なる位置付けを行うことにする。【史料4】【史料5】は、徳川将軍が柳沢氏歴代当主に発給した文書を同家の家臣が書き留めた控えに写されている「御書出」である。【史料4】は天和三年正月一一日に加増を受けた際に、【史料5】は元禄五年一一月一四日に加増を受けた際に発給されたものを写し、なおかつその経緯を記述している[39]。なお、吉保は元禄元年一一月一二日に一万石を加増されて大名に列している[40]。

【史料4】

御頂戴之月日不知

一、御書出　　　壱通

高弐百石　上総国山部郡武射郡之内

右者天和三亥年正月十一日弐百石御加増、都合千三拾石之高ニ被　仰出候

【史料5】

元禄六酉年二月十五日

一、御書出　　　　　壱通

摂津国　豊嶋郡之内
　　　　川部郡之内
河内国　渋川郡之内
高三万石　和泉国　和泉郡之内
　　　　　　　　　大鳥郡之内
武蔵国　橘樹郡之内
　　　　都築郡之内
　　　　久良岐郡之内
相模国　鎌倉郡之内
　　　　高座郡之内

右者元禄五申年十一月十四日三万石御加増、都合六万弐千三拾石之高ニ被　仰出候

【史料4】の「御書出」は吉保が上総国山辺・武射郡で二〇〇〇石を加増された際に、【史料5】は摂津国豊嶋・川辺郡、河内国渋川郡、和泉国和泉・大鳥郡、武蔵国橘樹・都築・久良岐郡、相模国鎌倉・高座郡で三〇〇〇〇石を加増された際に発給された「御書出」を写している。この加増を受けて吉保はそれぞれ合計一〇三〇石、六二〇三〇石となった。なお【史料4】【史料5】ともに原文書が残されており、柳沢文庫には「知行割」と上書された包紙に包まれ、竪紙に石高・国郡が記述された「御書出」が全部で六通現存している。[41]【史料4】が旗本時代の、【史料5】が大名になって以降の「御書出」ということになるが、元禄七年令の「向後御書出之節」という文言は、【史料5】のように大名に対する「御書出」を出す場合はすべて一律に朱印状で発給する形式に変更する、という意味であったと考えられる。

従来注目されたことはなかったが、この「御書出」は当時の史料中でも容易に発見できる。例えば同時期の「江戸幕府日記」の中では、[42]天和二年六月二九日条「土井能登守（利房）営中召之、領知御書出頂戴之」、天和三

年一〇月一〇日条「於御座間、牧野備後守（成貞）領知之御書出頂戴之」「久世出雲守（重之）領地之御書出頂戴之」というように大名の加増・転封のたびに発給されている。これは【史料4】で見たように旗本も同じであり譜代大名と区別はない。【史料6】は貞享四年二月一八日に先手山岡景助が長崎奉行に命じられた際の「江戸幕府日記」の記述である。

【史料6】(43)

（貞享四年二月一八日条）

一、同十八日　従昨日南風烈 巳上刻迄小雨　御役替被　仰付之、御先手山岡十兵衛、右御座間江被召出之、長崎奉行被　仰付之旨御直ニ被　仰出之、且又御加増五百石被下之、小十人組番頭北條新左衛門・西丸留守居牧七左衛門、右両人一同御座間江被　召出之、　院附被　仰付之旨　御直ニ被　仰出之、且又五百石宛御加増被下之、（後略）

（同年三月七日条）

一、同七日晴、山岡十兵衛・北條新左衛門・牧七左衛門、先頃御加増之領知　御書出被下之、於御黒書院溜阿部豊後守渡之、老中列座新左衛門・七左衛門江被下之、　御黒印并奉書是又豊後守渡之、（後略）

山岡と同時に加増を受けた他の旗本も傍線部にあるように「御加増之領知　御書出」を発給されている。以上のように、同じ徳川家中から創出される譜代大名と旗本は知行制度の観点から言うと区別はなかったのである。元禄七年令は、この「領知之御書出」を一万石以上の大名に対する加増・転封の場合はすべて一律に朱印状で発給するように変更して旗本と譜代大名の区別を生み出し、外様・譜代大名一律の知行宛行制を確立させたものといえる。

これと関連することになると考えられるが、軍役に関しても同じである。寛永一〇年（一六三三）の軍役令により外様・譜代の区別なく同じ軍役体系に組み込まれ、[44]城請取の軍役等はこの軍役令に基づいて果たされた。従来の研究においても元禄―享保期に軍役が直接軍事を目的としたものではなく、河川普請等の当該期に拡大する行政的諸課題への対応として大名に命じられていくことが明らかにされてきたが、[45]定義や賦課方法が大きく転換していく。

第一に軍役（幕府課役）が火消・河川普請に留まらず、役職就任などを含む形で再定義されることである。これによって役職就任と領知宛行・転封が切り離され、なおかつ老中・所司代・城代等の役職就任は、大名火消や河川普請と同じ位置付けを持つ幕府課役として位置付けられた。[46]具体的な事例で見ると、淀・亀山藩は膳所・郡山藩とともに京都大名火消を担当する藩であったが、両藩の藩主は延享四年（一七四七）以降は京都大名火消を免除されて、寺社奉行や老中など定府が必要な役職に就任していくことになった。これは上方に限ったことではなく、全国各地の譜代大名もまた淀・亀山藩主らと同じ形式で関東や上方に転封することなく、老中・所司代・城代等に就任していくことになったものと考えられる。

第二に、第一の変化と不可分な関係にもあるが、所領周辺の地域に限定されずに全国各地の火消・治水等に動員されていくことである。この場合に外様・譜代の別なく、また地域を限定せずに全国の大名が石高に基づいて賦課されていく。大きな契機となったのが宝永四年（一七〇七）の富士山噴火であり、翌年被災地域の復旧のため岡山藩や小倉藩らが河川浚に動員されていくことになった。こうしたあり方は一旦停止されるものの、享保二〇年以降再び開始され、全国の大名が関東・東海の河川普請に大規模に動員されていくこととなる。例えば郡山藩は京都大名火消を免除されて、宝暦一二年（一七六二）、天明元年（一七八一）にそれぞれ江戸城虎の門―山下

門の堀浚の手伝普請、日光社参名代を命じられて勤めている[47]。

以上のように、譜代大名が元禄―享保期に同じ徳川家中として創出され未分離であった旗本と区別され、外様大名と同じ藩として位置付けられ全国で定着していく。また視点を逆にすれば旗本も同じで、譜代大名と区別されつつ、最終的に旗本独自の位置付けがなされていく過程でもあったと考えられる。周知のように元禄期に地方直しが行われ、元禄一〇―一三年に関東を中心とする大規模な知行割替が行われて、これを最後に広範囲な知行地設定が終わる[48]。これは領主権に関しても同じであり、一七世紀末―一八世紀半ばにかけて旗本・譜代大名ともに再定義が行われるものと考えられる[49]。譜代藩だけを対象とした法令ではないものの元禄一〇年六月の自分仕置令によってその権限を確定し、これは『御触書寛保集成』に収録され、以後法令として機能していく[50]。また旗本に対しては上方では明和七年（一七七〇）一領一支配切政策によって、江戸の指示で大坂町奉行所が処理してきた一領切の変事を、以後は各知行主の責任で処理させようとするからである[51]。

なお、前節で明らかにした点を踏まえると、元禄の地方直しに関しても新しい評価が必要であろう。元禄地方直しにより、元禄一〇年に五〇〇俵以上の蔵米を支給されていた旗本に蔵米を廃止し、関東を中心に知行地を与えることになった[52]。近年、藤井氏が元禄一二年に大名に発給された領知宛行状を分析して、その領知替の対象が関東諸国にあること、領知替がその所領の多くを関東以外の国に移すか、城地近くに集中させていることを明らかにし、この地方直しの原資を生み出すための政策であったことを指摘した[53]。繰り返された転封（領知替）によって本来の意味・機能を失ってしまった大名領を関東以外へ移し替え、一方で旗本備としての役割・機能を持つ江戸周辺・関東に旗本を重点的に再配置することにより、江戸周辺・関東が幕藩体制で本来有する役割・機能を再設定し直したと考えられる。ここでも旗本・譜代大名が持つ役割を再定義し直す意図が読みとれる。

以上のように幕府官僚・旗本・譜代大名が自然に分離したのではなく、当該期に幕府はその知行・課役・領主権を再定義しつつ、幕府官僚・旗本・大名の存在形態・役割・権限を最終的に分離させているのである。その結果として当該期に全国各地で一斉に譜代大名が定着し、なおかつ関東・上方で幕府領・旗本領・大名領が分離していくのである。また所領交代に関する原則が最終的に確立し、幕府領・大名領・旗本領・役知領が固定化するとともに、以降は幕府領と役知領を交互に繰り返す決まった地域だけで領主交代が行われることになる。なお、これに伴って城主と城代の性格も明確に分離する。貞享元年に元大坂城代太田資次の嫡子資直と田中藩主土屋政直の両者が事実上交換転封を行っていることから、一七世紀段階では城代と城主は同じ譜代大名であり交代可能な存在であった。これは形式上譜代大名が城郭を与えられていても、わずか数年で頻繁に入れ替わることによって、結果として城郭を預けられている城代という性格を払拭していなかったことと同義である。

そしてこれは城郭にもあてはまることで、幕府直轄城郭と譜代城郭の両者の性格は完全に分離していなかったことになる。これは築城時に家康・秀忠の意向が強く反映されて幕府の奉行が関わり、築城自体が幕府城郭と不可分のものとして連動していることとも関わる。一つの共通した軍事戦略のもとで城郭同士が連動して機能していたのであり、譜代大名の居城であるが幕府城郭でもあるという性格を払拭していないのである。元禄―享保期に、各藩主が転封することなくその居城を有したまま上方に赴任し直轄城郭を預かる城代へと転換し、同時に各地で城郭を与えられた譜代大名はほとんど交代せずに幕末維新を迎える城主となり、この両者は分化していく。八木氏が提唱した幕府領国としての性格を持った上方は当該期を起点にして、安岡重明氏が提唱した非領国[54]としての性格を強く帯びていくこととなるのである。

第三節　軍事戦略の転換

前節で幕府官僚・旗本・譜代大名の存在形態・役割が分離し始めたことを見たが、重要なのはただ分離したのではなく、分離したことを踏まえてそれぞれの役割・権限が制度化されて幕藩領主全体で分業関係を形成し、上方において立体的な支配構造を構築していくことになった点である。上方の軍事態勢に注目すると、大名間ではいずれの大名が有事の際にどこの直轄都市へ出動するか、その管轄・担当が紆余曲折を経ながら制度化されていく。京都は享保七年（一七二二）に郡山・膳所・淀・亀山四藩が担当する形で確立し、奈良・伏見へはそれぞれ隣接する郡山藩・淀藩が出動することになった[55]。なお当該期に、幕藩関係や藩内部でも制度化されていく譜代藩による直轄都市への出動は直接軍事を目的としたものではなく、火消や治安維持の性格を強く帯びていくことになった。こうした動向の一環と考えられるが、大津の火災に際しては隣接する膳所藩が担当した。一九世紀初頭の史料と考えられるが、膳所藩士が残した文書の中に「京石山大津駆合心得覚」という史料が存在し、膳所藩が京都以外にも出動したことがわかる。

【史料7[56]】

大津出火之節心得伺書覚

一、北ハ尾花川橋限
一、西ハ八町黒門限
一、右之場所出火之節ハ、石原庄三郎様江御使者相勤可申哉

一、右場所外者駈付之上、出役人江出会仕候而已ニ而、御使者相勤候ニ及不申候哉

一、円満院様・三井寺一山江者、御領之有無ニ不抱大抵五六町程之内ニ候者、御使者相勤可申候哉

御附紙右五六丁外ニ而茂格別大火ニ及候歟、風並等悪敷候者見斗ニ而、御使者相勤可然候哉

一、山上村出火之節ハ家続ニ而ハ無御座候得共、宮様并三井寺御近辺之義御座候者、駆付并御使者相勤可申候哉

一、都而駆付候上、聊之義ニ而早速消火ニ及候程之儀ニ御座候者、何方江も御使者相勤申間敷候哉、但し御双方様方格別御近辺之義ニ御座候ハヽ、其節見斗相勤可申候哉

御附紙、及消火出役人引取候跡江駈付候ハヽ、所之者江駈付候段申述、手札差出し引取可然哉

一、円満院様江御使者御者頭相勤、三井寺一山・石原庄三郎様江者、御纏奉行相勤候心得ニ而可然哉

出動人数は不明ではあるが、膳所藩は京都のみならず大津出火の際にも出動したと考えることができる。この史料によって膳所藩による大津への出動の具体像がわかることになるが、「伺書覚」となっているようにすべて伺の形式で記述され、返答は残念ながら記述されていない。まず「北ハ尾花川橋限」「西ハ八町黒門限」については、大津代官石原庄三郎（寛政七（一七九五）―文政四（一八二一）年）へ使者を送るかどうか、それ以外の場所は出動しても代官所より出動してきた手代への報告だけでよいかどうか尋ねている。大津代官所周辺を基本的な出動対象として代官自身への報告が必要かどうか尋ねているものと考えられる。さらに、この出動規定に加えて「石山駈合先駈心得之事」という規定も存在し、膳所藩は石山寺へも出動することとなっていたことがわかるが、この規定には「元文三年（一七三八―注筆者）七月定」と記述されていることから、大津にもこの頃に出動することとなったと考えられる。

岩城氏は尼崎藩が大坂へ、岸和田藩が堺へ出動することを明らかにしており[57]、こうした出動は直轄都市と隣接する譜代藩の関係として普遍的に見られるものであると考えられる。なお、淀藩は伏見が大火の場合に限って出動するというようにその役割は限定されたものになっているが、これは元禄九年（一六九六）に一旦廃止された伏見奉行が同一一年に京都の軍事的防衛をも担当する役職として復活したことによるものと考えられる[58]。幕府官僚と大名のそれぞれの役割が別々ではなく、連関しながら当該期に制度化されていることが重要である。また京都大名火消に関しても、当初は所司代が勤めていた火番を周辺の大名が担当する火消制度として設立し、一方これら大名に対する指揮権を所司代のみならず旗本役である京都町奉行・禁裏付・上方目付などの幕府官僚が有することになり、いずれの大名も所司代・町奉行ら幕府官僚の指揮監督下に一律に編成されている[59]。当該期に幕府官僚・旗本・譜代大名が分離して、幕府官僚間では権限・役割が明文化されて機構が整備され[60]、また大名間ではこの幕府官僚の指揮監督のもとで、それぞれが担う軍役が制度化・固定化されているのである。

重要な点は、右のように当該期に行われた上方支配の再編は全国支配再編の一環として進められたものであり、両者が不可分のものとして連動していることである。さらにこの再編のそもそもの契機・発端は、幕府が西国有事に備えた前衛として上方を、後衛として関東を位置付ける軍事戦略を転換させたこと、この転換によって関東・上方両地域の差異・相違が解消されて全国各地が均質化していくことにあった。上方に即して具体的に見ると、一七世紀には関東とは異なる性格を持つ譜代大名が重点的に配置され、これら譜代大名が西国有事に備えて協働していた。ところが軍事戦略が転換することによって、当該地域の譜代大名は大きく二つのタイプに分かれていくことになる。一つが大坂城を中心にして従来の西国支配の軍事拠点としての機能を維持していくグループで、その後も役職に就任しない姫路・郡山・岸和田・膳所藩主などがこれに含まれ、以降も定府せずに上方支配

に深く関与する。もう一つが淀・亀山・篠山藩主などのグループであり、当該期以降は上方支配から切り離されて老中等に就任して定府することになり、全国支配に深く関与する。

そして繰り返し述べてきたが、これは上方だけでなく全国各地においても同じ変化があり、譜代大名は転封することなく老中・所司代・城代に就任するようになり、それぞれの役職の権限および昇進ルートが明確に整備されながら全国を覆う形で幕府官僚制機構が最終的に確立していく。さらに譜代大名に限らず、全国各地の外様大名もまた関東・東海の河川普請に動員され、大名と地域、大名と国家の関係が大きく転換しており、今後の課題ともなるが、全国各地において上方で見られるものと類似の分業関係が検出できるものと考えられる。また江戸を視点にして位置付けてみると、江戸と上方、さらには江戸と全国各地が結合しながら幕藩領主全体で分業関係が構築されるようになったものと考えられる。軍事に向けられていた労力・負担は、地域差を解消しながら幕府を中心とした国家的規模での安定的・効率的な支配構造の形成と維持に振り向けられることとなったのである。

また右のような変化は幕藩領主間のみで留まるわけではなく、権力と社会の関係上でも新しい状況を生み出していく。領主が担う役割がそのまま領民への負担にもなるからである。例えば膳所藩では、享保七年三月二七日に「京詰御非番月、京駈合人足五拾八人申付」とあり、具体的には別保村七人、北大路村六人、国分村六人、鳥居川村五人、橋本村五人、神領村三人、大江村一〇人、大萱村七人、新浜村三人、矢橋村六人という具合に負担が決められている[61]。また郡山藩では、天明八年（一七八八）の京都大火について領内の村の宮座日記に「松平甲斐守様御火消ニ御出被遊候而諸人足等殊之外多入申候」とあり[62]、領内に負担がかけられたことがわかる。近世の軍隊の特徴として多数の人夫が必要であるため、領内の町・村に多大な負担が課せられることになる。大名の役割が制度化・固定化したが、それは同時にその所領の領民が負担する役も制度化し固定化していくことを意味し

た。これは大名領だけでなくその他の所領でも同じであり、例えば直轄城郭である大坂城・二条城の維持・修復の負担が幕府領に課せられている(63)。

さらに右の点とも関わるが、上方では幕府の出先機関である京都・大坂町奉行所等が幕府領・大名領・旗本領・禁裏御料・公家領・寺社領を問わず直接負担を課していく、という新しい状況も生み出されることとなった。右のように、大名が幕府直轄都市などの領外に出動して対応していくことはおのずから限界があるためである。例えば、郡山藩ら京都周辺の諸藩が京都と政治・経済等の面で深い関係にあったことは重要ではあるが、それでも京都大名火消という形で藩士・領民に著しい負担を伴いながら、その治安維持・防災等を日常的に担当するというのは、受益と負担の関係が著しく乖離してしまうという問題を新たに生じさせるためである。これは上方に限ったことではなく、自己の所領や地域とは関係が薄いにもかかわらず命じられる関東・東海地域の河川普請も同じ問題を抱えており、幕府は受益と負担の関係を再定義する必要に迫られることになった。

このため享保期に綱吉政権末期の政策を引き継ぐ形で、統一権力としての性格・役割を拡大させながら、この問題に一定程度の解決が図られる(64)。幕府は軍役を削減しつつ江戸・京都等の各都市で都市居住者に負担を求める町火消の制度化を行い、村落には享保五年に幕府が費用の一〇分の一を負担し、残余を国役として百姓に賦課する国役普請の制度化を行う。この際に例えば京都の町火消の制度化では、従来諸役免除であった朝廷関係の役を勤める町人や寺社の境内門前まで賦課したため嘆願が各所から出されるとともに、制度化以降も妙法院などの有力寺社は幕府の命令に実際は従わず独自性を維持しようとし続ける。これは国役普請制度においても同様であり、畿内においては享保七年に制度化されるが、例えば添下郡の春日社・興福寺領の三〇ヶ村は「此度城州・河州・摂州大川筋御普請御入用金、五畿内へ割賦被為仰付候趣之御触書謹而奉拝上候、然処ニ春日神領興福寺下之儀ハ

往古ゟ大和国中村並之掛リ物等一切掛リ不申候[65]」と、春日社・興福寺の特殊な用を勤めることを理由に国役普請制度の免除を願っており、以降も各地で免除闘争が繰り返されることとなった。

以上のように元禄期から幕藩領主間でその役割等の制度化が始まるが、それは紆余曲折を経て享保期に町・村を巻き込みつつ、その役割・負担が制度化・固定化していくこととなった。それは以前とは異なり、幕府が統一権力としての性格・役割を拡大させて強制力をもって社会に介入していくことに他ならないが、当該期の社会がそうした権力を不可欠とする歴史段階でもあった点が重要である。またそれは各都市・所領で完結するものではなく、上方全体で様々な負担と結び付いて複雑に絡み合いながら定着していくこととなった点も見逃してはならないであろう。幕府領・旗本領・大名領が分離し定着したことを見たが、負担を含めつつ定着したことによって今度は所領交代が困難になり始めたといえるだろう。以降、この元禄—享保期に確立した所領構成や負担のあり方を基礎としながら行政需要の拡大に対応していくことになるが、各藩の役割も当該期にできあがった出動態勢・任務を基礎にしながら少しずつ拡大していく。ここでは一八世紀後半の状態を郡山藩による大坂への出動を事例に確認しておきたい。

天保八年（一八三七）の大塩の乱において、すでに尼崎・岸和田藩だけでなく篠山・姫路・郡山・亀山藩等が出動していることが明らかにされているが[66]、その出動過程に関してはいまだ不明な点も多い。郡山藩に関しても現段階では状況証拠や部分的な説明に留まっているため、実際にいつ、どのようにして大坂へ出動するようになったのかは不明である。まず寛政五年の年記を持つ「大坂出火申合帳[67]」でその出動に関する基本的事実を確認しておきたい。本史料は郡山藩が大坂へ出動する際のマニュアルにあたる。この留の中で口上を述べる相手として、「両町奉行小田切土佐守（直年）・松平石見守（貴弘）」と記述されているため、両名が大坂町奉行在職中の天

明七—寛政二年の状況を記録したその写しであると考えられる史料であり、この期間に幕府の大坂役人と郡山藩との間で成立した協定であると考えられる。

まず大坂出火の際は、「大和田屋善兵衛より注進有之」場合に使者を派遣することになっている。大和田屋善兵衛は大坂町奉行所用達であったことがすでに明らかにされており[68]、郡山藩の用達も兼ねていたと考えられる。派遣された使者は、大坂城代・定番・加番・大番頭・町奉行・上方目付に口上を述べることとなっている。特に城代に対しては「倉銀（暗）峠迄、火消人数差出置候、御用之儀も御座候は、被仰付候様存候」と、その指示を仰ぐように規定されている。「此御口上、御城代計」とあることから、郡山藩出動の権限は大坂城代が掌握していたと考えられる。この出動した火消部隊は「倉銀峠ニ踏留罷在、御使者番より大坂表江乗込候様、案内有之候は、早々罷越可申候」と暗峠で待機し、派遣した使者が大坂城代からの出動要請を伝達次第、大坂へ入る。暗峠は大坂と奈良をほぼ直線的に結んだ最短距離のルートで、郡山藩の管理によって宿場的機能が維持されていた。

以上が、大坂出動に関して郡山藩が大坂城代等の幕府役人と取り決めた協定であるが、実際に機能したのがすでに触れた大塩の乱であった。その出動過程はこれまで不明であったが、以下の史料からわかる。【史料8】は大塩の乱後の褒賞の記録である。

【史料8】[69]

松平讃岐守（頼恕・高松藩主）
松平甲斐守（柳沢保泰・郡山藩主）
岡部内膳正（長和・岸和田藩主）

右、讃岐守ハ蔵屋敷ゟ人数差出、大坂御城迄手先相固、甲斐守ハ倉銀峠迄人数差出候上、御城代差図ニ随ひ、

右追手先相固、内膳正ハ早速人数差出、二番手人数も途中迄差出候由ニ有之、右夫々手当行届候段ハ無相違相聞候得共、賊徒共と手合いたし候儀も無之上ハ、讃岐守・内膳正ハ先達而御賞詞有之候儀ニ付、以上別段之御沙汰ニハおよひ申間敷、甲斐守儀ハ大坂表ニ屋敷無之、御賞之趣達洩候由ニ付、右ハ今般諸家江御賞詞被下候御振合を以、御当地おゐて御賞誉有之可然哉ニ奉存候

傍線部では暗峠まで出動して待機し、城代の指示を受けて大坂城追手門に詰めたことが記述されており、これまで述べてきた協定の内容と一致する。郡山藩を事例にその役割をまとめると、第一に京都・奈良への出動のように将軍から命じられた役割、第二に大坂への出動のようにある時点で現地役人との間で事前協定を作成して担う役割、第三に所司代・城代から臨時に要請を受けて出動する役割という程度には区別でき、一八世紀後半以降における上方幕府直轄都市の軍事的防衛は、これら周辺諸藩による出動が重層的に組み合わさって成り立っていたといえるだろう。幕府直轄都市は幕府役人・直轄軍だけでは支配が成り立たず、こうした大名の存在を前提にしてはじめて成り立つ状態であり、一八世紀半ばよりその経済政策において幕府と藩の両者は衝突し始めるものの(70)、幕府はかつてのように簡単に転封・領知替を命じることができなくなっていくともいえるのである。

第四節　大名領国と城下町

幕藩関係や周辺地域との関係に注目して譜代大名が定着していくことを見てきたが、本節では領主・領民関係においても一八世紀半ばにかけて譜代藩が確立していくことを明らかにする。村田路人氏が大坂において用聞と呼ばれる役請負人の存在を明らかにしているが(71)、氏が明らかにしている通り、兵農分離した近世社会においては

領主が住む都市と所領の村々をつなぐ必要不可欠な存在として普遍的に発見できるものと考えられる。郡山城下においても近世初期から存在していたものと考えられるが、まず本節ではこの役請負人が、前節で確認した郡山藩が直轄都市へ出動していく役割を拡大させていく中で、藩政にとって必要不可欠な存在へと定着していく様相を見ていきたい。なお、各都市で明らかにされている領主支配と村々をつなぐこうした町人たちは用聞、用達、郷宿など史料中に異なる呼称で登場し、それぞれの存在形態・役割も異なることも明らかにされているが[72]、郡山の史料では郷宿で登場し、用聞・用達などとも共通した性格を持っている。

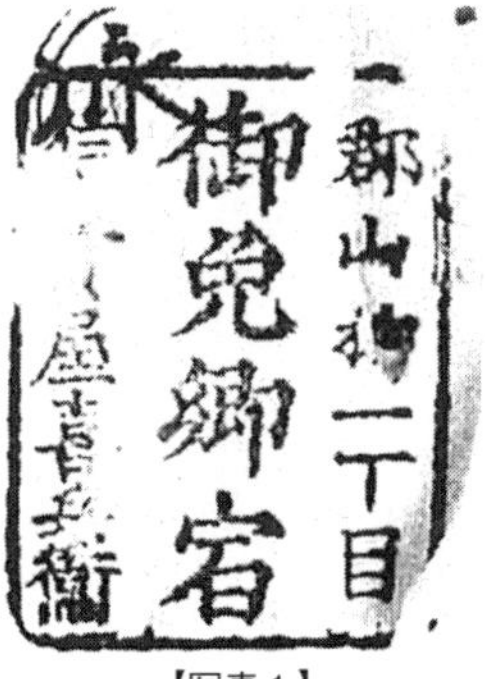

【写真１】

【写真1】は、郡山藩大庄屋の家に残された横帳の表紙右下に押された印である[73]。同家には本史料のように大庄屋寄合などにかかった費用を書き上げ、同様の印が押された勘定帳が豊富に残されている。印には「郡山柳一丁目／御免郷宿／信□屋喜兵衛」とあるが、「御免郷宿」は藩公認の郷宿を指すと考えられ、また郡山城下の柳町一丁目周辺は「城ノ口」とも呼ばれる郡山城の玄関口にあたる[74]。この郷宿かどうかは不明であるが、文化一三年（一八一六）の結崎村在住の大庄屋の日記には正月に「柳町壱丁目、大庄屋詰切、廻り状廿日受取」と、大庄屋が同町で参会したと考えられる記述がある[75]。このことから柳町一丁目の郷宿に領内から大庄屋が集まり寄合を開き、この寄合にかかった費用が勘定帳として作成され、【写真1】のような郷宿の印が押されて残っているものと考えられる。また同町の町法である天保一四年（一八四三）作成の「永代定」では[76]、鍛冶職人などとともに宿屋への家屋敷売買が禁止されているが、その補足条項に「但、郷宿者不苦」と記述されているため、藩公認ではないものも含めて複数の郷宿が営業していたものと考えられる。「城ノ口」である同町に郷宿が集住していることは、

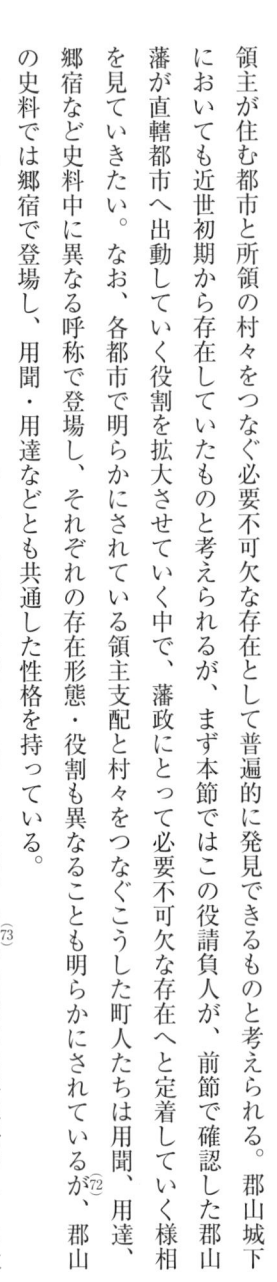

大坂城大手門そばの谷町などに郷宿が集まっていたことと類似するであろう[77]。

なおこの郷宿の具体的な仕事に関しては、寛政七年（一七九五）に領内の伴堂村茂平次・冨本村彦兵衛が作成した水車油稼嘆願に関する「乍恐奉願口上書」では[78]、「私共両人共郡山町宿屋小泉屋又五郎方江御預ケ被仰付、依之私共両人外ニ付添人両人并伴堂村大庄屋長兵衛、但馬村大庄屋甚四郎共郷宿ニ罷有候処、数日何之御召も無之」と記述しており、他都市の郷宿と同じように領主への公事訴訟等に関わっていることがわかる。また大宮守友氏が春日若宮祭礼の供物準備を請け負う奈良の町人の存在を明らかにしているが[79]、次の【史料9】は宝暦三年（一七五三）の郡山藩領における春日祭礼の負担に関する史料である。

【史料9[80]】

一、毎年掛物入用銀之儀十月ニ大庄屋寄会相談之上諸事相極、請負人より証文取之、月番御代官所江当番之大庄屋より上ル

一札之事

一、春日御祭礼掛鳥近年私共御請負仕是迄無滞相勤申候、依之当年も御吟味之上当酉年掛鳥一式代銀弐貫弐百五拾目ニ相定御請負仕無滞相勤可申候、縦諸式高直ニ罷成候共右銀高ニ而相勤可申候、為其一札仍而如件、

酉十月　　請負　　紙屋三郎兵衛　印

山辺屋次右衛門印

大庄屋中

（中略）

一、十一月廿日九ツ時当番大庄屋并庄屋両人郡山町宿着、請負人方へ案内申入候得ハ請負人ハ町宿迄為挨拶罷越申候、夫より当番之者御代官所へ届ニ廻り町宿ニ而致賄支度、請負人召連南都江罷越、（後略）

史料中の「近年」とあるのが何時を指すのか不明であるが、村々が賦課されて上納の負担を一括して請け負う町人がいて大庄屋に請負証文を提出している。こうした町人は近世初期から存在したものと考えられるが、役負担の増加・拡大と連動する形で広がり定着していくものと考えられる。特に郡山藩の場合、直轄都市や所領周辺に出動していく任務が制度化されたために、この任務の一端を請け負う町人が藩政にとっても重要な位置付けを持つようになっていく点が重要である。例えばすでに大塩の乱に郡山藩が出動したことは触れたが、この際に藩領の村の宮座文書では「尤郡山御殿様大坂手跡被仰付、御領分迄人足五六百人計り手伝被成、郡山郷宿迄詰掛候」と記述され[81]、郷宿が郡山藩出動に際して何らかの役割を果たしていたことが確認できるからである。これに関して、【写真2】は【写真1】と同じ大庄屋の家の文書に押されていたものであるが[82]、この印にある海老屋善助が郡山城下では重要な役割を果たしている。なお「郷宿海老屋善助」と記述した文書もあり、彼もまた「郷宿」を名乗っていたことが確認できる。

【写真2】

海老屋の印が押してある文書には「異国船ニ付御役所御出張賄入用書」（安政元年（一八五四））等があり、郡山藩が軍役を命じられて幕末に各地へ出動した際に作成されたものが豊富にある。もう少し具体的に見ると、大庄屋がその支配にかかった経費を書き上げた

「仲ヶ間諸入用算用帳」（嘉永六年（一八五三））の中には「百九拾六匁七分弐厘　江戸行人足給銀　海老屋払」とあり、また「仲ヶ間諸入用算用帳」（安政元年）の中には「壱貫六百五拾八匁弐分壱厘　京・大坂御固ニ付郷宿えひ屋賄代」とあることから、軍役に必要な人足の宿となっていたり、あるいは人足を村に代わって調達していたものと考えられる。またこれに留まらず、嘉永三―安政六年の代官の主要な仕事を書き上げた留書の中にも、「竹川雄右衛門・清水勘左衛門・新藤斧右衛門、巳（安政四年―注筆者）六月二十四日郷宿海老屋善助方へ罷出、大庄屋共不残御代知惣代不残へ申諭之書付[83]」とあり、藩役人が海老屋にて大庄屋等に対して、ペリー来航、京都警衛の増大、郡山城の修復等、相次ぐ御用に関する教諭を行っていることも確認できる。各藩の役割が制度化されたことで、従来の請負業を基礎としながらこうした町人たちがその位置付けを拡大させていくものと考えられる。

次に郡山藩の経済政策に関してであるが、かつて尼崎藩を事例に八木氏が明らかにしたように[84]、同藩でも幕府から一定程度の独自性を持った経済政策を実施していく。郡山藩では[85]元禄五年（一六九二）に藩札発行を開始するが、宝永四年（一七〇七）に幕府の禁止令で発行を停止し、享保一五年（一七三〇）の許可制によって以降は幕府に一五ヶ年ごとの年季願を繰り返しながら藩札発行を実施し通用させていく。具体的には城下の町人である太田屋・八尾村屋・永原屋の三掛屋が銀札発行元となり、銭売所は日野屋・津乃国屋を含む五ヶ所が命じられ、さらにその下請をする小引替所を領内各所に作り富裕な百姓にあたらせた。【史料10】は大庄屋・庄屋を勤めた家に残された文書であり、文政九年（一八二六）にこの小引替所任命を願ったものである。

【史料10[86]】

乍恐奉願上口上書

一、御銀札之儀、殊之外御通用宜恐悦至極ニ奉存候、然ル処、私居村ゟ北手城州木津・吐師辺ニおゐて御銀札請札人御座候得共、御当所迄余程道法も有之候得者、此上右之方江罷越、御銀札請札人等相進候得者、御銀札弥御通用御手広ニ相成、淀・伏見辺迄も自然御通用被可仕と乍恐奉存候ニ付、何卒私方ニ而　御銀札小引替被　仰付被　下置候儀奉願上候、尤右之所ニ私居村迄も余程隔有之候ニ付、勝手宜様私親類吐師問屋喜右衛門方ニ而小引替所銀札取集所与中木札為掛置、中取次キを以小引替仕当時百弐拾貫目御下被　成下御仕度奉願上候、（中略）万々一臨時有之候節ハ、一同ゟ聊御差支無之様可仕候間、何卒右願之通御銀札小引替所之儀、御聞済被為　成下候者、広太之御慈悲与冥加至極難有仕合奉存候、以上

文政九戌年二月　　五条村　吉田勘兵衛（印）（奥印二名省略）

御代官様

願書であるため勿論割り引いて考える必要があるが、自分や山城国吐師に居住する親類に藩札の小引替所・取集所を命じることで、その通用が淀・伏見まで広がるであろうと述べている。実際に吉田勘兵衛は小引替所になっていることから、この願書は藩によって採用されたものと考えられる。領外通用を意図したかどうかはわからないが、領内においては幕府支配から一定程度独立した経済政策を展開している。郡山藩は京都・奈良奉行所の「支配国」の中にありその広域支配を受けるが(87)、一定程度の独自性を持った藩政を展開しているといえるだろう。

以上のように、定着した大名家とその拠点である城下町、さらに所領の三者が藩の政策や役負担のあり方を通して結び付きを強めていく。これは郡山城・城下町と郡山藩領の村々に限ったことではなく、視点を変えてみれば幕府直轄都市と幕府領の村々でも同様であったものと考えられる。この問題を、享和元年（一八〇一）に大和

国の幕府領の一部が郡山藩領へと切り替えられた際の村々の対応を事例に見ていきたい。同年一〇月、郡山藩領の伊勢国鈴鹿・三重郡一五ヶ村が上知され、大和・河内両国四〇ヶ村で替地が与えられた。この際に幕府領から郡山藩領へと変更になった村々は激しく抵抗運動を行っている。よく見られる運動であるため史料の記述をそのまま信じることは危険であるが、これまで述べてきたこととも関連するので最後に触れておきたい。使用するのは文化四年二月に式下郡平田村で作成された「和州河州御料所之内郡山御私領渡一件[88]」という表題を持つ史料である。同村は享和元年に郡山藩領に編入されたが、同村は編入に際して幕府領期通りの支配方式を願って聞き届けられ、これを確認し引き継いでいくために作成したのが本史料である。

まず「寛政十一未年大和国中御料所之分御私領渡ニ被仰付候而差支有無御糺ニ付、其節之御支配御代官小堀縫殿様御役所江物代として大西村庄屋藤兵衛罷出差当り差支之申訳無御座候得共」と記述され、幕府が領知替を命じた場合に差し支えがあるかどうか村々に尋ねて村から返答していることがわかり、幕府が一方的にではなく事前に領知替が可能かどうか調査していることがわかる。領知替によって問題が起こりうる可能性を幕府が認識して、事前に調査していることは興味深いであろう。次に「享和元酉年六月頃和州御料所之内ニ而松平甲斐守様御私領渡ニ相成候段流布有之候ニ付、村々役人共最寄々ニおゐて組合毎度会談之上」と記述され、郡山藩領に切り替えられる噂が流れて同村は領知替の反対運動を始める。これは他の村も同様であり、本史料では「小堀様御代官所者数ヶ村之儀別而古今稀成願筋ニ付御利解之趣村方江相談、或者村々小前之もの共よりも願之様子為伺昼夜之無差引京都往返人者只櫛之歯を引がごとく物騒敷」と、その反対運動が激しく巻き起こったことが記述されている。

以下では同村が要求した中で特に興味深い内容を見ていきたい。なお他村にも関わる要求が含まれており、同

村単独の運動ではなく、領知替になる村々が連携して要求を作り上げた可能性が高い。まず「同年夏頃於最寄大庄屋被仰付可然旨御沙汰有之候得共、就御領分之儀者是迄惣代ニ而相済来候ニ付」とあり、郡山藩は藩領支配の要である大庄屋を任命しようとするが、惣代として勤めてきたためそのまま継続していくことを願い、藩から了解を得ている。これは編入以後に「御代知惣代」と呼ばれ、一四〇〇〇石の新領を四人で担当した(89)。

次に春日祭礼の供物賦課に関しては、まず「甲斐守様御役人中様思召ニ者古御領分割合を以新領古領一様ニ被成度御掛合有之候得共」とあり、郡山藩は当然のことながら領内に同じ負担を求めて新領地にも従来の藩領と同じように賦課しようとする。ところが「御私領者馬人足御手入ニ付、御料所ニ而之馬人足可相掛所無之故矢張御料所之節同様相勤候、依之古領と者別請負人江相渡惣代も添上郡より両人、国中より両人十一月廿日より罷越諸事見届」とあるように幕領時代の負担量を維持し、なおかつ郡山藩領を請け負う者とは別の請負人に頼みたいと願い出ている。なお惣代の勤め方に関しても従来通りのままにしてほしい旨を願っていることから、大庄屋任命を拒否したのは単なる役職名にこだわったのではなく、従来の地域社会の仕組みそのものを残したかったからであると考えられる。また別の負担においても「小堀様御支配中南都郷宿吉野屋善十郎、道具屋清九郎両人請負罷在候、御引渡後も在来之通両人請負御年貢郡山江上納仕候」と述べて、従来通り奈良の請負人を介して勤めたい旨を願っている。

以上のように平田村が作成した願書の内容を見てきたわけであるが、「御代知惣代」が実際に認められていること、さらに「右御願之旨御許容御引渡無滞相済、御代知御役所も別台に御立被下候而」と記述されており、願いが許可されて引き渡されていると考えられることなどから、これらの内容は実際に郡山藩に許可されたものといえる。大庄屋と惣代庄屋の「間」に関しては久留島浩氏の研究があるが(90)、当時においても両者は明確に区別さ

れて認識されており、また郡山藩は組合村―惣代庄屋制を否定して藩の支配機構の中に組み込むことができなかったといえるであろう。さらに、この組合村が奈良の請負人を不可欠な要素として組み込みながら機能していたことも重要であろう。直轄都市奈良と幕府領の村々もまた一八世紀を通じて容易に変更できない結び付きを構築しており、郡山藩編入にあたっても従来のあり方をそのまま維持せざるをえなかったものと考えられる。

右の問題に関連して、宮崎克則氏が宝暦期の唐津藩転封をめぐって起きた領民による反対運動を分析し、同時期に経済的負担が民衆に転嫁されることを理由に転封反対運動が各地で起こることを明らかにしている[91]。また安藤正人氏が享保九年の柳沢氏転封により甲斐国が幕府領となったことによって、甲府では甲府城・都市支配に関して、その維持機能が都市住民の負担として転嫁されたために従来の負担体系が大きく改変され、後に負担軽減運動が展開することとなったことを明らかにしている[92]。上方においては、岩城氏が明和二年（一七六五）に起こった尼崎藩主転封に反対する嘆願運動を、また明和の上知によって西宮と周辺村との関係は一変して領域権力として長年培ってきた藩領の仕組みが崩壊し、一方で宿駅の仕組みが大きく改変された様相を明らかにしている[93]。

右の研究成果や本節の分析から、一八世紀後半以降は一七世紀のように幕府がその軍事戦略に基づいて多数の大名に転封を命じることが困難になっていくといえるだろう。享保期に各所領が固定化したことによって、領主・領民関係だけでなく都市と農村でも結び付きが強まり、さらには各領主・所領の役割の制度化を土台としながら上方全体の支配構造が確立したことによって、逆に簡単に転封・領知替ができなくなっていくのである。天保改革期に大名・旗本や民衆からの猛烈な批判・抵抗にさらされて、三方領知替・上知令が撤回に追い込まれるのは幕府権力の衰退・失墜も主要な理由であるが[94]、支配・被支配にかかわらず一八世紀を通じて定着した安定的かつ効率的な支配構造が破壊されてしまうという問題も背景にあったといえるだろう。宝暦―天明期に百姓一揆

や打ちこわし、さらには広域訴願が多発し民衆運動が量的にも質的にも転換するが、民衆はこの支配構造のもとで、これを否定しながら肯定もして、新しい時代を準備していくものと考えられる。[95]

おわりに

本章では江戸幕府の軍事戦略の特質に注目して一七世紀における所領配置・支配構造の特質を明らかにし、さらにこの軍事戦略が転換することで、元禄―享保期に老中・所司代・城代らそれぞれの役職の権限および昇進ルートが明確に整備されながら全国を覆う形で、幕府官僚制機構が最終的に確立していくことを明らかにした。一七世紀は戦乱の余波を色濃く残しており、西国有事に備えて上方が前衛、関東が後衛という幕府の軍事戦略に基づき大規模な転封（領知替）が繰り返され、各地域が著しい地域差を抱えていた。元禄―享保期に軍事戦略が転換することで、その地域差は解消されて全国各地が均質化し、国家的規模での政治的一体性を生み出していくことになった。同時に一七世紀においては、頻繁に繰り返された大規模な転封（領知替）は激減して全国各地で大名が定着して安定的・効率的な支配構造が構築されていき、一八世紀後半以降は幕府が転封（領知替）を行おうとすると、大名・旗本、町・村から大きな反発を受けるというように転換していくことを明らかにした。最後に今後の課題を述べて結びとしたい。

第一に、徳川将軍による領知宛行・転封に関して重点的に分析を行ったが、一七世紀において転封（領知替）が頻繁に行われていた原因として、領知宛行と役職就任が一体になって切り離せずにいた点が重要である。従来この点を重点的に分析し、その歴史的意義を解明した研究は存在しない。一七世紀において異常な数の転封（領

知替）が行われた理由の一つとして、役職就任のたびに江戸や上方へ転封（領知替）が行われていたからであるということは軽視できない。官僚制が未発達であるため、全国各地の支配構造が分裂して有機的な連関性・連動性がなく、その分裂状態の穴を埋めるのが将軍が命じる転封（領知替）であったと考えられる。将軍が命じる領知宛行・転封が幕藩体制の中で本来有していた意味や機能を明らかにするとともに、その転封（領知替）が激減していく歴史的背景・意義を明らかにする必要がある。

第二に、一八世紀に日本全体が国家的規模での政治的一体性を形成していくことを明らかにしたが、経済的側面との連関した分析が必要である。一八世紀には全国各地の大名が関東・東海の手伝普請に動員されていくなど、軍役（幕府課役）賦課の原理原則が国家的規模のそれに転換した点に注目したが、それを可能にするには役請負を実態として必要なものから制度として必要なものへと切り替えることである。つまり幕府勘定所の刷新、民間での請負業進展、日用層の広範な成立などを前提としつつ、実際に人を動かすのではなく貨幣を動かす方式に切り替えていくことになる。政治面だけなく経済面においても、全国各地が結ばれて列島社会が一つの網となり、この均質化の進展が地域ごとの独自性と衝突し始め、さらに全国各地で民衆運動を惹起させていくものと考えられ[96]、一八世紀のこの大きな転換を日本の歴史上に位置付けていく必要がある。

【注】

（1）藤野保『新訂幕藩体制史の研究―権力構造の確立と展開―』（吉川弘文館、一九七五、以下前掲藤野著）。

（2）岩城卓二『近世畿内・近国支配の構造』（柏書房、二〇〇六、以下前掲岩城著）二七頁。

（3）本書第一部第一章、同第一部第二章。

（4）二〇一四―二〇一七年度科学研究費補助金基盤研究（B）「幕末期の大坂・大坂城の軍事的役割と畿内・近国藩」（研究課題番号二六二八四〇九五　研究者代表：岩城卓二）がこの課題の解明を行っている。

（5）笠谷和比古「将軍と大名」（藤井讓治編『日本の近世三　支配のしくみ』（中央公論社、一九九一）、以下前掲笠谷論文）、本書第二部第二章。

（6）本書第二部第一章、同第二部第二章。

（7）朝尾直弘「十八世紀の社会変動と身分的中間層」（『朝尾直弘著作集』第七巻（岩波書店、二〇〇四）、初出は一九九三）。

（8）北島正元『江戸幕府の権力構造』（岩波書店、一九六四）一八九―一九七頁。

（9）八木哲浩「大坂周辺の所領配置について」（『日本歴史』二三一、一九六七）。

（10）関東近世史研究会編『近世の地域編成と国家』（岩田書院、一九九七）がその到達点を示している。

（11）朝尾直弘『近世封建社会の基礎構造』（御茶の水書房、一九六七、以下前掲朝尾著）、『大阪府史』五（大阪府史編集専門委員会、一九八五）、藤井讓治「平時の軍事力」（同編『日本の近世三　支配のしくみ』、以下前掲藤井論文①）、前掲岩城著等参照。

（12）白峰旬『日本近世城郭史の研究』（校倉書房、一九九八）第二・三章。

（13）同前九九頁。

（14）三宅正浩「近世初期譜代大名論―軍事編成と所領配置―」（『日本史研究』五七五、二〇一〇）。

（15）『藩史大事典』第一―七巻（雄山閣出版、一九八八―一九九〇）をもとにして作成した。なお、『恩栄録・廃絶録　補訂版』（近藤出版社、一九七六）、『徳川加除封録』（近藤出版社、一九七二）、『新訂寛政重修諸家譜』第一―二二巻（続群書類従完成会、一九六四―一九六六）、藤井讓治『江戸幕府領知判物・領知朱印状の基礎的研究』（科学研究費補助金研究成果報告書、二〇〇五）によって誤りであると確認できた場合は訂正している。

（16）朝尾直弘「畿内における幕藩制支配」（前掲朝尾著）、水本邦彦『徳川の国家デザイン』（小学館、二〇〇八）二一三―

二一六頁等参照。
(17)本書第一部第三章。
(18)『江戸幕府日記』第九巻（ゆまに書房、二〇〇三）六〇四・六〇五・六三一―六三三頁。
(19)同前第一二巻二四二・二四三・二五九・二六〇頁。
(20)「江戸幕府日記」（請求番号二五七―〇〇〇四）国立公文書館所蔵）。なお、以下で同館所蔵の「江戸幕府日記」を出典した場合は、同館ホームページで公開されているデジタルアーカイブを使用した。
(21)『寛政重修諸家譜』五、二五七―二五八頁（土井利房）。
(22)『藩史大事典』第二巻「足利藩」。
(23)横田冬彦「「非領国」における譜代大名」（『地域史研究―尼崎市立地域研究史料館紀要―』二九―二、尼崎市立地域研究史料館、二〇〇〇、以下前掲横田論文）五七―六二頁。
(24)『群馬県史』資料編一四（群馬県史編さん委員会、一九八六）一八三・一八四頁。なお、この前橋藩による転封の願出に関しては、『群馬県史』通史編四（一九九〇）に記述がある（八九―九一頁）。
(25)『政談』（辻達也校注、岩波書店、一九八七）八〇頁（「武家旅宿の境界を改むる事」）。
(26)『享保通鑑』（近藤出版社、一九八四）二七・一六〇頁。
(27)本書第一部第三章。
(28)前掲藤野著五七四―五八四頁、本書第一部第二章。
(29)『大坂城代記録』（二）（大阪城天守閣、二〇〇七）九九頁。
(30)「江戸幕府日記」（請求番号一六四―〇〇〇九）。
(31)『寛政重修諸家譜』一四、三三四―三三五頁（戸田忠昌）。
(32)本書第二部第一章。
(33)『寛政重修諸家譜』五、三―四頁（松平信興）。

(34) 前掲横田論文六六頁。
(35) 同前、本書第二部第一章。
(36) 「被仰出留」(国立公文書館所蔵)。
(37) 藤井譲治「領知朱印改め以外の領知朱印状発給」(同『徳川将軍家領知宛行制の研究』(思文閣出版、二〇〇八)、初出は二〇〇四、以下前掲藤井論文②)。
(38) 種村威史「領知宛行制史における元禄七年令の位置」(『国文学研究資料館紀要　アーカイブズ研究篇』六、国文学研究資料館、二〇一〇)。
(39) 「御朱印・御判物・御称号之御黒印・御一字之御黒印・御系図控」(「豊田家文書」五〇五二(大和郡山市教育委員会所蔵))。
(40) 同前、『寛政重修諸家譜』三、二五一—二五六頁(柳沢吉保)。
(41) 柳沢文庫所蔵。なお本章のもとになった拙稿「近世上方幕府直轄都市と譜代藩」(『史林』九五巻一号、二〇一二)の公表後、野村玄氏が本文書を使用して拙論に近い見解を述べている(同「「知行割」書出と徳川綱吉」(『防衛大学校紀要』人文科学分冊一一〇、二〇一五))。
(42) 「江戸幕府日記」(請求番号二五七—〇〇〇四)。
(43) 同前(請求番号二五七—〇〇〇六)。
(44) 前掲藤井論文①。
(45) 前掲笠谷論文、本書第二部第二章。
(46) 以下当該期に関する幕府課役の転換に関する記述は、本書第二部第一章の分析による。
(47) 「幽蘭台年録」宝暦一一年六月一五日条、「附記」天明元年一二月一二日条。
(48) 所理喜夫「「元禄検地」と「元禄地方直し」の意義」(同『徳川将軍権力の構造』(吉川弘文館、一九八四)、初出は一九六四)等参照。

(49) 小倉宗「江戸幕府上方支配の原理とその転換―元禄四年奉行所・地方の分離政策と明和七年大坂町奉行支配国改革を中心に―」（二〇〇五年一二月日本史研究会近世史部会報告、報告・討論要旨は『日本史研究』五二五号（二〇〇六）に掲載）も同様の指摘を行っている。
(50) 平松義郎「旗本の刑罰権」（『法制史研究』九、一九五九）、塚本学「幕藩関係からみた生類憐み政策」（『徳川林政史研究所研究紀要』昭和五四年度、一九八〇）、藤井譲治「元禄宝永期の幕令―「仰出之留」を素材に―」（同『幕藩領主の権力構造』（岩波書店、二〇〇二）、初出は一九七六）二二一―二二五頁。
(51) 熊谷光子「大坂町奉行所への諸届けと「村々」」（『日本史研究』四二一、一九九七）、同「畿内・近国の旗本知行所と在地代官」（同『畿内・近国の旗本知行と在地代官』（清文堂出版、二〇一三）、初出は一九九八）。
(52) 前掲所論文等参照。
(53) 前掲藤井論文②。
(54) 安岡重明「近畿における封建支配の性格―非領国に関する覚書―」（同『日本封建経済政策史論―経済統制と幕藩体制―』（大阪大学経済学部社会経済研究室、一九五九）、初出は一九五八）。なお大宮守友氏も、この元禄期に「非領国」の端緒があるという見通しを述べている（同『近世の畿内と奈良奉行』（清文堂出版、二〇〇九、以下前掲大宮著））。
(55) 本書第一部第一章、同第一部第二章、拙稿「淀藩出動と石清水八幡宮の領主権―火災時における対応―」（『京都府立大学文化遺産叢書』四（京都府立大学文学部歴史学科、二〇一一））。
(56) 「高橋正孝家文書」。大津市歴史博物館架蔵紙焼資料を使用した。
(57) 岩城卓二「幕府畿内・近国支配における譜代大名の役割―摂津国尼崎藩と和泉国岸和田藩を中心に―」（前掲岩城著、初出は一九九八、以下前掲岩城論文①）。
(58) 村田路人「元禄期における伏見・堺両奉行の一時廃止と幕府の遠国奉行政策」（『大阪大学大学院文学研究科紀要』四三、二〇〇三）。
(59) 本書第一部第一章。

(60) 小倉宗『江戸幕府上方支配機構の研究』（塙書房、二〇一一）。

(61)『膳所藩郡方日記』五（膳所藩史料を読む会、一九九三）四六頁。

(62)『西矢田宮座年代記』（柳沢文庫古文書クラブ、二〇一一）五三頁。

(63) 村田路人「大坂城・蔵修復役と支配の枠組み」（同『近世広域支配の研究』（大阪大学出版会、一九九五、以下前掲村田著）、初出は一九九三）、『安堵町史』史料編上（安堵町史編纂委員会、一九九〇）一一〇―一一三頁。

(64) 本書第二部第二章。

(65)『大和郡山市史』史料編（柳沢文庫専門委員会、一九六六）三三二頁。

(66) 内田九州男「大塩事件と大坂城代」（『大塩研究』一三、一九八二）、前掲岩城論文①。

(67)「豊田家文書」三三五五（大和郡山市教育委員会所蔵）。なお原文書は虫損が激しく部分的にしか開披できないが、開披できる箇所は「京都・南都・大坂・小泉出火之節申合帳」（『公儀勤方集』柳沢史料集成五（柳沢文庫保存会、一九九六））の大坂出火の際の記述と一致する。このため、「京都・南都・大坂・小泉出火之節申合帳」は京都・奈良・大坂・小泉への出動のマニュアルを一冊にまとめ直したものであると考えられ、本章では本史料を使用して分析することにした。

(68) 山本太郎氏は、大和田屋善兵衛が天明―寛政期における倉敷代官所の御用を勤める大坂用達の一人であることを明らかにしている（同『近世幕府領支配と地域社会構造―備中国倉敷代官役所管下幕府領の研究―』（清文堂出版、二〇一〇）第二章第一節「掛屋・郷宿・用達」）。

(69) 国立史料館編『大塩平八郎一件書留』（東京大学出版会、一九八七）三三〇頁。

(70) 岩城卓二「町奉行所広域支配と尼崎藩」（前掲岩城著）、同「明和六年尼崎藩上知考」（前掲岩城著、初出は二〇〇三、以下前掲岩城論文②）。

(71) 村田路人「用聞の諸機能と近世支配の特質」（前掲村田著、初出は一九九〇）、同「奉行所用達の諸機能」（前掲村田著、初出は一九九一）。

(72) 同前、岩城卓二「大坂町奉行所と用達」（前掲岩城著、初出は二〇〇〇）、同「訴願と用達・郷宿」（前掲岩城著、初出

は二〇〇〇、以下前掲岩城論文③)。

(73)「大庄屋郷宿算用帳（中七月）」（個人蔵、奈良市教育委員会寄託）。柳沢文庫架蔵データを使用した。

(74) 拙稿「郡山城の「御殿」「五軒屋敷」について」（『Regional』一一、奈良県立同和問題関係史料センター、二〇〇九）。

(75)「辻組御用留」（「結崎辻村富井家文書」三四―六（天理大学図書館所蔵））。

(76) 柳沢文庫所蔵。

(77) 前掲岩城論文③。

(78)『田原本町史』史料編二（田原本町史編さん委員会、一九八六）七五―七九頁。

(79) 大宮守友「奈良奉行と春日若宮祭礼」（前掲大宮著、初出は二〇〇六）。

(80)『広陵町史』史料編下（広陵町史編纂委員会、二〇〇一）二〇五―二〇八頁。

(81)『西矢田宮座年代記』六四頁。

(82)「御仲間用賄入用書（戌七月）」（個人蔵、奈良市教育委員会寄託）。柳沢文庫架蔵データを使用した。

(83)『和州郡山藩幕末代官記録』（郡山古文書クラブ、二〇一四）二三五頁。

(84) 八木哲浩「幕府領国と尼崎藩」（『地域史研究―尼崎市立地域研究史料館紀要―』一四―三、尼崎市立地域研究史料館、一九八五）、『尼崎市史』二（一九六八）。

(85)『大和郡山市史』（柳沢文庫専門委員会、一九六六）三二九・三三〇頁。

(86)「乍恐奉願上口上書写（藩札小引替所開設ニ付）」（吉田能已氏所蔵文書）。柳沢文庫架蔵データを使用した。

(87) 藪田貫「摂河支配国論」（同『近世大坂地域の史的研究』（清文堂出版、二〇〇五）、初出は一九八〇年）、前掲大宮著。

(88)『田原本町史』史料編二、八三―八八頁。

(89)『和州郡山藩幕末代官記録』には大庄屋・御代知惣代を褒賞する際に、その支配管轄の違いなどによって両者を区別して褒賞しようとすることなどが記述されている。

(90) 久留島浩「「中間支配機構」を「社会的権力」論で読み直す―惣代庄屋と大庄屋の「間」―」（久留島浩・吉田伸之編

『近世の社会的権力―権威とヘゲモニ―』（山川出版社、一九九六）。

(91) 宮崎克則「藩主の転封と領民動揺をめぐる問題―肥前唐津藩その他を素材として―」（『日本歴史』四四七、一九八五）。

(92) 安藤正人「近世甲府の都市構造と役負担」（『史料館研究紀要』一三、一九八一）。

(93) 前掲岩城論文②。

(94) 藤田覚『幕藩制国家の政治史的研究―天保期の秩序・軍事・外交―』（校倉書房、一九八七）、『新修大阪市史』四（新修大阪市史編纂委員会、一九九〇）四三七―四四〇頁、藪田貫編『天保上知令騒動記』（清文堂出版、一九九八）。

(95) 拙稿「一八世紀の社会変動と三都」（『日本史研究』六三一、二〇一五）。

(96) 同前。

第四章　徳川将軍領知宛行と全国支配権

はじめに

本章は幕藩体制における将軍領知宛行の特質を分析し、徳川将軍が有した全国支配権について明らかにするものである。具体的には徳川将軍が全国の大名・旗本に領知を宛行うという基本的かつ自明の事実に関して、[1]これまで見過ごされてきた本来の意味・機能を明らかにする。幕藩領主の土地所有に関しては、かつて佐々木潤之介氏により封建的土地所有は将軍に帰属するという命題が出され、上位者とりわけ将軍の圧倒的優位が論じられた。[2]しかし、その後に多くの研究者の実証的な研究成果によってこの見解は否定され、逆に大名・旗本・大名家臣が幕藩体制において果たした固有の役割・機能が再評価されることになった。[3]また本書では岩城卓二氏らの研究視角・成果を踏まえつつ、幕府はすべてを幕府領とはせずに、あえて譜代大名を創出し全国各地に領知宛行・転封を命じることで幕藩体制を成立させ維持していたことを論じてきた。[4]本章ではこれらの研究視角・成果を踏まえながら、今一度将軍権力を組み込むことで、特に朝尾直弘氏が明らかにした公儀領主制の研究視角・成果[5]を発展的に継承することを目的としている。

徳川将軍の領知宛行に関しては、例えば北島正元氏による「大名領知権は将軍の全国支配権のうちに吸収され、知行はただ領主の領地に対する支配権を示す用語として使用されるにすぎなくなった。大名知行の安堵・転封、

将軍の代替わりに交付される朱印状と領地目録は、幕府に対する封建的従臣としての大名の地位を制度化したものであ」るという指摘がある[6]。同時に北島氏は「江戸幕府の驚異的な権力の集中・強化にもかかわらず、幕府がついに完全に全国を平らげることができず、三百諸侯を個別封建領主としてその分立をゆるさざるをえなかったのはなぜだろうかという疑問も生まれてくる」という重要な指摘も行っている[7]。相矛盾するかのように見えるこの二つの事実を、どう統一的に理解して歴史的・論理的な説明を行うかに先学は苦心してきた。それは幕藩体制の集権的性格と分権的性格の相互関連性の解明という課題でもあり、ひいては日本史全体の中で近世という時代の位置付けを行うことにも直結する。

以上の研究史およびその問題点を踏まえて、徳川将軍領知宛行と将軍が有した全国支配権の関係性について分析する。またその分析を通して、徳川将軍権力が中核となってはじめて地域性・多様性を色濃く持っていた近世日本が国家として一体性を有していたことを明らかにする。なおその分析にあたって、具体的には以下の二つの課題を明らかにする。

第一の課題は、水本邦彦氏の「方法としての畿内近国論」「所有と行政の分離」という問題提起[8]を継承して、将軍領知宛行の歴史的意義を明らかにすることである。水本氏は畿内近国における村・領主・奉行の三者の関係を考察し、その特質を「所有と行政の分離」と位置付け、さらに国奉行の具体像を明らかにした高木昭作氏の問題提起[9]を受けながら、大名の支配の中にも奉行的性格と領主的性格の両者が抱き合わせの形で存在すること、奉行と領主が分離しつつあった畿内には近世社会の到達点が見えやすい形で顕在化していることを論じた。

しかし、例えば一七世紀においては、老中・京都所司代・大坂城代などの役職就任のたびに関東ないしは上方に大名の転封（領知替）が繰り返されたこと[10]を考慮すると、むしろ上方においても「所有」と「行政」は未分離

であり、さらには両者が不可分一体である点を立論に組み込む必要があることになる。この点に関しては、幕藩領主制が個別領主では農民支配をなしえず、公儀による集団所有としてしか自己を確立できなかったとして、公儀領主制を論じた朝尾氏の研究成果が重要になると考えられる。水本氏が見出した、中世的在地領主の支配とは異なる奉行的行政を基軸とした近世大名支配の特質は、朝尾氏が注目した公儀領主制の集団性・集団規制性と不可分な関係にあると考えられるからである。本章では朝尾・水本氏の研究視角・成果に学びつつ、将軍による領知宛行によって公儀領主制が機能していた点を明らかにする。またその分析を通して、将軍領知宛行の特質さらに元禄―享保期に領主制と官僚制（奉行制）が分離し始めることの歴史的意義を明らかにする。

第二の課題は、領主制との関連性・連動性を組み込んで、江戸を中心とした幕府官僚制機構の形成過程とその特質を明らかにすることである。すでに藤井讓治氏が寛永期の老中制成立等を事例にしながら、個々の人格あるいは個性に属していた様々な役割・権限が成文化されていき、幕政運営の原理が「人」から「職」へと転換していく過程を分析し、幕藩官僚制の形成過程とその特質を明らかにしている。[11] 本章では領主制と官僚制が未分離であるという点に注目することで、藤井氏が明らかにした「幕藩官僚制の中に封建主従制の原則が貫かれていた」「官職の性格を人的なものから物的なものへと転化しえず[12]」という論点を発展させ、将軍を中核として構成される幕府官僚制機構の特質を解明する。やや結論めいたことを述べれば、「人」から「職」へという移行が「人」から「藩」へという移行と並行して進むこと[13]、同時に領主制と官僚制、軍事と行政、封建的主従関係と全国統治権が、未分離な構造をとって将軍に直結していた日本近世における政治体制の特質を明らかにする。

第一節　奉行の領主的性格

一七世紀に全国各地で頻繁に転封を繰り返していた譜代大名は元禄—享保期に各地で一斉に定着して、ほとんどの大名家が明治維新を迎えるまでその城地を動かなくなるという事実は周知のことである。転封が激減する理由として、第一に西国諸藩の改易によって無主空白地の城地へ徳川系大名を配置するという江戸幕府の統治戦略がこの時期に一定程度完結したという点があげられる。この点に加えて、第二に一七世紀においては全国各地の譜代大名が老中・寺社奉行などに就任すると関東へ、京都所司代・大坂城代・大坂定番に就任すると上方へ転封になっていた点も重要である。この役職就任の形式が元禄—享保期に変わることになり、例えば小諸藩主や田中藩主の立場のまま転封することなく、そのまま大坂城代・京都所司代・老中などに就任し昇進していくように転換したため、全国各地で譜代大名が定着していくことになった。転封が将軍の恣意や幕府の都合で行われるという一面がありながらも、同時に幕藩体制の構造上必要であった点が重要である。本節ではこの点を再度深めておきたい。

朝尾氏が明らかにした近世初期の上方支配を担った八人衆体制(14)も、京都所司代板倉重宗、淀藩主永井尚政、長岡(後に高槻)藩主永井直清、小室藩主小堀政一の四名はすべて上方に領地を持つ譜代大名であった。興味深いのは八人衆全員が上方に領地を持つ領主であったことであり、役職就任と領知宛行が切り離せずに一体となっていたと考えられることである。次の【史料1・2・3・4】は、大坂町奉行久貝正俊・曽我古祐、堺奉行石河勝政、上方郡代五味豊直それぞれの『寛政重修諸家譜』の記述である。

【史料1[15]】

（前略）（元和―注筆者）二年正月十一日御目付にすゝみ、五年御上洛のとき二條城にをいて大坂の町奉行を命ぜられ、采地千五百石を加増あり。先に武蔵国にをいて賜ふところの千五百石をあはせて河内国交野郡のうちにして三千石を知行す。このとき与力同心を預けらる。（後略）

【史料2[16]】

（前略）寛永三年遺跡を継、さきにたまふところの二百石は弟猪之助包助にたまひ、五月七日上総国海上郡のうちにをいて采地千石の御朱印を下さる。（中略）十一年三月二十五日日光山神領の事により、酒井讃岐守忠勝にそふて彼地におもむき、其事を沙汰す。六月洛にのぼらせたまふのときしたがひたてまつり、七月二十九日大坂の町奉行に転じ、閏七月朔日与力二十五騎同心五十人を預けられ、この日采地をうつされ、千石を加恩あり、河内国河内郡のうちにをいて三千石を知行す。（後略）

【史料3[17]】

（前略）寛永三年五月台徳院殿御上洛のとき宿割を勤め、七年下総国千葉郡の内にをいて五百石余を加増あり、九年六月十六日加藤肥後忠廣が国除かるゝとき、御使を奉はりて肥後国熊本に行、十年正月十二日和泉国堺の政所職となり、この日河内国河内郡の内にをいて千石を加恩あり、すべて二千七百石余を知行す。二月四日同心五十人をあづけらる。（後略）

【史料4[18]】

（前略）この年（元和元年―注筆者）河内国讃良古市両郡の御料所をあづけらる。二年山城国のうち二万石の地を増あづけらる（中略）（寛永―注筆者）七年丹波国の郡代となる。八年山城国相楽、下総国香取両郡のうち

にをいて四百石の地を加増せられ、すべて千七十石余を知行す。九年伏見城の普請を奉行し、寛永元年また二條城の営作及び加茂御祖の神社造営の事を沙汰す。（後略）

五味の領有石高が少ないという問題があるものの、四名とも上方に領地を持つ旗本で、しかも役職就任をきっかけにして上方で領知を宛行われているのである。

すでに北島氏も「正保四年三月、近江水口御番及び附近幕領五万石余の代官を命ぜられた山口弘隆は遠州の知行六千石余を水口の近辺に替知され、伏見奉行水野忠貞も関東の知行地を大和の知行地近くに集められている。これらはいずれも役職と城地の地理的近接が勤務や生活に有利であると考えられたための処置である[19]」と述べている。この他に例えば、仙石久邦は寛文九年（一六六九）七月三日の伏見奉行就任時に「近江国浅井郡のうちにをいて二千石を加へられ、すべて六千石を知行す。このとき上野甲斐両国のうちの采地を摂津国嶋下、西成、河内国大縣、渋川四郡のうちにうつさる[20]」、三枝守俊は「(延宝―注筆者)八年八月十二日駿府の城代となる。この日駿河国庵原、有渡、安倍三郡の内に於て三千石を加えられ、すべて八千石を知行す。閏八月三日先の采地五千石を駿河国同郡及び武蔵、安房三国のうちにうつさる[21]」とある。土屋利次は「明暦三年七月二十三日荒井奉行に遷り、遠江国敷知郡のうちにをいて三百石の加恩あり。寛文四年四月奈良の奉行に転じ、大和国平群郡のうちにして五百石の地を加賜せられ[22]」とあり、昇進のたびに赴任先近くに領知を宛行われている。

すでに触れた小堀政一も同様である。政一は慶長九年（一六〇四）から元和五年（一六一九）の期間、備中国内九四三〇石、大和国内二〇三〇石、和泉国内一〇〇〇石、合計一二四六〇石を領していた[23]。政一の父である正次は「十二月旧領を賜ひ、備中国のうちにをいて一万石を加増あり。すべて一万四千四百六十石余を領し、台命によりて備中の国務をつかさどり、松山城を守り[24]」と備中国等で一四四六〇石を宛行われ、かつ「備中の国務」を

担当した。政一は、父正次の遺領を継いで、「父が例のごとく備中の国務につかさどり、松山城をあづかる」、元和五年には「備中国の領地を近江国浅井郡のうちにうつさる。六年七月より大坂城外郭櫓等の普請を奉行し、七年仰をうけたまはりて丹波国福智山におもむき、政事を沙汰す。八年近江国の奉行となり、九年伏見の奉行につつる」とあり、[25]近江に領知替があった後に「近江国の奉行」となっている。

さらに注目したいのは、高木氏が「政一が備中だけでなく大和・和泉でも代官を勤めたことは、次のようにして明らかである」「政次は、その知行地のあった大和に対する関係を関ヶ原以降ももちつづけており、そのあとを受けて政一も、前掲柘植大炊の跡地を支配する以前から、大和で代官を勤めていたことが、結論できるであろう」[26]と述べて、小堀正次・政一が大和・和泉両国の支配にも関与していたことをいくつかの史料を用いて実証的に明らかにしていることである。小堀正次・政一が大和・和泉両国内にも領知を有していたことはすでに述べた通りであり、単なる偶然の一致として済ませられない重要な問題が隠されていると思われる。

以上のように、役職就任時に赴任先近辺に転封（領知替）が行われるという点に関して、原則に近いものが見出せるのである。小堀政一の他にわかる範囲内では、山口直友に関しては「是年（慶長六年―注筆者）采地を大和国山辺郡のうちにうつされ、加恩ありてすべて三千石余を知行し奏者番となり、丹波の郡代をかね、其地の諸士三十四騎を与力に附られ、給地五千石をあづけらる」、村上吉正に関しては「五日すぎて五百石をくはへられ、丹波国桑田郡のうちにをいて、すべて千五百石を知行す。（慶長―注筆者）十九年大坂御陣のとき御代官となりて京師にあり」とある。[27]丹波国の触伝達者である山口・村上は上方に領地を持ちながらその権限・役割を行使していた可能性が高いと考えられる。[28]

すでに触れたように、元禄―享保期に京都所司代・大坂城代らの性格が変わり各藩主の立場のまま赴任してく

るように転換したが、この後も役職就任と領知宛行が完全に切り離されたわけではない。一八世紀以降も最低限の所領が上方近辺に必要であるため、所謂役知領として必要な分だけ領知替が行われ続けることになる。例えば、宝暦二年（一七五二）四月七日に大坂城代に就任した高崎藩主松平輝高には、同年四月に「領知遠候付、高弐万石余大坂近所ニて知行御引替被下候間[29]」と大坂近辺で二万石を宛行われた。また次の【史料5】は、安永六年（一七七七）九月一五日大坂城代に就任した笠間藩主牧野良長に、翌七年一一月に役知領の追加が行われたことを示す。

【史料5】[30]

領分遠候ニ付、奥州領分三万石余大坂向寄ニて先達て御引替被下候処、大坂之儀も人数多召連、難取続、難儀之由ニ付、猶又笠間城附之内壱万五千石、大坂向寄ニて御引替被下候間、可被得其意候、

すでに宛行われた役知領三万石では不足するため、新たに追加で一五〇〇〇石を笠間城城付地から大坂近辺に領知替を命じられている。「領分遠候ニ付」「大坂之儀も人数多召連、難取続、難儀之由ニ付」とあることから、所領に賦課する夫役が必要であったため大坂近辺に所領を与えられたものと考えられる。一八世紀以降は人宿を介した請負が大規模に進展するが[31]、すべてを請負にすることができずに直接夫役を賦課する必要性はなくならなかったものと考えられる。右の点は、多数の夫役が必要な軍事動員を行う幕末期に最も見えやすい形で再度顕在化する。この点に関しては一橋慶喜の所領に賦課された夫役の研究を行った岩城氏の成果、京都守護職松平容保の会津藩が役知五万石を上方で宛行われ所領の村々が夫役を負担させられたことを明らかにした馬部隆弘氏の成果がある[32]。

右の役知領の問題については上方を中心に述べてきたが、その他の地域も同じである。例えば、寛延元年（一

七四八）閏一〇月に奏者番を兼任することになった寺社奉行大岡忠相に翌年二月「其方旧領所々向寄隔候付て、此度下総国之内ニて御引替被下候間、御勘定奉行え可被談候[33]」と命じられていることから、江戸の役職就任・昇進に関しても該当すると考えられる。大岡忠相は「（寛延―注筆者）二年二月二日先代加恩ありし千七百石、及びこの代加賜せられし武蔵、上野、下野三国の領知を下総国相馬、岡田、豊田三郡のうちにうつさる」とあるが、この中の「先代加恩ありし千七百石」とは、父忠真の時代に「（元禄―注筆者）七年八月二十八日駿府の定番となり、この日五百石を加賜せらる」とあることから、おそらくは駿府周辺の領知かと考えられる[34]。なお宝暦二年に忠相の跡を継いだ大岡忠宜は「（宝暦―注筆者）十二年五月四日下総国相馬、岡田、豊田三郡の地を三河国加茂・碧海両郡のうちにうつさる[35]」と、寛延二年に忠相に宛行われた領知を関東外の三河に移されていることがわかる。役職を命じられその役務を遂行する上で、その領知を赴任先の近辺に宛行われるということは量的には一七世紀に比べて激減するものの、近世を通じて普遍的なことであったといいうる。

江戸近辺の所領は幕府領、将軍直轄軍である旗本領、役職に就任した譜代大名・旗本の所領であることが原則であったものと考えられ、よく知られている「元禄地方直し」もこの観点から位置付ける必要がある。近年藤井氏が元禄一二年に大名に発給された領知宛行状を分析して、その領知替の対象が関東諸国にあること、領知替がその所領の多くを関東以外の国に移すか城地近くに集中させていることを明らかにし、この「地方直し」の原資を生み出すための政策であったことを指摘した[36]。また三宅正浩氏は「元禄地方直し」の基本構想を示した一二ヶ条からなる「覚」を分析し、その第一一条が「表向き」の役職に就いていない二万石以下の領主に関して、その知行所が江戸から三日行程以内に所在するものは遠方へ知行替えを行うという内容を持ち、「役職就任の有無を基準として江戸周辺の知行地再編が意図されていた[37]」ことを明らかにしている。すなわち「元禄地方直し」とは、

繰り返された転封（領知替）によって本来の意味・機能を失ってしまった大名・旗本領を江戸から遠方に移し替え、一方で江戸城周辺には幕府領、将軍直轄軍である旗本領、役職就任した譜代大名・旗本の所領を重点的に配置するという本来の原理原則を再度確認し直したものと考えられる。

本節では幕府の奉行は赴任先周辺の領知が将軍より宛行われていること、その領地を有していてはじめてその権限・役割を行使できることを見てきた。領主制と官僚制（奉行制）は特に一七世紀においては不可分のものであり、両者は一体となってはじめて機能するものであったといえる。このため老中・京都所司代・大坂城代・寺社奉行だけでなく、近世初期の国奉行などをはじめ多くの奉行においてもその役職就任のたびに、転封（領知替）が繰り返されたのである。すなわち将軍が命じる領知宛行・転封（領知替）には、全国各地にその支配を担当する奉行を配置するという意味と機能があったものと考えられる。そして一八世紀以降、転封（領知替）は激減するものの、赴任先周辺に役知領として領知が宛行われること自体は続く。近世を通じて領主制と官僚制（奉行制）が完全に分離しきることがない点は注意しておきたい。

第二節　「人」から「藩」へ

前節では奉行の領主的性格を明らかにしたが、視点を逆にすれば、全国各地には奉行的性格を持った大名が一七世紀には数多く存在した。すでに触れた、京都所司代板倉重宗らとの合議で江戸から相対的独自性を有しながら上方支配を担った淀藩主永井尚政・長岡（後に高槻）藩主永井直清が著名である。[38]また松尾晋一氏が家光政権期における長崎の沿岸警備体制に関して、諸大名を指揮したのは島原藩主高力忠房・府内藩主日根野吉明・長崎

奉行馬場利重であり、彼ら三人を指して当時の史料が「長崎奉行衆」「御三人衆」などと呼んでいたことを明らかにしている[39]。また熊本藩細川氏では藩主綱利が幼少であったため小倉藩主小笠原忠真が国目付とともに国政に関与し、高知藩の藩政改革では松山藩主松平定行が相談を受けており、この他に井伊直孝・松平定房・松平定綱などの役割がよく知られている[40]。一七世紀においては彼らのような譜代大名が全国各地に配置され、大名同士の人的関係に基づき自己の所領のみならず周辺地域の支配にも関わる奉行としての役割を担った。つまり全国各地に配置された大名・旗本が奉行的性格を持っており、各地域が江戸から一定程度独立した支配を行っていたのである。権限・役割が明確ではなく職制ではないものの彼らが配置されることで、各地域が抱える固有の課題に対処していたのである。

また、貞享元年（一六八四）に元大坂城代太田資次の嫡子資直と田中藩主土屋政直の両者が事実上交換転封を行っていることを考慮すれば[41]、一七世紀においては大坂城代と田中藩主等の各城主は同じ譜代大名であり交代可能な存在であった。これは形式上譜代大名が城郭を与えられていても、わずか数年で頻繁に入れ替わることによって、結果として城郭を預けられている城代という性格を払拭していなかったともいえる。元和元年（一六一五）から元和五年までの松平忠明が大坂城を与えられたのか、預けられたのか、言い換えれば大坂城主なのか、大坂城代なのかという見解の相違とも共通する[42]。つまり、一七世紀の城代と城主は存在形態・役割・権限のいずれもが未分離であることに注意が必要なのである。右の点に関わって、従来から一七世紀においては幕府領・大名領・旗本領の区別が明確でなく、その領主が頻繁に交代することが注目されてきた。注意したいのは、その未分離な状態は所領構成のみに限定することができず、必然的にその支配構造も同様であったと考えられることである。

右のような支配構造に関する事例はこれまでも部分的に知られてきていた。例えば、慶安元年（一六四八）から淀藩主永井尚政が死去する寛文八年（一六六八）までの間、近江国蒲生郡にあった旗本有馬氏領では淀藩による年貢の賦課と徴収が行われていた[43]。また藤井氏が成立期の小浜藩政を論じる中で、幕府の代官小野宗左衛門が大津での払米を指導し払米代銀を一時預かる役目を果たしたこと、寛永期に数度若狭をおとずれて農村仕置を指導したことを明らかにし、「幕府の地方功者が、代官の地位のままで大名酒井氏の藩経営に深く関与していたことは、注目すべきである」と述べている[44]。次の【史料6】は承応四年（一六五五）二月五日付で小浜藩主酒井忠勝が国元に宛てた書状であり、右の点に共通する性格を持つ。

【史料6[45]】

以上

一筆令申候、周防（板倉重宗）殿年寄被申候付而、牧野佐州（牧野親成）同役被　仰付候、昨日御暇被下候、二三日中御当地発足之事候、万端周防殿ニ不相替、国許并京屋敷之儀相頼候間、何様之義も周防殿ニ不相替、自然用所之時分者指図を請可申候、然者佐州当月廿一二日之比可為京着候（中略）

二月五日　讃岐　御判

酒井内匠とのへ（以下、三名省略）

京都所司代が板倉から牧野親成に替わったことを受けて、傍線部では板倉の時と変わらず国元や京都屋敷について牧野に頼んでおいたため、必要に際してはその差図を受けるように命じている。右に関わって、寛永一五年（一六三八）一二月五日付で国元に出した「条々」一六箇条では、「国中万事用所并大津米之直段米請払之儀、従京都周防殿を相頼、江戸へ之状之儀一月に二度宛、但指当用所之時分者可為各別、若周防殿江戸参勤之時分者天

野豊前（長信）殿、大岡美濃守（忠吉）殿相頼指下可申候事」[46]と述べ、【史料6】と同じく板倉重宗に差図を受けること、板倉が参府中は天野長信・大岡忠吉に差図を頼んでいる。藩主酒井忠勝は老中として定府し国元にいないため、万一の際は京都所司代らに小浜藩政の指南を頼むことになる。

この点は例えば慶安四年の三代将軍家光死去時に、四月二八日付で板倉重宗が「兼而讃岐（酒井忠勝）殿其元之義我等指図仕候様ニと被仰渡候間、申入候通ニ可被成候」「御心安堅可被思召候、讃岐殿御頼被成候間、少も由断ニ不存候」と、かねてより忠勝より小浜藩政の指南を頼まれていることを述べ[47]、さらに「御触候事ハ不入義候、五三人之町人ニ順々ニ申聞候様ニ可被申渡候」「馬なところし持合不申仁も、八月時分迄ハ買候事無用と可被仰付候」などの藩政に関わる具体的な指示を行っていることからもわかる。双方に個別領主権を侵害している、あるいは逆に侵害されているという認識は全くなく、むしろ小浜藩が所司代らによる指南を積極的に受け入れている点に注意したい。

以上に見てきたように、近世初期・前期の幕府領・旗本領・大名領は支配構造・所領構成ともに明確な区分が確立していなかった。結果としてすでに淀藩主永井尚政で見たように、自己の所領を越えて地域全体の支配に関わる大名・旗本が少なからずいたものと考えられる。従来の研究で明らかにされてきた仁聖寺藩主市橋吉政・園部藩主小出吉親なども右に関わる事例であろう。彼らは二次史料では「上方郡奉行」とも呼ばれたが、一次史料でも寛永一二―万治三年（一六六〇）に公事訴訟の処理に関与し、その職務にあたって京都・伏見・大坂・堺の各郡代・奉行と合議し協力して、上方支配の一翼を担ったことが明らかにされている[48]。同様の奉行的性格を持つ大名の存在・役割は今後も発見が続くものと考えられる。幕府領・大名領・旗本領の明確な区別ができておらず、その支配も明確に分離しきっていない段階では、複数の大名・旗本が自己の所領を越えて支配を行う広範な権

限・役割を持ちつつ、彼らが合議し協力しながら担う以外になかったのである。

右のような初期の支配構造の特徴を端的に表す人物に藤堂高虎がいる。高虎は慶長一三年（一六〇八）に伊賀・伊勢を与えられ、大坂包囲網の城郭建設を行っていく。[49] さらに元和五年には大和・山城に領知五万石を宛行われることになった。その背景にあったのが大坂城普請と和子入内の問題であり、実際に彼自身が京都・大坂へ出向いて広範な役割を担った。【史料7】は元和六年三月四日に高虎が上野城代藤堂采女に送った書状、【史料8】は同二月二八日に高虎が領地である笠置の森嶋新右衛門に送った書状である。

【史料7】[50]

尚々、爰元何も六十め、六十四五めにてハ相着候間、其元よりもいよいよ右の□ニ仕成次第、舟□乗候様ニ才覚可仕候、以上

追而申遣候、笠置川筋之舟、大小共ニ何程も才覚仕五百艘千艘ニ而も相調、よき栗石壱坪を大坂江相着、銀子六十めニ相定、新右衛門・加茂之中両人致奉行、直ニ大坂迄乗下し、則是にて請取可申候銀子ハ、其方次第ニ可相渡候、其才覚無油断両人可仕者也

三月四日　　いつミ（花押）

笠置新右衛門

加茂之中

【史料8】[51]

くり石奉行ニ坂田與三右衛門・掘江又右衛門両人遣候間、よく様子可申聞候

一、ふし見・鳥羽・中将（中書）、其外手傳石を舟につミ下候儀共、ついへニ不成ことくニ《ことくニ》ろくニ可申付候事

一、禁中方之儀、何も相済、明日者ふし見へ可相越候間、舟以下用意仕、相待可申候、〇以下省略セルモノナルヘシ其元万事由断

委細二郎右衛門ニ申〔入候遣候〕

二月廿八日

尚々右通よく貞右衛門　采女

可申聞候　貞右衛門

木津川の上流にあり伊賀と繋がる加茂・笠置には船持衆がいて、彼らを統括しているのが森嶋新右衛門であった。【史料7】【史料8】からは大坂城普請に必要な石の切り出し、さらには高虎自身が京坂を動くために必要な所領として加茂・笠置を含む城和領五万石を宛行われたと考えられ、高虎は恒常的に京都・大坂へ出ることになったことがわかる。また領外へ大名自身が出て行くことに関しては、例えば彦根藩主井伊直孝が元和二・三・五・六年に淀堤へ鷹狩りに出向いていたことと共通し(52)、近世初期では領外に出て幕府から任された役務を果たすことが彼らの役割であった。

大名の場合は拠点となる城郭を与えられてその動きは少ないが、三宅・小宮山敏和氏らが明らかにしているように(53)、軍事的要請があれば彼らの役割が重要になる。高木氏が小堀政一を事例に類型化した国奉行が他にもあてはまるかどうかという点について、藤田恒春・藤井氏による批判があるが(54)、一人の人物が一国単位ですべての権限・役割を行使していたわけではなく、複数の人物が関わって合議・協力しながら支配が行われていたものと考えられる。

近世初期の支配に関しては、藤井譲治編『近世前期政治的主要人物の居所と行動』等の実証的な成果があるが(55)、

「職」が確立していない近世初期では奉行・大名が各地に実際に出向いて彼らの任務を行うのが通例であり、各地を活発に動き回った。例えば大久保長安は幕府行政・裁判・財政が未分化の段階で、幕領を預かる代官、石見・佐渡・伊豆の金山支配、知行割、街道・宿駅の支配、駿府年寄など多種多様な役割を果たし、日本全国を西へ東へと動き回っていた[56]。これは前節で触れた小堀政一が伏見・備中・近江などで八面六臂の活躍をしていたことと同じである。また例えば大久保長安・小堀政一は京都所司代板倉重宗とも連署したように、複数の人物が合議・連署する点も重要である。つまり幕府領・旗本領・大名領が未分化なだけでなく、そもそも行政・裁判・財政・軍事全体が未分化であったため、その支配を成り立たせているのは定まった「職」「藩」でなく奉行・代官・大名・旗本の要素が未分離で混在した「人」による支配であり、同時に彼らによる合議・連署であった。一七世紀の幕府領・旗本領・大名領は所領構成・支配構造ともに明確な区分が確立しておらず、同時にその支配の担当者も奉行・代官・大名・旗本の要素をあわせ持っている点が重要なのである。そして彼らの任務遂行に必要な所領を将軍がその都度宛行う必要があるために、一七世紀においては転封（領知替）が頻繁に行われたのである。

右のような奉行・代官・大名・旗本の要素が混在した「人」による支配から、二つのコースに分化が始まる。一つが奉行的要素を集約していく官僚制化に向かうコースで、寛永―寛文期に「職」が確立しさらに元禄―享保期に法と機構を整えていくことになる。この結果、江戸を中心に「職」が連関性を持って立体的に組み合わさっていくのである。もう一つが淀・高槻藩主の永井兄弟などが有した奉行的要素を払拭しながら、すべての大名が均質化・平準化していく「藩」の確立へと向かうコースである。すなわち「人」から「職」への移行は、「人」から「藩」への移行と同時進行で起きている点が重要なのである。

具体的には上方では岩城氏が明らかにしているように[57]、貞享元年以降に上方の大名が領外へ出て支配を担当することが制度化されていくことになる。貞享元年には土砂留管理制度が開始され、津藩藤堂氏・郡山藩松平氏・淀藩石川氏・膳所藩本多氏・高槻藩永井氏ら一一大名に関して、各藩の管轄が郡単位で明確化された[58]。さらに同二年に奈良へ郡山藩が出動することになり、元禄三年（一六九〇）から享保七年（一七二二）にかけて京都大名火消の制度化、並行して淀藩が伏見・八幡、膳所藩が大津・石山へ出動することが制度化されていく。この場合には大名と大名の間だけでなく、幕府官僚と大名の間でも機能・役割が分担されていくことが重要である[59]。例えば京都大名火消に関して、当初は所司代が勤めていた火番を周辺の大名が担当する火消制度として設立し、一方これら大名に対する指揮権を所司代のみならず旗本役である京都町奉行・禁裏付・上方目付などの幕府官僚が有することになる。国絵図作成に関して正保元年（一六四四）の作成時では、尼崎・高槻・岸和田・高取・郡山・亀山・篠山・福知山・彦根・膳所藩だけでなく八人衆を構成した永井兄弟、さらに所司代・上方郡代・堺奉行・奈良奉行らが直接担当しつつも全体を統轄したが、元禄一三年の作成時では所司代らは関与しなくなり、諸藩が実際に作成を担当し大名の役として確立する[60]。

重要な点は奉行・代官・大名・旗本の要素が混在した「人」の能力・裁量に依存したものから、官僚制（奉行制）と分離しながら、大名家・藩として分担する制度へと転換したことにある。小堀や永井兄弟が典型的なように、一七世紀段階では大名の権限・役割は同時期の奉行と全く同じようにその人物の個人的力量・裁量に委ねられ、職域・権限は人によって個々別々であり、さらにその職域は複雑に入り組んだり合議・連署でしか成り立たないものもあった。このためその人物が死去すれば継承されることはない一代限りのもので、将軍代替わりによっても変更を余儀なくされた。貞享—享保期にかけて起きる変化は「職」が確立するのと全く同じように、小

堀・永井兄弟のような突出した権限・役割を持つ大名の存在を否定して、すべての大名の平準化・均質化を伴いながら、各大名家（藩）が担うべき役割・権限が制度化され固定化された点にある。土砂留管理制度、郡山藩の奈良への出動、淀藩の伏見・八幡への出動、膳所藩の大津・石山への出動などがこれにあたり、それは明治維新を迎えるまで各藩で継承されていく。

第三節　大名の奉行的性格

「人」から「職」へ、「人」から「藩」へという変化は上方内部においてだけでなく全国規模で起きている点が重要である。本節ではこの変化が全国各地を巻き込んで起きてこそ可能であった点を見ていきたい。例えば上方の大名は上方内部で軍役（幕府課役）を命じられていたのが、一八世紀以降は上方内部に限定されずに国家単位で賦課されるように制度化された[61]。それは宝永四年（一七〇七）の富士山噴火への復旧・復興政策のため、翌年河川浚に岡山・小倉藩などが動員されていくことに端を発し、一旦停止されるものの享保二〇年（一七三五）以降再び開始され、全国の大名が関東・東海の河川普請に大規模に動員されていくことで定着する。例えば郡山藩の場合は奈良の軍事的防衛を担当する以外に、膳所・淀・亀山藩とともに宝永六年以降は京都大名火消を担当することになるが、江戸城虎の門―山下門の堀浚の手伝普請、日光名代などを命じられた場合にはこの京都大名火消を免除された。淀藩・亀山藩の場合は寺社奉行などの役職就任を命じられると京都大名火消を免除された。

以上のことから、手伝普請、日光名代、京都大名火消、役職就任が同列の幕府課役として位置付けられていたこと、この原則が確立したため全国の大名・旗本が転封（領知替）することなく、役職に就任することによって

定着していくことがわかる。この結果、寺社奉行→大坂城代→京都所司代→老中という昇進ルートが生み出されており、「藩」の確立が「職」と「職」との連関を作り出し、幕府官僚制機構の形成へと繋がっていく点に注意したい。従来の研究は、領主的土地所有の編成過程と幕府の職制・機構の整備過程の両者を個々別々に分析してきたことに根本的な問題があったのである。以下では「人」による支配ではなく、存在形態・役割・権限が定式化した「職」「藩」それぞれが分業しつつ有機的な連動性・関連性を持ちながら全国支配を行うように転換していく過程を見ていきたい。

次の【史料9】は、萩藩毛利氏が藩財政悪化を受けて行った藩政改革の際に作成した「御国政再興記」という史料であるが、一〇万石以上の大名が手伝普請を命じられた頻度・間隔について記述したものである。松尾美恵子氏が近世中期の幕府課役を分析する研究の中で取り上げたものであるが、享保期以降の幕府課役に関する当時の考え方が如実に表れている。(62)

【史料9(63)】

一、凡十万石以上諸御大名方御手伝之次第、(A)往古之儀は年歴之考急に難相見、第一当時之御見合に難相成趣も有之様相見候故、中古有徳院様吉宗公御代享保中比より当天明二年迄之儀考候処、大概左之通相見候

御三家方

松平加賀守殿（前田治脩・金沢藩主）

右御手伝並火之御番等不被仰付御例之由

松平薩摩守様（島津重豪・鹿児島藩主）

一度

右御先代尾州濃州勢州川々宝暦三年被成御承、夫より当年迄三十年

二度　前後十七年之際　　松平陸奥守様（伊達重村・仙台藩主）

但御先々代正徳元年十一月日光山不残被成御承候、夫より四十一箇年目上野被成御承候故、Ⓑ正徳を添候へは近来之分三度にて候

右之内一度は御先代上野御霊屋宝暦元年夫より十七年目御当代に至関東川々明和四年御承、夫より当年迄十六年

（中略）

三度　前後三十七年之際　　此御方様（毛利重就・萩藩主）

右之内一度は利根川寛保二年御先代様夫より二十五年目御当代様に至勢州濃州川々明和三年、夫より十三年目日光安永七年と両度被遊御承候、夫より当年迄五箇年

三十五万七千石　　松平肥前守様（鍋島治茂・佐賀藩主）

Ⓒ右長崎御番被仰付候故御手伝等無之由

三十五万石　　井伊掃部頭様（井伊直幸・彦根藩主）

右御代々溜詰之御役、且重立候御慶事之節京都えの御使被仰付候故、御手伝等不被仰付候由

（中略）

十万二千石　　稲葉丹後守殿（稲葉正諶・淀藩主）

Ⓓ右淀川筋一体御見合故歟、御手伝事不相見候

傍線部（A）ではまず冒頭に「往古之儀」は先例として判断しかねる部分があると述べ、享保期以降を基準としていることに注意したい。この点に関連して、仙台藩伊達氏に関する記述中の傍線部（B）で「正徳を添候へは近来之分三度にて候」とあるように、享保期の前代にあたる正徳期に命じられた課役に関しては、回数に含む

か含まないかグレーゾーンの位置付けにあることがわかる。すでに述べたように、これは元禄・宝永期に従来地域内部で命じられていた課役が国家単位で命じられ始め、さらにこの課役の中に役職就任も含まれることになったという幕府課役そのものの転換が原因であると考えられる。すなわち先例を調べていくと、この享保期以降にしか明確な原則といいうるものが見出せなかったものと考えられる。

引き続き内容の分析に入りたい。御三家・金沢藩前田氏は手伝普請・火番を命じられることはなく、鹿児島藩島津氏が一度、仙台藩伊達氏が二度、萩藩毛利氏は三度勤めたことが記述されている。また佐賀藩鍋島氏は長崎警固役を勤めているため、その他の手伝普請が免除されていることを述べている。この佐賀藩についての認識に関しては、郡山藩らが京都大名火消を免除されて手伝普請を勤めていることからも正しいものであるといえる。ここで注目したいのは、課役を勤めた回数や間隔の年数などが基準になっていることである。これは他にも「観光院様御代利根川（寛保二年）御手伝事、青雲院様御代（元禄十六年江戸御城）以来四十箇年目に被蒙仰、御当代様御手伝事は夫より二十五箇年目勢濃両州川々御普請（明和三年）被蒙仰、又夫より日光山御手伝（安永七年）迄は十三箇年目箇様に年暦は次第に間近く」、あるいは「御造作入は利根川之節は二千九百八十四貫目、勢濃両州之時は五千百七十九貫百目、日光之分は八千八百三拾壱貫目、猶此外に千五六百貫目も相増候御様子に御座候[64]」と述べているように徹底している。

前節で述べた小堀政一・永井尚政・永井直清・藤堂高虎などが担った役割・権限は、すでに述べたように数字で表したり範囲を文章で明確に示せるものではなく、しかも人によって個々別々であり、このため継承・交換・代替は不可能である。ところが、ここでは萩藩が石高や回数・年数などを基準にしているように、数字で比較できるようになっている点に注目したい。この傾向は一八世紀においてさらに進む[65]。課役を命じられた大名が請負商人に請負わせることが一八世紀に一般化するが、安永期には工事費用を高割にして幕府勘定所が負担金を各大

名から徴収するだけの方式に変化するからである。軍役の原理原則を否定して石高による均質化・平準化を推し進めており、各所領や各地域から人足を実際に連れて行くのではなく、江戸や都市に集まる日用層などを大規模に雇うように切り替えていくことになる。所領・地域から切り離して国家的単位で動員するためには、実際に人を動かすのではなく、貨幣を動かす方式に切り替えねばならないからである。

【史料9】で注目したいのは淀藩稲葉氏に関する記述である。手伝普請を命じられていない理由を「右淀川筋一体御見合故欤」と述べているが、まず事実としては正しくなく、本来淀藩の箇所には京都大名火消が記述されていなければならない。すでに述べたようにこれは郡山藩柳沢氏の場合も同様であり、京都大名火消、福岡・佐賀藩が勤める長崎警固役、関東・東海の河川普請、さらには役職就任は同列にある幕府課役だからである。当時命じられる諸藩にとって自藩に関する原則は理解していても、他藩に関する原則は理解していないことをまず確認しておきたい。この点に関わって、一般的に言われるような幕府が外様藩を財政窮乏の状態に置くために過重な役負担を命じたというのは、外様藩側からの説明であって客観的事実ではないともいえる。

ここでむしろ注目したいのは萩藩が誤解していたという事実である。すなわち「淀川筋一体御見合故欤」という淀川筋一体の支配に関わる役割があるため、淀藩は手伝普請を免除されているのではないかと理解していた点である。繰り返し述べてきたように、淀藩は京都大名火消や役職就任という役務があるため河川普請・寺社普請を勤めていないのが正しい理解である。故にこの推測は誤りであるのだが、淀藩が伏見奉行所と管轄を分担しながら淀川支配を行っていたこと自体は事実である(66)。淀藩による淀川支配のように、幕府課役であるという定義が困難な役が多種多様にあるが、その一つとして郡山藩による奈良の軍事的防衛があげられる。その特徴は、例えば京都大名火消は篠山藩など京都からは遠距離にある大名をも組み込んで構成されているのに対し、郡山藩によ

る奈良の軍事的防衛は所領と防衛対象が隣接していることを不可欠な前提としていたことである。また京都大名火消は関東・東海の河川普請と同様に複数の藩で勤め免除・代行が可能であったが、奈良の軍事的防衛は他藩では代行することができず、免除が不可能であり郡山藩しか勤められなかったことである。すなわち淀藩による淀川支配や郡山藩による奈良の軍事的防衛は、将軍による領知宛行そのものがその役務の任命と同じ意味を持ち、その城地に付属した固有の公役といいうるのである。土砂留制度も同じ類型に入ることになる。

右の点に関しては、「諸藩は幕府の指示を受けて、それぞれ公儀として割当てられた役を受け持っていた（中略）たとえば信濃国から上方へ出るさいの女手形は上田藩と松本藩が分掌発給するといった具合に、さまざまなレベルでの全国支配のネットワークはすべて公儀の役として分担されていた(67)」という朝尾氏の指摘が重要である。女性が関所を通る際には必ず通行許可書にあたる女手形の提出を幕府は義務付けていたが、その発行者は幕府より指定されており、江戸を出る女性に関しては幕府留守居が発行し、禁中・西国方・丹後・但馬・若狭を出る女性は京都所司代が発行した。『官中秘策』では国持大名の他、伊勢が桑名城主、西三河が岡崎城主、東三河・信濃が松本城主、美濃が大垣城主、越後が高田城主、駿河が駿府町奉行、丹波・近江が伏見奉行、摂津・河内が大坂町奉行、大和が奈良奉行、山城が京都所司代であるとしている(68)。

この場合に奉行がいる駿河・丹波・近江・摂津・河内・大和・山城は奉行らが発行し、奉行がいない伊勢・三河・信濃・美濃・越後等は近くの大名が行っている。領主制と官僚制（奉行制）が分離する中で、国絵図作成・火消・治水などは奉行がその担当から外されて大名が担うようになるが、この女手形に関しては奉行がいない地域があるため完全に分離しきらずに、奉行と大名の両者にまたがったのである。この女手形の発給と切り離せないことになるが関所や宿駅の管理も同じであり、淀川でも見たが河川支配・港湾機能の維持なども含まれるであ

ろう。またこれらの任務が軍事的性格と不可分一体であるため、大名も担当することになったものと考えられる。重要なのは、明確な任免があるわけではなくその領知を宛行われていることそれ自体がこの役を勤める根拠になる点である。朝尾氏が指摘するように、このような役が積み重なってはじめて国家的機能が維持されたのであり、将軍領知宛行の意味はここにあるといえる。

右の点は外様大名も同じである。荒野泰典氏が「四つの「口」のうち、長崎を直轄領として対外関係全般の管理統制の中心とするとともに、他の三つの「口」での対外関係は、それぞれ対馬藩・薩摩藩・松前藩に管掌させていた。これらの三藩はそれぞれ対象とする異民族・異国に対する「押え」の軍役を徳川将軍に負い、諸外交もその軍役の一環として行っていた[69]」と述べ、「大君外交体制」と位置付けている点と不可分な関係にある。近世中期から対馬藩で出てくる転封を望む声（移封論）[70]に触れつつ、「対馬を領有しつつ「家役」だけを免れる」ということはできなかった、という荒野氏の評価は正鵠を得ている。対外関係編成・海防・海の支配などを含めて、地域性・多様性を持つ近世日本の国家的機能は、これら全国各地の大名の役務によって成り立っていた点が重要である。

以上のように「人」から「藩」へという変化の中で、大名の役割も一方が役職就任を含めて領知から切り離して国家単位で賦課される幕府課役、他方が領知から切り離すことができずに領知に付属した固有の公役という二つを生み出すことになった。同時にそれは、一七世紀に大名が有していた奉行的要素が二つのコースに分化していくことと同義であった。具体的には前者が幕府課役の原理原則の確立に伴い、全国各地の大名が転封することなく老中・所司代・城代等に就任し昇進する幕府官僚制機構を形成するコースであり、後者が領知に付属した固有の公役として制度化され、そのまま在地に留まりつつ自己の所領を越えて地域支配や全国支配の一部を担うよ

うになっていくコースである。さらにその担い手という面から位置付ければ、前者を担うのが頻繁に役職就任して幕府官僚制機構を形成する長岡・浜松・篠山藩などであり、後者を担うのが京都・奈良を守る郡山藩、京都・大津を守る膳所藩、荒居関所を守る吉田藩、長崎軍務の役がある唐津藩などである。後者は各地に散在して全国支配の一端を担う不可欠な役割を果たしており、両者が相互補完的に支配を担当することで幕藩権力による全国支配が成り立っていたのである。

重要な点は大名もまた奉行的性格を完全には喪失しないのであり、これは第一節で確認したように老中・所司代・大坂城代などの就任者が全国各地に所領を有する譜代大名・旗本であって、その領主的性格を完全には喪失していないことと表裏一体の関係にある点である。さらにこの点は、水本氏が「公家や寺社の知行宛行状が、「朝役」を務めることや、「仏事勤行」あるいは「天下安全之精祈」などを条件に発給されていること」に注目して、公家・寺社を含めた中小領主が「近世国家機構の一翼を担う役人的性格を持って」いたと述べているように[71]、その他の中小領主にも共通するものであると考えられる。このように近世の領主制は奉行的性格を不可分な形で内包している点が重要である。

第四節　徳川将軍領知宛行の特質

一七世紀における奉行・代官・大名・旗本の要素が混在した「人」による支配から、一方に寛永―寛文期に「職」が確立しさらに元禄―享保期に法と機構を整えていくコース、他方に淀・高槻藩主永井兄弟などが有した奉行的要素を払拭しながら「藩」の確立に向かうコースに分化していくことを論じてきた。論旨の整理を兼ねて、

以上の点を研究史の中に位置付けておきたい。

領主制および官僚制（奉行制）に関してはそれぞれの特質について、さらには両者の相互関係性に注目した研究が膨大にある。それは幕藩体制を理解する上での本質的な課題であるだけに、日本近世史研究に大きな影響を与える優れた研究成果を生み出してきた。例えば上方に関しては、安岡重明氏が京都・大坂町奉行所による尼崎藩らの個別領主権を侵害して展開する広域支配権に注目して提唱した非領国論以降、上方地域で広域支配と個別領主支配の相互関係性の解明が進められた(72)。また高木氏は封建原理とは異なる国郡制単位の統治権に注目して国奉行を論じ、近世国家史研究を牽引した(73)。なお、高木氏による「近世社会においては、領主的土地所有に基づく農民支配と国家的な人民支配とが分かちがたくからみ合っており、大名の所領支配にも、領主としての側面のほかに、国奉行と同様に国家の支配・行政機構の一部として国政を担当し、人民を支配するという側面があったのではないだろうか(74)」という指摘は本章との関わりで重要である。また笠谷和比古氏が外様国持大名の位置付けを行う中で、国持大名が置かれない地域には国奉行が置かれており、幕府による全国統治の原則が国郡制原理であったことを論じている(75)。

右の高木・笠谷氏の成果を踏まえつつ、今一度水本氏の研究視角・成果を確認しておきたい。すでに述べたように、水本氏は畿内近国における村・領主・奉行の三者の関係を考察し、その特質を「所有と行政の分離」と位置付け、さらにこれがヨーロッパの絶対主義に類似する特質を持っていたこと、また「日本近世の成立史は、在地領主層の急進的部分による自己否定を通じて、近世王権（公儀権力）が上から一挙に形成され、しかる後に、改めて所有と行政の再配置・再配分が行われるという経緯を辿っている(76)」と述べて、その違いにも注目した。ここでは、特に「改めて所有と行政の再配置・再配分が行われる」という指摘を掘り下げて分析し、徳川将軍領知

宛行の特質に注目して水本氏の問題提起を発展的に継承したい。

一七世紀は幕府領・旗本領・大名領が未分離で、奉行・代官・大名・旗本の要素が混在した「人」による支配が全国各地で行われており、それを可能にしたのが徳川将軍領知宛行であったことに今一度注目したい。まず、「職」と「藩」が未確立の一七世紀においては全国各地の地域支配がそれぞれ分裂してしまっており、連動性・連関性を持てないまま局地的・分散的・時限的であった。この局地的・分散的・時限的な各地の支配を機能させているのが、全国各地を東奔西走する大久保長安や小堀政一のような奉行・代官・大名・旗本の要素が混在した「人」による支配であった。所領も分野も飛び越えながら、彼らによる支配が行われていたのである。また権限を行使して、その任務を遂行するために必要な城郭・領知を彼らに与えるのが将軍領知宛行であり、その人物の死去や将軍代替わりによって、その「人」を変えねばならない場合に行われるのが転封（領知替）であったと言いうる。すなわち将軍が全国各地に適任者を配置したり配置換えを行うのが、領知宛行・転封（領知替）であったのである。とりわけ官僚制が法・機構を伴わない未発達の段階では、将軍による領知宛行・転封（領知替）は奉行・代官・大名・旗本の要素をあわせ持つ「人」の全国各地への配置と同義であり、それ自体が幕藩体制を機能させる人事案件なのである。

言い換えると六六ヶ国全体がひとつの支配機構になっており、この支配機構を効率的・安定的に機能させる手段が将軍による領知宛行・転封（領知替）であった。仙台藩伊達氏や鹿児島藩島津氏などの徳川家と覇権を争った外様国持大名も、その他すべての大名と同じように一律にこの国制の中に組み込まれている点が重要である。将軍代替わりごとに一旦将軍のもとに集められて再配分・再配置を行うという形式を採ることで、将軍の意志のもとに適任者を全国各地に配置しているからである。そして、不適任者であると公儀の法度を基準に判断されれ

ば改易・減封・転封を命じられ、新しい適任者が配置されることになる。幕藩体制下のそれぞれの藩が持つ地域性・多様性の前提として、戦国末期の列島各地に現れる地域的統一権力に関しては市村高男氏の研究成果がある。(77)近世の藩研究においても高野信治・三宅氏らによって、近世大名が持つ多様性・個別性と共通性・統合化の両者の関係について解明が進められた。(78)重要なのは、それらを単に各地域から積み上げただけに終わらせずに国家としてひとつの枠組みにまとめ直し、ひとつのベクトルに向けて機能させているのが領知宛行・転封（領知替）であったという点である。それは対馬藩・鹿児島藩・松前藩を通して成り立つ対外関係も含む。

右のような徳川将軍領知宛行・近世知行の特質に関して、想起すべきは脇田修氏の研究視角・成果である。(79)脇田氏は、近世の領主的土地所有は所有といいうる性格ではなく支配権としての内容を持つこと、近世知行は軍事統率権・知行宛行権・年貢課役権・裁判権などを含む地域支配権を内容とし、全国支配権の分割委任という形式を採ることなどを論じた。外様の場合もそのまま領有しているように表面上は見えるが、中世の在地領主制を一旦否定し、ただ土地・人民を所有しているのではなく、すでに繰り返し述べてきたが、あわせてその土地固有の役を担当することで全国支配権を分有している点が重要である。高木氏の「将軍・大名の関係もまた、単なる主従関係だけでなく、国家的な支配・被支配の関係を一側面として有した」「国奉行と同様に国家の支配・行政機構の一部として国政を担当し、人民を支配するという側面」(80)という指摘がまさにこれである。この場合に最初に管轄単位としては国郡制があり、その国郡制支配のために必要な所領宛行を行っているものと考えられる。このため国持大名は最初から一国単位で領知を宛行われ、一方で上方のように朝廷・公家・寺社領および豊臣勢力があり、さらには大坂を守るために複数の城郭が重点的に築かれた場合は一国単位での宛行は不可能であるため、複数の奉行・大名が分割しながらも合議・連署する形で支配が行われたのである。全国支配の論理・方針が先に

前提としてあり、その論理・方針に基づいて領知宛行が行われている点が重要なのである。

以上のような将軍領知宛行の特質は近世を通じて続く。藤井氏は大政奉還が行われ幕府が消滅しても、版籍奉還・廃藩置県を経ない限り幕藩体制は最終的に解体しないことを指摘しているが[81]、土地・人民を所有しつつ全国支配権を分有している大名が存在し続ける限り、幕藩体制は機能し続けるのである。また荒野氏が対馬藩宗氏の「家役」接収が「宗家＝対馬（厳原）藩の解体＝廃藩置県という契機を経て果たされ[82]」て、旧藩が持っていた朝鮮関係の機能がすべて外務省に接収されることを論じている点も重要である。

さらに元禄—享保期にかけて転封（領知替）が激減していく歴史的意義を考えたい。この時期を境に大名全体が大きく二つのグループに分けられることになる。一つが役職就任しない大名であり、京都・奈良を守る郡山藩、京都・大津を守る膳所藩、荒居関所を守る吉田藩、長崎軍務の役がある唐津藩などはそれぞれの領知固有の公役を担うため役職就任をしないことが原則であった。このグループには同じく役職就任しない外様大名も入ることになる。もう一つのグループが越後長岡・遠江浜松・丹波篠山藩など、その藩主が老中・所司代・城代・寺社奉行に就任し全国支配を担当するグループである。このグループ分けによって、一七世紀のように奉行・代官・大名・旗本の要素をあわせ持つ「人」が配置されて全国各地に散在していた奉行的要素が、一八世紀以降は系統立てて整理されていくことになる。すなわち、その領知と不可分に結び付く奉行的要素に関しては郡山藩・膳所藩・吉田藩のような藩に引き継がれ、同時並行で官僚制を形成していく奉行的要素は長岡藩・浜松藩・篠山藩などの特定の城地に集約されて、江戸を中心とした幕府官僚制機構が生み出されていくことになる。

重要な点は、全国各地に連動性・連関性がなく局地的・分散的・時限的に存在していた奉行的要素が江戸に集約され、全国各地を覆いながら昇進ルート・権限を整えて「職」が系統立って整理され、かつ秩序立てられて官

僚制機構として立体的に確立していくことにある。言い換えると、一七世紀においては局地的であり一代限りでもありいわば平面・二次元であったのが、一八世紀においては空間・時間ともに連動性・連続性を持ちながら、三次元の立体的な支配機構になっていく点が重要である。この結果、大久保長安のような人物が東奔西走し、あるいは将軍に命じられて大名・旗本が全国各地に転封を繰り返すのではなく、ある人物の死去や将軍代替わりに際しても、必要な箇所を必要な分量のみ変えるという形式に変わっていくことになった。政治・社会の仕組み全体に型が生まれ、その型に則って安定的・効率的に運営されることになり蓄積を生んでいくことになる。その大きな流れの中に将軍も組み込まれていき、例えば天保改革期の三方領知替や上知令などのように、その型から外れた恣意的な権力濫用を行えば、たとえ将軍の命令であっても撤回されていくことになる。[83] 将軍権力もまた、個人的・人格的な権力から機関的・非人格的な権力へと転換し始めているといえるだろう。

一方でこの確立した官僚制機構は、行政需要拡大の中で全国各地の領主権と激しく衝突していくことになる。領知宛行を通して領主的要素と抱き合わせの形で、その奉行的要素のほとんどを全国各地に再配分していた一七世紀段階から、一八世紀以降は部分的にしか再配分を行わずに、その多くが江戸を中心とした幕府官僚制機構によって行使され始めるからである。さらに宝永期の富士山噴火に象徴されるように、地震・火災・洪水などの領域を越えた災害により個別領主ではなく国家的対応が必要になっていくこと、人・物・貨幣・情報の激しい移動により領主制では対応できない問題が急激に増加していくことになり、その統治権の行使にあたって個別領主権侵害を伴うようになっていく。特に宝暦―天明期は、笠谷氏が明らかにした幕府の米切手政策をめぐる国持大名の撤回運動、山﨑一郎氏が明らかにした鉄座をめぐる中国地方の領主・領民による反対運動など[84]、全国各地で反対運動・民衆運動を惹起させていく原因のひとつになる。

矛盾するようであるが、右のように統一権力として拡大していくことは本来幕府の意図するところではない。このため元禄一〇年（一六九七）六月の自分仕置令によって大名側の権限を確定し、これは『御触書寛保集成』に収録されて以後法令として機能していく。[85] また旗本に対しては上方では明和七年（一七七〇）に一領一支配切政策によって、江戸の指示で大坂町奉行所が処理してきた一領切の変事を以後は各知行主の責任で処理させようとすることになる。[86] 幕府にとって個別領主権を際限なく吸収して統一権力として拡大が止まらなくなっていくことは、矛盾や問題を新しく生み出していくからである。また地域間矛盾の調停・調整を行う統一権力としての幕府の役割が重要になり、その限界が露呈し始めることになる。

その結果として一八世紀半ば以降、各藩では右のような変化に関わって由緒が強く主張されるようになる。安永八年（一七七九）に木津川全体で船数・株数が問題となり、京都町奉行所よりすべての浜での減数が命じられ、津藩領の山城国笠置・加茂もその船株数の削減を命じられた。[87] 津藩は藩ぐるみでこの政策に反対することになるが、「藤堂和泉守領分加茂笠置之儀者、和州伊州要用之場所ニ而御座候、別而和泉守儀西国重キ御用蒙　仰罷有候間、右両村舟之儀者其侭可差置候様被仰候」あるいは「右両浜之儀者和泉守西国早手御用御手当之舟ニ而并諸御用等有之候へハ、両浜舟相減シ候而ハ和泉守差支ニ可相成候[88]」と、「西国重キ御用」「西国早手御用」という言葉を持ち出してその削減に反対した。この論拠が認められてかどうかはわからないものの、津藩領は船数削減対象から除外された。ここで述べている「和泉守儀西国重キ御用蒙　仰罷有」は、誇張が入り必ずしも事実ではないと考えられる。しかし本章で述べた藤堂高虎が果たした役割から言えば、全く根も葉もない作り話というわけではなく、むしろ幕府は積極的に否定もできず認めざるをえない点が重要である。

これは彦根藩の鷹場[89]に関しても同様であると考えられる。寛保三年（一七四三）に彦根藩役人が在所近辺の他

領一七〇ヶ村を廻り、明和三年に幕府老中へも「御鷹場」をめぐる交渉を行い、寛政一一年（一七九九）に中絶していた藩主による「御鷹場」巡見などに関してその由緒が確立していくことになる。その際の彦根藩の主張は「元和元年古掃部頭直孝於　御前、段々御懇之以　上意、御直に御密事之　御思召有之候旨被　仰出、近江国中山城国淀堤迄鷹場に御免被成下置候而」と、元和元年に井伊直孝が直接家康から命じられ鷹場を拝領したことを主張している。(90)家康が具体的に明確な範囲を決めて鷹場として下賜したかどうかは確認しようもないが、すでに述べたように直孝が山城淀堤まで実際に出ていたことは事実であり、徳川家康と井伊直孝の一対一の主従関係では成り立っていたと考えられる。「人」から「職」へ、「人」から「藩」へと移行していくことで幕藩体制は大きな転換を遂げていたが、同時に徳川将軍を頂点とする主従制や「人」の原理が社会を強く規定し続ける点が重要である。政治で言えば側用人政治を絶えず生み出し、(91)社会では右で見たような新しい由緒を再生産し続けていくことになるからである。

おわりに

本章では幕藩体制における将軍領知宛行の特質を分析し、徳川将軍が有した全国支配権の具体像を明らかにした。従来の研究は、徳川将軍による領主的土地所有の編成過程と江戸幕府の職制・機構整備過程の両者に関する分析が別々に進められ、その成果が蓄積されていくという問題を抱えていたといえる。本章ではこの両者が相互一体のものとして同時並行で進み、元禄—享保期に領主制と官僚制（奉行制）が分離し始めることで、一方では転封を繰り返していた大名が全国各地で定着し、他方で江戸を中心とした幕府官僚制機構が確立することを明ら

かにした。また、在地領主制を止揚し将軍権力が中核となってこれを再編成した公儀領主制が日本近世の政治的特質であること、徳川将軍より全国各地に配置される近世大名の支配は中世的在地領主の支配とは異なる奉行的行政を基軸としたものであることを論じた。国家の掌握が論理的に先行して、しかる後に徳川将軍による領知宛行によって全国支配権の再配置・再配分が行われていた点、さらに幕藩体制解体を迎えるまで、領主制と官僚制、軍事と行政、封建的主従関係と全国統治権が未分離のまま将軍権力に直結していた点が重要である。以下では本章で明らかにした点をまとめつつ、課題を述べて結びとしたい。

第一に、徳川将軍が命じる領知宛行の本来の意味と機能を明らかにし、転封（領知替）・参勤交代・軍役（幕府課役）と同様に幕藩領主の共同利害を維持し、幕藩体制全体を成り立たせるためには必要不可欠なものであったことを明らかにした。また、中世的在地領主の支配とは異なる近世大名支配の特質を明らかにしたが、朝尾氏が論じたように兵農分離の過程を踏まえつつ、戦国大名権力から将軍権力への飛躍の過程を新たな研究成果を組み込みながら改めて分析する必要がある。

第二に、領主制と官僚制が元禄―享保期に分離し始めることで、江戸を中心に幕府官僚制機構が確立していくことを明らかにした。また、この幕府官僚制機構による全国支配が宝暦―天明期より各地で大名・藩の個別領主支配と衝突していくことを明らかにした。当該期は将軍が命じる参勤交代がその本来の意味・機能を喪失し始め、また本来必要であった転封や改易も将軍は命じられなくなり始める。私的利害を規制し全日本の武家領主層の普遍的な利害を代表する公的権力として、将軍を頂点に上意下達のピラミッド型構造を持った公儀は解体し始めることになる。日本近代国家・社会の成立を見通しつつ、その要因と過程を明らかにする必要がある。

【注】

（1）特に注記しない限り、基本的事実に関しては藤井讓治『徳川将軍家領知宛行制の研究』（思文閣出版、二〇〇八、以下前掲藤井著①）の記述に拠る。

（2）佐々木潤之介「幕藩制の構造的特質」（『歴史学研究』二四五、一九六〇）。なお佐々木氏の分析の前提として、安良城盛昭『幕藩体制社会の成立と構造』（御茶の水書房、一九五九）がある。

（3）藤井讓治「幕藩制領主論」（同『幕藩領主の権力構造』（岩波書店、二〇〇二、以下前掲藤井著②）、初出は一九七四、以下前掲藤井論文）、高野信治『近世大名家臣団と領主制』（吉川弘文館、一九九七）、J．F．モリス・白川部達夫・高野信治『近世社会と知行制』（思文閣出版、一九九九）等参照。

（4）岩城卓二『近世畿内・近国支配の構造』（柏書房、二〇〇六、以下前掲岩城著）、本書第一部第二章、同第一部第三章、同第二部第一章、同第二部第三章。

（5）朝尾直弘「「公儀」と幕藩領主制」（同『将軍権力の創出』（岩波書店、一九九四、以下前掲朝尾著）、初出は一九八五、以下前掲朝尾論文①）。

（6）北島正元『江戸幕府の権力構造』（岩波書店、一九六四、以下前掲北島著）二八一頁。

（7）同前六五六・六五七頁。

（8）水本邦彦「畿内・近国社会と近世的国制」（同『近世の郷村自治と行政』（東京大学出版会、一九九三、以下前掲水本著）、以下前掲水本論文）。

（9）高木昭作「幕藩初期の身分と国役」（同『日本近世国家史の研究』（岩波書店、一九九〇、以下前掲高木著）、初出は一九七六、以下前掲高木論文①）一三三・一三四頁。

（10）横田冬彦「「非領国」における譜代大名」（『地域史研究―尼崎市立地域研究史料館紀要―』一九―一、尼崎市立地域研究史料館、二〇〇〇、以下前掲横田論文）六二―六七頁、本書第二部第一章、同第二部第三章。

（11）藤井讓治『江戸幕府老中制形成過程の研究』（校倉書房、一九九〇）、同『江戸時代の官僚制』（青木書店、一九九九、

以下前掲藤井著③）。
(12) 藤井譲治「幕藩官僚制論」（前掲藤井著②、初出は一九八五）四〇八・四〇九頁。
(13) 三宅正浩氏は譜代大名の配置が戦時を想定した「人」によるものから平時を想定した「城」へと、その基準が転換していく過程を明らかにしている（同「近世初期譜代大名論―軍事編成と所領配置―」（『日本史研究』五七五、二〇一〇、以下前掲三宅論文①））。
(14) 朝尾直弘「畿内における幕藩制支配」（同『近世封建社会の基礎構造』、御茶の水書房、一九六七、以下前掲朝尾論文②）。
(15) 『寛政重修諸家譜』一六、一七四・一七五頁（久貝正俊）。
(16) 同前九、一五〇頁（曽我古祐）。
(17) 同前五、四二五頁（石河勝政）。
(18) 同前一三、三一三・三一四頁（五味豊直）。
(19) 前掲北島著三二〇頁。
(20) 『寛政重修諸家譜』五、三三二頁（仙石久邦）。
(21) 同前一七、三九五頁（三枝守俊）。
(22) 同前九、二二九頁（土屋利次）。
(23) 「徳川秀忠領知朱印状写」（『小堀政一関係文書』（思文閣出版、一九九六））三七頁。
(24) 『寛政重修諸家譜』一六、一〇七頁（小堀正次）。
(25) 同前一〇七・一〇八頁（小堀政一）。
(26) 高木昭作「幕藩初期の国奉行制」（前掲高木著、初出は一九七六、以下前掲高木論文②）七六・八三頁。
(27) 『寛政重修諸家譜』四、三二五頁（山口直友）、同前二六三・二六四頁（村上吉正）。
(28) 前掲高木論文②、藤田恒春「近世前期上方支配の構造」（『日本史研究』三七九、一九九四、以下前掲藤田論文）。

(29)『御触書宝暦集成』一〇七五。
(30)『御触書天明集成』二五一九。
(31)拙稿「一八世紀の社会変動と三都」(『日本史研究』六三一、二〇一五、以下前掲拙稿)。
(32)岩城卓二「幕末期の畿内・近国社会」(『ヒストリア』一八八、二〇〇四)、馬部隆弘「京都守護職会津藩の地方支配」(『史敏』一一、二〇一三)。
(33)『御触書宝暦集成』一〇六二。
(34)『寛政重修諸家譜』一六、三〇七・三〇八頁(大岡忠真・大岡忠相)。
(35)同前三〇八頁(大岡忠宜)。
(36)藤井讓治「領知朱印改め以外の領知朱印状発給」(前掲藤井著①、初出は二〇〇四)。
(37)三宅正浩「江戸幕府の政治構造」(『岩波講座日本歴史』一一(岩波書店、二〇一四)、以下前掲三宅論文②)三〇頁。
(38)前掲朝尾論文②。
(39)松尾晋一「家光政権の外交姿勢と異国船来航への現実的な対応—正保四年(一六四七)のポルトガル使節船来航から—」(同『江戸幕府の対外政策と沿岸警備』(校倉書房、二〇一〇)、初出は二〇〇一)。
(40)朝尾直弘「将軍政治の権力構造」(前掲朝尾著、初出は一九七五)、高木昭作「幕藩政治史序説—土佐藩元和改革—」(前掲高木著、初出は一九七一)、三宅正浩「近世前期蜂須賀家と親類大名井伊直孝」(同『近世大名家の政治秩序』(校倉書房、二〇一四、以下前掲三宅著)、初出は二〇〇六)。
(41)本書第二部第一章、同第二部第三章。
(42)松尾美恵子「大坂加番制について」(『徳川林政史研究所研究紀要』昭和四九年度、一九七五)、藪田貫「近世畿内所領構成の特質—「畿内非領国」論の意義と課題にふれて—」(同『近世大坂地域の史的研究』(清文堂出版、二〇〇五、以下前掲藪田著)、初出は一九七六)。
(43)『近江日野の歴史』第三巻(日野町、二〇一三)四七頁。

(44) 藤井讓治「譜代藩政成立の様相―酒井氏小浜藩―」(前掲藤井著②、初出は一九七五) 一五〇―一五二頁。
(45)「酒井忠勝書状」(『小浜市史』藩政史料編一 (小浜市、一九八五)) 四九八頁。
(46)「酒井忠勝条々」(同前二三四・二三五頁)。
(47)「板倉重宗書状」(同前四二七・四二八頁)。
(48) 前掲朝尾論文②、藪田貫「「摂河支配国」論―日本近世における地域と編成―」(前掲藪田著、初出は一九八〇)。
(49)『伊賀市史』近世編 (伊賀市、二〇一六) 等参照。
(50)「藤堂高虎書状」(『加茂町史』資料編二) 二一〇頁。
(51) 朝尾直弘「「元和六年案紙」について」(『朝尾直弘著作集』第四巻 (岩波書店、二〇〇四)、初出は一九七六) 三八五頁。
(52) 母利美和「井伊直孝の居所と行動」(藤井讓治編『近世前期政治的主要人物の居所と行動』(京都大学人文科学研究所、一九九四))、岡崎寛徳「近世中期における彦根藩「御鷹場」の認識」(関東近世史研究会編『近世の地域編成と国家―関東と畿内の比較から―』(岩田書院、一九九七、以下前掲岡崎論文))。
(53) 前掲三宅論文①、小宮山敏和『譜代大名の創出と幕藩体制』(吉川弘文館、二〇一五)。
(54) 前掲藤田論文、前掲藤井著③。
(55) 藤井讓治編『近世前期政治的主要人物の居所と行動』。
(56) 前掲藤井著③一一―三一頁。
(57) 岩城卓二「畿内近国論」(『岩波講座　日本歴史』一一 (岩波書店、二〇一四))。
(58) 水本邦彦「土砂留役人と農民」(同『近世の村社会と国家』(東京大学出版会、一九八七)、初出は一九八一)。
(59) 本書第二部第一章、同第二部第三章。
(60) 前掲横田論文六七―七一頁。
(61) 本書第二部第一章。

(62) 松尾美恵子「近世中期における大名普請役―賦課方法に関連して―」（『徳川林政史研究所紀要』昭和五二年度、一九七八）。

(63)「御国政再興記」（『毛利十一代史』第三十二冊（巻之八四（上・下、英雲公記）コマ番号七二―七九）。国立国会図書館デジタルコレクションを使用した。

(64) 同前コマ番号六六。

(65) 前掲拙稿。

(66)『淀領引継文書集』（淀温故会、一九九〇）。

(67) 前掲朝尾論文①三四三頁。

(68)『官中秘策』九九七頁（『内閣文庫所蔵史籍叢刊』六、一九八一）九八二・九八三頁。

(69) 荒野泰典「大君外交体制の確立」（同『近世日本と東アジア』（東京大学出版会、一九八八、以下前掲荒野著）、初出は一九八一）一六一頁。

(70) 荒野泰典「明治維新期の日朝外交体制「一元化」問題」（前掲荒野著、初出は一九八七、以下前掲荒野論文）二八六・二八七頁。

(71) 前掲水本論文二八九・二九〇頁。

(72) 安岡重明「近畿における封建支配の性格―非領国に関する覚書―」（同『日本封建経済政策史論―経済統制と幕藩体制―』（大阪大学経済学部社会経済研究室、一九五九）、初出は一九五八）、八木哲浩「大坂周辺の所領配置について」（『日本歴史』二三一、一九六七）、同「幕府領国と尼崎藩」（『地域史研究―尼崎市立地域研究史料館―』一四―三、尼崎市立地域研究史料館、一九八五）、『尼崎市史』二（一九六八）、前掲藪田著、前掲水本著、村田路人『近世広域支配の研究』（大阪大学出版会、一九九五）、前掲岩城著、大宮守友『近世の畿内と奈良奉行』（清文堂出版、二〇〇九）、小倉宗『江戸幕府上方支配機構の研究』（塙書房、二〇一一）、熊谷光子『畿内・近国の旗本知行と在地代官』（清文堂出版、二〇一三、以下前掲熊谷著）等参照。

(73) 前掲高木論文①②。
(74) 前掲高木論文①一三三・一三四頁。
(75) 笠谷和比古「「国持大名」論考」(同『武家政治の源流と展開―近世武家社会研究論考―』(清文堂出版、二〇一一)、初出は一九九四)。
(76) 前掲水本論文二九五頁。
(77) 市村高男「地域的統一権力の構想」(『岩波講座日本歴史』九(岩波書店、二〇一五))等参照。
(78) 高野信治『藩国と藩輔の構図』(名著出版、二〇〇二)、同「大名と藩」(『岩波講座日本歴史』一一)、前掲三宅著等参照。
(79) 脇田修『近世封建制成立史論』(東京大学出版会、一九七七)。
(80) 前掲高木論文②一〇一・一〇二頁、前掲高木論文①一三三・一三四頁。
(81) 前掲藤井論文。
(82) 前掲荒野論文二八七頁。
(83) 本書第二部第三章。
(84) 笠谷和比古「幕藩制下に於る大名領有権の不可侵性について」(『日本史研究』一八七、一九七八)、山﨑一郎「安永―天明期における大坂鉄座反対運動の展開―連携する中国地方の鉄師と百姓たち―」(『地域社会とリーダーたち』(吉川弘文館、二〇〇六))等参照。
(85) 平松義郎「旗本の刑罰権」(『法制史研究』九、一九五九)、塚本学「幕藩関係からみた生類憐み政策」(『徳川林政史研究所研究紀要』昭和五四年度、一九八〇)、藤井讓治「元禄宝永期の幕令―「仰出之留」を素材に―」(前掲藤井著②、初出は一九七六)二二二―二二五頁。
(86) 熊谷光子「大坂町奉行所への諸届けと「村々」」(『日本史研究』四二一、一九九七)、同「畿内・近国の旗本知行所と在地代官」(前掲熊谷著、初出は一九九八)。

(87)『伊賀市史』近世編（伊賀市、二〇一六）一〇一・一〇二頁。
(88)「六ヶ浜船数減少一件諸書付」（『木津町史』史料編二）三七八―三八七頁。
(89) 前掲岡崎論文。
(90)「御鷹場一件」（彦根藩井伊家文書七一三三（彦根城博物館所蔵））。
(91) 深井雅海『徳川将軍政治権力の研究』（吉川弘文館、一九九一）、福留真紀『徳川将軍側近の研究』（校倉書房、二〇〇六）。

終章

一、各章の要点

第一部「将軍と大名」では、主として近世上方を対象に軍事的主従関係に注目して将軍と大名の関係を考察した。京都所司代・大坂城代・町奉行らに注目して行われてきた従来の上方支配研究では、将軍が命じる領知宛行・安堵、転封（領知替）、参勤交代、軍役（幕府課役）を分析対象として取り上げることはほとんどなく、その結果、将軍権力独自の権能に触れることなく続けられてきた。しかし、例えば「軍事拠点としての大坂」の機能・役割を形成し維持するために軍事的役割を担う大名を重点的に配置していたことなど、将軍権力を組み込むことで全国支配と上方支配の相互関連性が明らかになり、従来は見過ごされてきた多くの事実に焦点をあてることができた。また将軍が命じる領知宛行・安堵、転封（領知替）、参勤交代、軍役（幕府課役）に関して、その本来の意味や機能を明らかにするとともに、これらが幕藩領主の共同利害を維持し幕藩体制全体を成り立たせるために不可欠なものであったことを明らかにした。

これらによって幕政と藩政、全国支配と地域支配が有機的な連関・連動性を持ち、国家としての一体性が生み出されていたことを解明し、その中核を構成した徳川将軍権力の特質を明らかにした。以下は各章の概要である。

第一章「近世京都大名火消の基礎的考察」では、元禄三年（一六九〇）に成立し享保七年（一七二二）に確立す

る京都大名火消制度の基礎的事実を分析し、上方の大名が当該地域において担っていた役割を明らかにした。またその具体的な任務は京都所司代・町奉行の指揮下にあるものの、任命・免除や参勤交代の組み合わせなどの諸事項は将軍・老中に命じられる制度であったことを明らかにした。

第二章「近世中後期上方における譜代大名の軍事的役割―郡山藩を事例に―」は、郡山藩による奈良の軍事的防衛に関する具体像を明らかにした。この任務は京都大名火消とは異なり、城地に隣接することを不可欠な条件としているために免除はなく、郡山という領知に付属する固有の公役であったことを明らかにした。将軍は領知宛行を通して、譜代大名らに何らかの任務・役割を持たせて全国に配置していることを論じ、領知宛行に関してこれまでとは異なる新しい位置付けを行った。

第三章「幕府上方支配と譜代大名転封―享保九年柳沢氏転封を事例に―」は、享保八年の郡山藩本多氏改易を受けて、翌年に命じられた甲府から郡山への柳沢氏転封の背景を明らかにした。江戸幕府上方支配の中で不可欠な役割を担うようになっていた郡山藩を廃藩にするわけにはいかないため、幕府領に替えても構わない甲斐国から柳沢氏を動かすことで郡山藩を維持したことを明らかにした。その分析を通して、将軍が命じる転封（領知替）には全国各地の支配構造を維持するという意味や機能があったことを明らかにした。

第四章「徳川将軍権力と参勤交代制」は、将軍が命じる参勤時期を全大名が忠実に守って参勤交代を行うことで約半数ずつの大名が交互に江戸に集まり、逆に定期的に国許に帰ることが本制度の本来の姿であったこと、またこの定期的な参勤交代により幕政と藩政、全国支配と各地の地域支配が有機的な連動性・関連性を形成し維持できたことを明らかにした。しかし一八世紀半ばには将軍が命じる時期を大名が遵守しなくなり、幕府もこれを容認したため参勤交代制が持っていた本来の意味と機能は失われ、ただ藩財政を圧迫していくものへと変質して

いったことを明らかにした。

第二部「将軍と領主制・官僚制」では、第一部の成果を踏まえ、軍役（幕府課役）の原理原則や性格が転換していくことに注目して、元禄―享保期を中心に一七世紀半ばから一八世紀半ばにかけて国家的規模での政治的一体性が確立していく過程を分析した。特に一七世紀には一体であった領主制と官僚制が分離し始めることで、江戸を中心に全国を覆う形で幕府官僚制機構が確立すること、江戸幕府が軍事政権から行政権力へとその性格・役割を転換させていくこと、将軍と大名・旗本という主従関係を軸とした全国支配から江戸を中心とした幕府官僚制機構を軸とした全国支配へと転換していくことを明らかにした。同時に近世を通じて、領主制と官僚制、軍事と行政、封建的主従関係と全国統治権が未分離なまま将軍に直結する政治体制でもあったことを明らかにした。

第一章「近世上方支配の再編」は、元禄―享保期の上方支配再編と全国支配再編の相互関連性を分析し、当該期に八人衆体制のように相対的独自性を有していた上方支配が否定されて、他地域を含めて江戸を中心とした幕府官僚制機構による全国支配が確立することを明らかにした。この結果、一七世紀のように大名が京都所司代・大坂城代・定番になるたびに上方に赴任することはなくなったため、転封を繰り返していた譜代大名は全国各地で一斉に定着し、一方で幕府官僚制も昇進ルートを整えて機構として確立していくことを明らかにした。

第二章「近世都市消防制度の成立」は、著名な享保期の消防制度成立のみを論じるのではなく、その前段階である元禄期から紆余曲折を経て消防が制度化されていく過程を明らかにした。綱吉政権期前半は専ら将軍が大名・旗本に命じる軍役で消防をはじめとする行政需要に対応していたのに対し、綱吉政権後期―享保期にかけては直接幕府が都市社会に介入し負担を課していくことを明らかにし、統一権力として転換していくことを論じた。年貢・夫役を取ることを中心とした政権から、限界を持ちつつも「町人成立」「百姓成立」を志向する政権へと

転換していくことを明らかにした。

第三章「江戸幕府軍事戦略の転換―上方幕府直轄都市と譜代藩―」は、「軍事拠点としての大坂」を全国視野で捉え直し、西国有事に備えて軍事的役割を持つ譜代大名が配置される上方が前衛、親衛隊にあたる旗本が将軍の側に配置される関東が後衛という役割分担があったことに注目し、将軍の領知宛行によりこの巨大な陣形が維持されていたことを論じた。また元禄―享保期にこの軍事戦略を幕府は転換し、従来の役割分担や地域差が解消され国家的規模での政治的一体性を確立したことを明らかにした。また同時に所領構成が固定化し上方の支配構造も転換していくことを論じた。

第四章「徳川将軍領知宛行と全国支配権」は、役職就任と領知宛行が一体のものであるという点に注目して、中世的在地領主の支配とは異なる奉行的行政を基軸とした近世大名支配の特質を明らかにし、またその分析を通して、これら大名を全国各地に配置する徳川将軍領知宛行の歴史的意義を解明した。一七世紀においては、将軍による領知宛行・転封（領知替）は、奉行・代官・大名・旗本の要素をあわせ持つ「人」の全国各地への配置であったが、元禄―享保期に領主制と官僚制（奉行制）が分離し始めることで、一方では転封を繰り返していた大名が全国各地で定着し、他方で江戸を中心とした幕府官僚制機構が確立することを明らかにした。

二、成果と今後の課題

第一部および第二部における各章の要点は以上であるが、先行研究に対する本書の成果をまとめると次のようになる。

（1）徳川将軍が命じる領知宛行・安堵、転封（領知替）、参勤交代、軍役（幕府課役）はいずれもが幕藩領主の共同利害を維持し、幕藩体制全体を成り立たせるためには必要不可欠なものであったことを明らかにした。これらによって私的利害追求を規制して公的権力としての性格を担保し、また幕藩領主間で分業関係・機能分担、あるいは相互扶助・組織的対応を生み出すことで安定的・効率的な支配を行うことができ、幕藩権力が公儀として自己を存立させ再生産を続けていくためには不可欠な機能・役割を有していたと位置付けられる。つまり、領知宛行・安堵、転封（領知替）、参勤交代、軍役（幕府課役）、改易は一見すると将軍・幕府による大名統制策のように見えるが、それは客観的事実の一面を強調した評価にすぎず、全体としては公儀が持つ集団性・集団規制性や集団保障体制としての性格を形成し維持するためには不可欠なものであった。地域性・多様性を色濃く持っていた近世日本が国家として一体性を有し、また江戸幕府を中心に約二六〇年もの長きにわたり平和を維持し、安定的・効率的な支配を行うことができたのは、公儀が持つ集団性・集団規制性とこれを現実に機能させる将軍権力がその中核を構成してはじめて可能であった。

（2）一七世紀の日本が戦乱の余波を残しつつ地域差を強く残していたが、元禄―享保期にかけて地域差を解消しながら政治的一体性を確立させていくことを明らかにした。一七世紀においては西国有事に備えて上方を前衛、関東を後衛と位置付ける幕府の軍事戦略があり、その結果として配置される大名も異なった。また全国各地の譜代大名は老中就任のたびに関東へ、あるいは京都所司代・大坂城代就任のたびに上方へ転封を繰り返しており、各地の支配は分裂していた。しかし大名に命じられる軍役（幕府課役）が地域単位から国家単位に転換したため、全国各地の譜代大名は転封することなく役職に就任するようになり、寺社奉行→大坂城代→京都所司代→老中という昇進ルートが確立し、寛永―寛文期に形を整えた幕府官僚制が最終的に機構として立体的に確立して

いくことを明らかにした。軍役（幕府課役）が近世初期では直接の戦闘や城郭普請を目的に大名に命じられたが、元禄—享保期に河川普請などの行政的諸課題を目的としたものへ転換していくことはよく知られている[1]。本書ではこの軍役（幕府課役）の性格や原理原則が転換することにより、軍事政権としての性格を最後まで払拭することはないものの幕府官僚制機構が確立し、幕藩領主権力が行政権力へと転換していくことを明らかにした。

（3）領知宛行・安堵、転封（領知替）、参勤交代、軍役（幕府課役）を命じる徳川将軍権力独自の権能を分析するとともに、近世を通じて領主制と官僚制、軍事と行政、封建的主従関係と全国統治権が未分離な構造のまま将軍に直結する政治体制であったことを明らかにした。近世大名の支配は中世的在地領主の支配とは異なる奉行的行政を基軸とした点が重要であり、また将軍が領知宛行を通して各地に適任者を配置することで、地域性・多様性を内包しつつも国家的一体性を有した全国支配が成り立っていたのである。また「人」から「職」へ、「人」から「藩」へと移行が進む中で、徳川将軍権力も個人的・人格的な権力から機関的・非人格的な権力へと転換していくが、一方で個人的・人格的な権力としての性格そのものも残存し続け、これが政治・社会を規定し続けていくことを明らかにした。

（4）元禄—享保期に国家的一体性が確立する中で、江戸幕府が軍事政権から行政権力へとその性格・役割を転換させていくこと、将軍と大名・旗本という主従関係を軸とした全国支配から江戸を中心とした幕府官僚制機構を軸とした全国支配へと転換していくことを明らかにした。また、法と機構を伴って確立した幕府官僚制機構による全国支配が各藩・地域支配と衝突し始め、幕藩権力と社会の関係においても転換があることを明らかにした。日本近世において、一七世紀は中世との構造的連関を強く持ちその性格が前面に出ている時代であり、一方で一八世紀以降は近代との構造的連関を強く持ちその性格が前面に出ている時代として位置付けられる。また元

禄―享保期がその表裏の関係が転換する分水嶺であり、さらに宝暦―天明期がその両者の関係が衝突して新しい矛盾・問題が表面化し始める時期として位置付けられる。

最後にこれらの点を踏まえた上で、今後の課題を確認しておきたい。

（1）本書は分析の基軸を幕藩関係に置き、また一七世紀末―一八世紀半ばという比較的安定した時代を分析対象としたため、幕藩領主権力の全体像を解明するために不可欠な側面に関しては取り上げることができず課題として残している。すなわち、織豊政権・大御所政治などの戦国―近世初期におけるその形成過程、天皇・朝廷と将軍との関係、徳川将軍による外交権・貿易権の独占などの重要な論点がこれにあたる。本書において明らかにしてきた事実は、日本近世を特徴付ける兵農分離・石高制・鎖国制といった大きな枠組みの中で生み出されてきたものであり、その歴史的な経緯や原動力の解明が必要である。本書の成果を踏まえた上で、日本近世の成立過程を明らかにする必要がある。

（2）本書は政治的側面の分析を中心に行ったが、同時期の経済的側面との相互連関性について分析を行い総合的に把握することが必要である。本書で示した元禄―享保期の構造的転換の背景には幕府勘定所の刷新、貨幣改鋳などの幕府の制度・政策はもとより、三井越後屋による為替御用、請負入札の展開などの経済構造・社会構造の変容もあると考えられるからである。[2] 近世を日本の歴史上に位置付ける際には、政治・経済・文化的側面が三位一体となりながら国家的一体性が形成されていく点が重要であり、その過程を明らかにする必要がある。

（3）本書では政治史研究・権力分析の観点から、「非人格化・物化」と「人格性」、「均質化・平準化」と「地域性・固有性」などの二つの論理が衝突し始めることを見通したが、「所有と経営の分離」や町・村共同体の変

容などの先行研究を踏まえて、この大きな構造的転換の全体を明らかにする必要がある。[3] またその分析を通して、国家としての一体化・均質化が近世の間に進展していくことにより、各地域・社会が持つ独自性・自律性との間で相克を引き起こし、また激しいダイナミズムと新しい矛盾・問題を生み出しながら、近代国家・社会を準備していく過程を明らかにする必要がある。

【注】

（1）善積（松尾）美恵子「手伝普請について」（『学習院大学文学部研究年報』一四、一九六七）、笠谷和比古「将軍と大名」（藤井譲治編『日本の近世三　支配のしくみ』（中央公論社、一九九一））等参照。
（2）拙稿「一八世紀の社会変動と三都」（『日本史研究』六三二、二〇一五）。
（3）同前。

初出一覧

第一部

第一章　「近世京都大名火消の基礎的考察」（『史林』八八巻二号、二〇〇五）

第二章　「近世中後期上方における譜代大名の軍事的役割―郡山藩を事例に―」（『日本史研究』五三四号、二〇〇七）

第三章　「享保九年柳澤吉里転封の歴史的位置」（『新しい歴史学のために』二七二号、二〇〇九）

第四章　「参勤交代制の変質」（『洛北史学』一四号、二〇一二）

第二部

第一章　「近世上方支配の再編」（『史林』九四巻四号、二〇一一）

第二章　「元禄―享保期三都における消防制度設立」（『ヒストリア』二〇九号、二〇〇八）

第三章　「近世上方幕府直轄都市と譜代藩」（『史林』九五巻一号、二〇一二）

第四章　新稿

あとがき

本書は京都大学大学院文学研究科に提出した課程博士論文「江戸幕府上方支配と譜代藩」（二〇〇九年三月に学位授与）をもとに、新たに三本の論文を加えてまとめたものである。大学院生時代は、江戸幕府上方支配や譜代大名に重点を置いて研究していたが、本書刊行にあたって将軍権力に分析の中核を据えて全体を再構成した。このため既発表論文に関してはその多くを改題・改稿して収録している。

本書刊行にあたって師友や同学に恵まれた十数年間の幸運な日々を振り返った。近世史研究の路に私を導き絶えざる御指導をくださった藤井讓治先生をはじめ、京都大学文学部・同大学院文学研究科の諸先生方や先輩・同輩・後輩からは、古典を書くような気迫でもって、一本一本の論文に全身全霊を打ち込んで書き上げる姿勢を教わった。また最初の職場である郡山城史跡・柳沢文庫保存会では、地域の最前線で歴史研究・調査やその保存・普及に取り組む大切さと大変さを学んだ。

二〇一〇年四月からは現在の職場である京都府立大学で、優秀な同僚の先生方・大学院生・学生に囲まれて研究に打ち込めることになった。本書収録の七本の論文は大学院生時代に既発表であったり、あるいはすでに原型・構想ができあがっていたが、本書の最終章にあたる第二部第四章に至るまでは分厚い壁があり、苦しい日々が続いていた。現在の職場で学問の楽しさを思い出し、初心に戻ってやり直すことで自然と書き上げることができた。研究者として次の段階へ進むきっかけを作ってくださった、水本邦彦先生をはじめとする、同僚の先生

方・大学院生・学生・関係者に心より感謝申し上げる。なお本書執筆と校正にあたっては、京都府立大学の大学院生・学生から的確な批判・助言や協力をいただいた。これからも優秀な教え子たちとともに歩める幸運にも感謝したい。

また本書では多くの史料を用いて研究している。大津市歴史博物館、京都市歴史資料館、京都大学大学院文学研究科図書館、京都府立京都学・歴彩館（旧京都府立総合資料館）、国文学研究資料館、国立公文書館、柳沢文庫、大和郡山市教育委員会などの諸機関には、史料の閲覧や利用に多大な便宜をお与えいただいた。さらに的確なタイミングで本書の上梓を勧め、刊行を引き受けてくださった塙書房の寺島正行氏からは、本書の全般にわたって丁寧なご教示、ご助言をいただいた。あらためて深く感謝申し上げたい。

こうした多くの人々の温かく大きな支えによって本書を上梓することができた。ここに厚く御礼を申し述べ、感謝の意を表し、あとがきとする。

附記　本書は平成二九年度日本学術振興会科学研究費補助金「研究成果公開促進費（学術図書）」の交付を受けて刊行されるものである（課題番号１７ＨＰ５０８７）。記して謝意を表する。

二〇一八年一月

藤本仁文

人　　名

藩名（藩主、城地）

語　句

あ

か

さ

た

藤　本　仁　文（ふじもと・ひとふみ）

略　歴
1978年　福井県敦賀市に生まれる
2007年　京都大学大学院文学研究科博士後期課程研究指導認定退学
　　　　財団法人郡山城史跡・柳沢文庫保存会学芸員
2009年　博士（文学）（京都大学）
2010年　京都府立大学文学部講師
2014年　京都府立大学文学部准教授

業　績
「近世中期湊町敦賀における都市秩序の再編」（地方史研究協議会編『敦賀・日本海から琵琶湖へ－「風の通り道」の地方史－』（雄山閣出版、2006））
「元禄期の寺社行政と本庄宗資－賀茂葵祭再興を中心に－」（『京都府立大学文化遺産叢書』5号（京都府立大学文学部歴史学科、2012））
「18世紀の社会変動と三都」（『日本史研究』631号、2015）

将《しょう》軍《ぐん》権《けん》力《りょく》と近《きん》世《せい》国《こっ》家《か》

2018年2月15日　第1版第1刷

著　者　藤　本　仁　文
発行者　白　石　タ　イ
発行所　株式会社　塙　書　房
〒113-0033　東京都文京区本郷6丁目8-16
電話　03(3812)5821
FAX　03(3811)0617
振替　00100-6-8782

亜細亜印刷・弘伸製本

ISBN978-4-8273-1294-2　C3021